Direito Probatório
AS MÁXIMAS DE EXPERIÊNCIA EM JUÍZO

0604

R821d   Rosito, Francisco
         Direito probatório : as máximas de experiência em juízo /
Francisco Rosito. – Porto Alegre: Livraria do Advogado Ed., 2007.
         158 p.; 23 cm.

         ISBN 978-85-7348-506-6

         1. Prova. I. Título.

                        CDU – 347.94

         Índice para o catálogo sistemático:
Prova

(Bibliotecária responsável: Marta Roberto, CRB-10/652)

Francisco Rosito

Direito Probatório
AS MÁXIMAS DE EXPERIÊNCIA EM JUÍZO

© Francisco Rosito, 2007

Capa, projeto gráfico e diagramação
Livraria do Advogado Editora

Revisão
Betina Denardin Szabo

Direitos desta edição reservados por
Livraria do Advogado Editora Ltda.
Rua Riachuelo, 1338
90010-273 Porto Alegre RS
Fone/fax: 0800-51-7522
editora@livrariadoadvogado.com.br
www.doadvogado.com.br

Impresso no Brasil / Printed in Brazil

Agradecimentos

A elaboração deste trabalho contou com a colaboração de algumas pessoas especiais, às quais não poderia deixar de manifestar o meu sincero agradecimento.

Inicialmente gostaria de agradecer ao Professor Doutor Carlos Alberto Alvaro de Oliveira, pelo exemplo de mestre, pela transparência no conhecimento compartilhado e pela valiosa orientação neste trabalho. Gostaria de agradecer também ao Professor Doutor Danilo Knijnik, pelas aulas ministradas na disciplina "Prova Judiciária" neste Curso de Pós-Graduação, as quais foram decisivas para sedimentar o meu interesse pelo tema, bem como pelas decisivas sugestões e pela importante indicação bibliográfica.

A todos os colegas, estagiários e funcionários do escritório Lippert & Cia. Advogados, com quem tive ou tenho o orgulho de trabalhar, manifesto gratidão pela minha formação e pelo indispensável suporte nos períodos em que estive ausente, o que faço nas pessoas de Marcia Mallmann Lippert e George Lippert Neto. Em especial, agradeço ao Professor Franz August Gernot Lippert, pelas inúmeras lições de vida e profissionalismo e pelo comovente incentivo ao desenvolvimento acadêmico.

À bibliotecária Cristiane da Silva Cavalheiro, pelo auxílio na busca das preciosas fontes.

Aos integrantes da Secretaria da Pós-Graduação da Faculdade de Direito da UFRGS, sobretudo à Eliane Kusbick, pelo suporte e pela orientação.

Aos meus pais, pela educação que recebi.

E, finalmente, registro a minha gratidão especial à Karina, pelo constante incentivo, pela compreensão e sobretudo pela explícita demonstração de amor, indispensável à minha realização.

Prefácio

Lançando-se a exame minucioso e sem precedentes sobre as regras de experiência, Francisco Rosito não só demonstrou coragem, como também especial aptidão para o desafio.

Realmente, o livro agora publicado consegue desvendar com segurança os principais aspectos doutrinários e práticos da difícil e complexa temática. Para tanto foram estabelecidas firmes bases metodológicas, com abordagem prévia da lógica judiciária, do conceito, objeto e valoração da prova e ainda dos limites do livre convencimento do órgão judicial. Assentadas essas premissas fundamentais, elabora o autor a própria conceituação das máximas de experiência e sua distinção em relação a outras categorias afins, como o fato notório, as presunções, indícios e argumentos de prova. A seguir, examina o tratamento probatório e as funções exercidas pelas máximas de experiência, tanto de natureza comum quanto de caráter técnico ou científico. Nessa seara, ressalta a análise da função do cânone na valoração da prova, direta, indireta ou *prima facie*. Também é investigado o relacionamento das máximas com a aplicação e a interpretação do direito, inclusive no concernente aos conceitos jurídicos indeterminados e às cláusulas gerais. Da maior importância prática e doutrinária revela-se a apreciação realizada quanto ao controle do emprego das máximas de experiência. Aspecto desenvolvido sob diversos ângulos visuais, seja a partir da escolha adequada da máxima aplicável em virtude das circunstâncias concretas do caso, seja no que se refere ao conflito de máximas no caso concreto, tanto em 1º quanto em 2º graus de jurisdição, e ainda na jurisdição exercida pelos tribunais superiores. Altamente proveitoso também o tratamento dado ao tema do ponto de vista legal e doutrinário e pela criteriosa análise de precedentes jurisprudenciais.

Escrita com clareza, método e acuidade, como dissertação de mestrado do Programa de Pós-Graduação da Faculdade de Direito da Universidade Federal do Rio Grande do Sul, recebeu merecida nota máxima da banca examinadora, integrada pelos eminentes juristas e professores Adroaldo Furtado Fabrício, Danilo Knijnik e Flávio Luiz Yarschell.

Mais uma vez está a academia de parabéns por esta notável contribuição doutrinária, que certamente servirá de seguro farol para a aplicação prática do direito.

Prof. Dr. Carlos Alberto Alvaro de Oliveira
Titular de Direito Processual Civil nos Cursos de
Graduação e Pós-Graduação da Faculdade de Direito da UFRGS

Sumário

Introdução 11

1. As premissas metodológicas e os pressupostos dogmáticos 15

1.1. Lógica judiciária e métodos dedutivo, indutivo e abdutivo 15

1.2. Conceito moderno de prova e função da prova 22

1.3. Objeto de prova e tema de prova (*thema probandum*) 30

1.4. Direito à prova 36

1.5. Valoração da prova pelo juiz 40

1.6. Princípio do livre convencimento 45

1.7. Limites do livre convencimento 48

    1.7.1. Limites objetivos decorrentes das afirmações das partes sobre os fatos controvertidos e dos elementos constantes dos autos 48

    1.7.2. Vedação do conhecimento privado do juiz 50

    1.7.3. Limites legais de admissibilidade de prova 52

    1.7.4. Limites lógicos 55

    1.7.5. Limites de racionalidade 56

    1.7.6. Limites decorrentes das regras de experiência 57

    1.7.7. Princípio do contraditório como instrumento de controle 58

    1.7.8. Necessidade de motivação do juízo de fato 59

2. O perfil dogmático das máximas de experiência 63

2.1. Antecedentes históricos 63

    2.1.1. Processo romano 64

    2.1.2. Processo ítalo-canônico 67

    2.1.3. Do processo alemão ao processo reformado 68

    2.1.4. Do processo liberal ao processo moderno 72

    2.1.5. Surgimento das máximas de experiência como categoria autônoma 73

2.2. Definição e características da categoria 76

2.3. Espécies 80

2.4. Natureza jurídica 83

2.5. Posição das máximas de experiência no raciocínio probatório 85

2.6. Críticas à categoria 87

2.7. Diferenças entre máximas de experiência e fatos notórios 91

2.8. Diferenças entre máximas de experiência, presunções e indícios 94

2.9. Diferenças entre máximas de experiência e argumentos de prova 99

3. O tratamento probatório das máximas de experiência, as funções exercidas pelas máximas de experiência e o seu controle 103
    3.1. Tratamento probatório das máximas de experiência comum 103
    3.2. Tratamento probatório das máximas de experiência técnica ou científica 105
    3.3. Função das máximas de experiência quanto à prova direta ou representativa . . . 107
    3.4. Função das máximas de experiência quanto à prova indireta ou indiciária 110
    3.5. Função das máximas de experiência quanto à prova *prima facie* 112
    3.6. Função das máximas de experiência quanto às normas jurídicas 115
    3.7. Controle das máximas de experiência 118
4. As máximas de experiência na *práxis* brasileira 129
    4.1. Tratamento legal e doutrinário (arts. 131 e 335 do CPC) 129
    4.2. Tratamento jurisprudencial 134

Conclusão 149

Referências bibliográficas 153

Introdução

A análise da função da experiência no processo civil pertence ao cotidiano forense, dado que o raciocínio do juiz não se exaure no direito, na medida em que não é, na sua grande parte, regido por normas nem determinado por critérios ou fatores de caráter eminentemente jurídico.

Na realidade, em grande medida, o direito omite-se em relação aos modos em que o juiz raciocina ou deveria raciocinar, sendo fácil verificar que o julgador, ao formular o raciocínio que se conclui com a decisão, ou mesmo quando a justifica, emprega uma série de formas díspares e heterogêneas: "linguagem técnica, linguagem comum, esquemas e modelos de argumentação, formas dedutivas, juízos de valor, instrumentos de persuasão retórica, conhecimentos de variada natureza, regras éticas e de comportamento, interpretações, escolhas de diversos gêneros, etc.".[1]

Nesse amplo contexto, as máximas de experiência representam uma referência à análise. Chama atenção, no entanto, que esta categoria é uma daquelas que todos referem, com os mais diversos objetivos, mas que pouco se sabe sobre o que efetivamente trata e quais funções exercem, até porque pouco se escreveu a respeito, principalmente no Direito brasileiro.

Por essa razão, pretende-se examinar, no presente trabalho, o perfil dogmático das máximas de experiência, o seu tratamento probatório, as funções exercidas e o controle desta categoria no processo civil de conhecimento.

Para que essa análise seja empreendida com êxito, torna-se indispensável examinar as premissas metodológicas à compreensão das máximas de experiência e os seus pressupostos dogmáticos, visando-se obter subsídios indispensáveis. Em outras palavras, é necessário pavimentar a estrada para que se possa transitar sem maiores problemas. Isso porque o tema em ques-

---

[1] TARUFFO, Michele. *Senso comum, experiência e ciência no raciocínio do juiz.* Aula inaugural proferida na Faculdade de Direito da Universidade Federal do Paraná, em 5 de março de 2001, trad. de Cândido Rangel Dinamarco, p. 102.

tão está intimamente vinculado à valoração da prova[2] e ao convencimento judicial,[3] cujo exame, ao menos perfunctório, não se pode dispensar.

Impende advertir que a presente investigação não tem o caráter dogmático, na sua feição estéril, correspondente à mera abstração da abstração. Ao contrário, pretende-se apresentar apenas uma base dogmática, própria de toda e qualquer ciência, cuja função social, reformulada na atualidade, consiste em fornecer o substrato tecnológico necessário, a fim de criar condições para que os conflitos sejam decididos com um mínimo de perturbação, com vista sobretudo ao futuro. Portanto, há uma nítida preocupação com o caráter pragmático, para que seja possível exercer o controle de consistência das decisões.[4] Por essa razão, pretende-se apresentar os pressupostos e as características dogmáticas das máximas de experiência, justamente para que possa ser examinada a funcionalidade da categoria diante do caso concreto, sem deixar de ter presente a *problematicidade* do fenômeno jurídico e a legitimidade da criação jurisprudencial do Direito.[5]

Trata-se, inegavelmente, de tarefa árdua,[6] pois os temas da prova e do convencimento judicial não se exaurem na dimensão jurídica e tendem a projetar-se em outros campos, como o da lógica, da epistemologia e da psicologia,[7] além de estarem amplamente condicionados por fatores históricos, sociais, culturais, religiosos, etc.[8] Por razões evidentes, a análise se concentrará nos principais aspectos jurídicos dessas premissas básicas.

Ao final do trabalho, pretende-se situar o leitor na realidade brasileira, enfocando-se as máximas de experiência no seu aspecto legal, doutrinário e jurisprudencial, nos limites dos objetivos da investigação empreendida.

Por derradeiro, cumpre destacar que o tema é um dos mais importantes no direito processual civil, embora há quem assim não o reconheça, porquanto a adequada solução de um conflito de interesses sob julgamento não raro depende da correição da aplicação das máximas de experiência.

---

[2] MANNARINO, Nicola. *Le massime d'esperienza nel giudizio penale e il loro controllo in Cassazione*. Padova: CEDAM, 1993, in "premessa", p. 22.

[3] NOBILI, Massimo. Nuove polemiche sulle cosidette "massime di esperienza". *Rivista Italiana de Diritto e Procedura Penale*, 1969, p. 190.

[4] FERRAZ JÚNIOR, Tercio Sampaio. *Função social da dogmática jurídica*. São Paulo: Editora Revista dos Tribunais, 1980, p. 79, 99, 181 e 182.

[5] Ao pregar o abandono do *dogmatismo*, "com todas as falsificações que lhe são inerentes", Ovídio Araújo Baptista da Silva lança o Direito na dimensão hermenêutica, "reconhecendo-lhe a natureza de ciência da *compreensão* e, conseqüentemente, a legitimidade da criação jurisprudencial do Direito", embora reconheça que nenhum sistema jurídico poderá sobreviver sem uma base dogmática (*Processo e ideologia: o paradigma racionalista*. Rio de Janeiro: Forense, 2004, p. 37, 55, 56 e 79).

[6] RICCI, Gian Franco. Prove e argomenti di prova. *Rivista Trimestrale di Diritto e Procedura Civile*, 1988, p. 1.095.

[7] TARUFFO, Michele. La prova dei fatti giuridici. In: *Trattato di diritti civile e commerciale*. Milano : Giuffrè, 1992. v. 3, t. 2, p. 2.

[8] VERDE, Giovanni. La prova nel processo civile : (profili di teoria generale). *Rivista di Diritto Processuale*, n. 1, genn./mar. 1998, p. 10.

Deve-se ter presente que, em uma sociedade cada vez mais especializada e heterogênica, na qual há uma multiplicidade incessante de conflitos,[9] em um ambiente em que as leis se apresentam cada vez mais técnicas, exigindo-se do juiz um conhecimento cada vez mais amplo,[10] é indispensável que as regras da experiência a serem aplicadas pelo julgador sejam bem compreendidas, sob pena de incorrer-se em perigosos e indesejáveis caminhos rumo à arbitrariedade e irracionalidade.

---

[9] MORELLO, Augusto Mario. *Prueba* : tendências modernas. 2. ed. Buenos Aires: Abeledo-Perrot, 2001, p. 32.

[10] MONTERO AROCA, J. *La prueba en el proceso civil.* 3. ed. Madrid: Civitas Ediciones, 2002, p. 51.

1. As premissas metodológicas e os pressupostos dogmáticos

1.1. Lógica judiciária e métodos dedutivo, indutivo e abdutivo

Para que seja adequadamente compreendido o tema da aplicação das máximas de experiência na apreciação da prova no processo civil de conhecimento, impõe-se examinar previamente as bases dogmáticas em que se assenta a categoria, as quais serão expostas com a pretensão de fornecer maiores subsídios ao leitor.

Com este propósito, é fundamental examinar, no primeiro momento, como se desenvolve o raciocínio de um modo geral e, no momento seguinte, o raciocínio do juiz, através do qual é exercida a atividade jurisdicional, visando a discernir e a justificar a solução autorizada de uma determinada controvérsia.[11]

Para o fim deste trabalho, não interessa examinar a construção lógica do raciocínio jurídico como um todo, mas interessa, sobretudo, pela profundidade de vinculação entre "fato" e "direito", o aspecto lógico do juízo de fato somente.[12] Neste contexto, interessa examinar especialmente a atividade probatória como operação lógica, representada por um encadeado de operações cognitivas, destinadas a um fim de conhecimento.[13]

Epistemologicamente, essa tarefa é confiada à lógica, cuja definição – comumente aceita por autores de obras filosóficas e de lógica formal –

---

[11] Entenda-se "raciocínio" de um modo geral e abrangente, por razões de simplicidade, sem distinguir entre os diversos aspectos ou fases desse raciocínio, como: "a) aquele que o juízo desenvolve no curso do processo; b) aquele mediante o qual ele formula a decisão final; c) aquele mediante o qual ele justifica a decisão, ao redigir a motivação da sentença." (Michelle Taruffo, *Senso comum, experiência e ciência no raciocínio do juiz*, p. 101).

[12] LUPI, Raffaello. *Metodi induttivi e presunzioni nell'accertamento tributario*. Milano: Giuffrè, 1988, p. 37.

[13] MENDES, João de Castro. *Do conceito de prova em processo civil*. Lisboa: Ática, 1961, p. 203.

consiste "na arte do pensamento", ou seja, na arte de bem guiar a razão no conhecimento das coisas.[14] Há quem sustente que a lógica indica a "ciência do pensamento" (no âmbito da psicologia) ou "ciência do discurso" (no âmbito das regras de linguagem).[15] Em qualquer hipótese, a lógica não deixa de analisar o pensamento, seja para compreendê-lo, seja para guiá-lo, o que permite concebê-la como ciência crítica do pensamento válido, destinada a oferecer o meio para se escolher e justificar.[16]

Naturalmente a lógica judiciária está inserida no âmbito da lógica jurídica, que, por sua vez, está vinculada à idéia que fazemos do direito, razão pela qual se torna indispensável uma reflexão preliminar sobre a evolução do direito ao exame das técnicas de raciocínio próprias dessa disciplina que os juristas qualificam tradicionalmente de lógica jurídica.[17] No entanto, o âmbito desta investigação não comporta uma análise aprofundada dessa evolução. Tampouco se pretende enfocar a lógica jurídica como gênero de análise, sendo indispensável, para os fins propostos, enfocar tão-somente a lógica judiciária contemporânea, restrita, pois, à atividade jurisdicional nos dias de hoje, embora se saiba que a aplicação do direito está intimamente vinculada à idéia que se tem do direito.[18]

---

[14] RUSSO, Vicenzo. *La prova indiziaria e il giusto processo.* Napoli: Jovene, 2001, p. 41.

[15] UBERTIS, Giulio. *La logica del giudizio*: il ragionamento inferenziale, i fatti notori e la scienza privata, le massime d'esperienza, il sillogismo giudiziale. Disponível em: http://www.csm.it. Acesso em: 17 mar. 2003.

[16] Vicenzo Russo, *La prova indiziaria e il giusto processo,* p. 41-42.

[17] PERELMAN, Chaïm. *Lógica jurídica.* São Paulo: Martins Fontes, 2001. p. 7. No mesmo sentido aponta-se lição de Guido Calogero: "conhecer aquilo que é lógica do direito equivalerá para tanto sem resíduos a conhecer o que é, simplesmente, o direito" – tradução livre (CALOGERO, Guido. *La logica del giudice e il suo controllo in cassazione.* Padova: CEDAM, 1937, p. 40).

[18] A evolução moderna do Direito divide-se, grosso modo, em três momentos. O primeiro momento refere-se à Escola da Exegese, escola do pensamento jurídico surgida na França pré-revolucionária e que terminou por volta de 1880. A Escola da Exegese parte do pressuposto de que a única fonte de direito é a lei, estando os juízes limitados, por conseguinte, a exercer apenas a boca das palavras da lei ("la bouche de la loi" – Montesquieu). Não há espaço para elementos valorativos na atividade exercida pelo Judiciário, cabendo ao Legislativo trazer as soluções. "Sob a influência do racionalismo moderno, o direito foi assimilado a um sistema dedutivo, nos moldes dos sistemas axiomáticos da geometria ou da aritmética. Os defensores do positivismo jurídico, tal como se manifestou na Escola da Exegese, opõem-se aos partidários do direito natural e da jurisprudência universal, porque os axiomas nos quais fundam sua dedução não são racionais, válidos sempre em qualquer lugar, mas encontram-se nos textos legais, expressão da vontade do legislador. Embora esses textos possam variar de Estado para Estado, de época para época, as conseqüências que deles tiraremos deveriam, ainda assim, impor-se uniformemente, graças à exegese e à dedução, a todos os que tivessem de aplicar a lei a casos específicos." (Chaïm Perelman, *op. cit.*, p. 69). O segundo momento identifica-se com uma mudança de perspectiva, decorrente dos esforços da escola histórica de Savigny e do estudo histórico do direito romano empreendido por Ihering, conduzindo a uma visão funcional do direito, que se torna dominante por volta do fim do século XIX. Segundo essa concepção, "o juiz já não se pode contentar com uma simples dedução a partir dos textos legais; deve remontar do texto à intenção que guiou sua redação, à vontade do legislador, e interpretar o texto em conformidade com essa vontade. Pois o que conta, acima de tudo, é o fim perseguido, mais o espírito do que a letra da lei." (Chaïm Perelman, *op. cit.*, p.71). Trata-se, portanto, de uma escola funcional ou sociológica do direito, a qual interpreta os textos legais consoante a vontade do legislador. Por fim, o terceiro momento da evolução moderna do Direito fortalece-se depois da Segunda Guerra Mundial, em reação às escolas anteriores. Opõe-se, assim, a um

Estabelecidos os limites da análise, sabe-se que uma enunciação pode ser o resultado de um ato simples, caracterizando uma intuição, ou pode ser o resultado de uma concatenação de pensamentos, revelando um raciocínio. Nessas circunstâncias, a intuição nunca será objeto de crítica, por ser uma posição simples, diferentemente do que ocorre com o pensamento, que necessita justificar as relações entre as idéias que o sustentam.[19]

Assim, o raciocínio é o movimento de pensamento que, através do recíproco implicar-se de invenções e atividade, dá origem a uma série de reações individuais, que, por sua vez, baseadas na fidúcia e na inquietude, estabelecem a gradualidade do convencimento. Portanto, não se reduz a uma mera associação de idéias, mas conduz a um juízo novo cuja validade depende da exatidão da sua assimilação.[20]

As formas de utilização dessa relação são substancialmente duas, das quais descendem dois tipos principais de raciocínio: o primeiro se apresenta como forma de identificação, e o raciocínio se desenvolve, por assim dizer, em linha reta: esse tipo de raciocínio se define como dedução; o segundo, por seu turno, procede por agrupamento de relações, utilizando as suas semelhanças, caracterizando um raciocínio por semelhanças ou propriamente como indutivo.[21]

O raciocínio dedutivo encontra fundamento nas leis da Lógica elaboradas desde o tempo de Aristóteles[22]: parte-se do geral para alcançar o particular. O exemplo clássico é o seguinte: "todos os homens são mortais" (regra geral); "Sócrates é um homem" (caso particular); "logo Sócrates é mortal".[23] Note-se que esse raciocínio consiste na passagem de uma idéia a outra, que se une à primeira sobre uma base de identidade. A validade da conclusão dependerá, sobre o plano lógico, da subsistência ou identidade entre as idéias que se utilizam, isto é, depende da estrutura de pensamento utilizada.[24] Assim, o raciocínio dedutivo pode-se fundar sobre inferências imediatas, independentes de fases intermediárias entre uma determinada proposição e a sua conclusão, ou mediatas, que formam uma nova enuncia-

---

sistema jurídico fechado, isolado do contexto cultural e social no qual se insere. É nesta perspectiva que há um papel crescente atribuído pelos teóricos do raciocínio jurídico aos princípios gerais do Direito e à tópica jurídica, cuja grande vantagem consiste no fato de que, em vez de opor dogmática e prática, eles permitem elaborar uma metodologia jurídica inspirada na prática, e guiam os raciocínios jurídicos, que, em vez de opor o direito à razão e à justiça, empenhar-se-ão em conciliá-los (Chaïm Perelman, *Lógica jurídica*, p. 91-131).

[19] Vicenzo Russo, *La prova indiziaria e il giusto processo*, p. 42.

[20] Ibid., p. 42.

[21] Ibid., p. 43.

[22] ARISTÓTELES. *I. The categories on interpretation. Prior analytics*. 9. ed. Tradução de Harold P. Cooke e Hugh Tredennick. Cambriged: Harvard University Press, 2002, p. 407-513.

[23] TONINI, Paolo. *A prova no processo penal italiano*. Tradução de Alexandra Martins e Daniela Mróz. São Paulo: Rev. Tribunais, 2002, p. 56.

[24] Vicenzo Russo, *La prova indiziaria e il giusto processo*, p. 43.

ção, sendo o silogismo o raciocínio mediato mais conhecido.[25] Trata-se de uma forma de argumentação que consente afirmar uma conseqüência certa de uma regra geral a um caso particular.[26] É a lógica que comporta somente dois valores (*logica dei termini a due valori*): verdade ou falsidade, não comportando o valor da probabilidade.[27]

Já o raciocínio indutivo parte de casos particulares para alcançar o geral, o qual, no curso da História, afirmou-se, outrossim, a partir dos estudos de Aristóteles.[28] Por meio da observação de vários fatos particulares, reconstrói-se uma "regra", da qual, em presença de uma causa A, extrai-se uma determinada conseqüência B. Portanto, trata-se de raciocínio que se baseia sobre a observação experimental, voltada a verificar se o fato já conhecido é suscetível de reproduzir-se com análogos resultados a fim de extrapolar a regra que o dirige.[29]

A par do raciocínio, que é processo homogêneo ou mera coligação de pensamento, existe o método, ou conduta do saber, que é um conjunto de procedimentos ou de meios de pesquisa que o intérprete conscientemente adota para um determinado objeto. Naturalmente os métodos decorrem da espécie de pensamento lógico utilizado, razão pela qual se distinguem dois tipos fundamentais: 1) o método dedutivo, destinado a organizar as idéias e 2) o método indutivo, que se move de dados conhecidos para se chegar às idéias.[30]

O método dedutivo consiste em uma atividade que se desenvolve essencialmente na esfera psíquica do sujeito, sem intervenção alguma de fatos. Ele é, por conseguinte, uma mera atividade de pensamento, ou seja, uma concatenação de raciocínios que constituem as bases, as formas de realização e o coeficiente de validade de suas conclusões.[31]

Diferentemente, o método indutivo move-se da observação, que não é mera percepção, mas atividade que colhe os caracteres de um fato mediante atenção e análise alcançadas sobre o mesmo fato. Pressupõe: a) a colheita de dados, b) idéias para submeter à discussão (hipóteses) e c) o confronto de idéias e dados (discussão experimental).[32]

---

[25] Vicenzo Russo, *La prova indiziaria e il giusto processo*, p. 43.

[26] Ibid., p. 48.

[27] ROSONI, Isabella. *Quae singula non prosunt, collecta iuvant; la teoria della prova indiziaria nell'età medievale e moderna*. Milano: Giuffrè, 1995, p. 226. Para uma análise mais detida do tema, sobretudo da justificação, dos pressupostos e dos limites do método dedutivo, indica-se a seguinte obra: MAC-CORMICK, Neil. *Legal reasoning and legal theory*. Oxford: Oxford University Press, 1978, p. 19-72.

[28] Aristóteles, *I. The categories on interpretation. Prior analytics*, p. 513-519.

[29] Paolo Tonini, *A prova no processo penal italiano*, p. 56; Vicenzo Russo, *op. cit.*, p. 44; e Raffaello Lupi, *Metodi induttivi e presunzioni nell'accertamento tributario*, p. 38.

[30] Vicenzo Russo, *op. cit.*, p. 46.

[31] Ibid., p. 47.

[32] Ibid., p. 46.

Além desses métodos principais, existe o método de abdução ou reconstrutivo[33], que, na realidade, é um tipo particular de indução e que se caracteriza por seu objeto particular: descobrir um passado.[34] Parte-se, conseqüentemente, de elementos para reconstrução de um fato que vem afirmado, sendo o seu princípio cardinal a probabilidade determinada pelas convergências.[35]

Assentadas estas noções preliminares, impende analisar como se opera a lógica jurisdicional, o que é fundamental à compreensão do fenômeno probatório e do convencimento judicial, contexto em que se inserem as máximas de experiência. No entanto esta não tem sido uma preocupação corrente da doutrina.[36]

Sem embargo, partindo-se do pressuposto de que a atividade jurisdicional é eminentemente intelectiva, decorrente de uma concatenação de pensamentos, resta saber qual método lógico utiliza o juiz na atividade de averiguação judicial, ou, quem sabe, quais procedimentos ele geralmente utiliza, levando-se em consideração que essa atividade conduz a uma ação (provimento) e não propriamente a uma verdade.

A teoria tradicional vislumbra, no juízo processual, uma dedução de caráter eminentemente silogístico, em que a premissa maior seria formada pela regra geral de direito, a premissa menor pelos fatos, e a conclusão formaria o conteúdo da decisão jurisdicional.[37] Ou há, ainda, aqueles que concebem que o juízo processual representa uma corrente de silogismos.[38]

Todavia uma análise mais acurada permite observar que a atividade de averiguação pelo juiz raramente pode contar com regras axiomáticas, não sendo possível afirmar uma conseqüência certa decorrente de uma regra geral a um caso particular, o que afasta a identificação do método dedutivo. De fato, é da essência do processo a existência de conflito de interesses

---

[33] Credita-se a Charles S. Pierce *apud* Isabella Rosoni, *Quae singula non prosunt, collecta iuvant; la teoria della prova indiziaria nell'età medievale e moderna*, p. 230, o aprofundamento dessa terceira inferência, além das duas clássicas, ao escrever a obra, em 1878, *Deduction, Induction and Hypothesis.*

[34] Vicenzo Russo, *op. cit.*, p. 48.

[35] PASTORE, Baldassare. *Giudizio, prova, ragion pratica*: un approccio ermeneutico. Milano: Giuffrè, 1996, p. 188-195.

[36] São os processualistas penais que vêm analisando a lógica jurisdicional, principalmente quando do enfrentamento da prova indiciária. É por essa razão que também nos valeremos desse precioso estudo, para assentar as bases da análise ora empreendida, à medida que existe uma tendência contemporânea à unidade conceitual da prova nos diferentes tipos de processo, considerando-se que estão sujeitos a conceitos e princípios comuns (SILVA MELERO, Valentín. *La prueba procesal*: teoría general. Madrid: Editorial Rev. Derecho Privado, 1963, t. 1, p. 44-48).

[37] João de Castro Mendes, *Do conceito de prova em processo civil*, p. 204, e Nicola Mannarino, *Le massime d'esperienza nel giudizio penale e il loro controllo in Cassazione*, p. 109.

[38] LEONE, Carlo. Contributo allo studio delle massime di esperienza e dei fatti notori. *Annali di giurip. dell'Univ. di Bari*, 1954, p. 11.

(controvérsia), de posições divergentes e de incertezas.[39] Daí entender-se que não é suficiente, para motivar uma decisão, apresentar o silogismo judiciário que abrange a regra aplicada, a constatação dos fatos subsumidos sobre a regra e a conclusão decorrente. Evidentemente, havendo litígio, um ou vários desses elementos são contestados, o que exige do julgador não apenas a execução de um procedimento de lógica formal, senão indicar as razões que o guiaram nas opções julgadas preferíveis.[40]

Nada impede, entretanto, que o raciocínio judiciário seja apresentado sob a forma de um silogismo, "mas tal forma não garante, de modo algum, o valor da conclusão. Se esta é socialmente inaceitável, é porque as premissas foram aceitas levianamente: não devemos esquecer que todo o debate judiciário e toda a lógica jurídica concernem apenas à escolha das premissas que foram mais bem motivadas e suscitem menos objeções".[41]

É sob esse aspecto que a lógica judiciária difere da lógica formal. Enquanto esta consiste em tornar a conclusão solidária com as premissas, aquela procura demonstrar a aceitabilidade das próprias premissas, aceitabilidade que resulta da confrontação dos meios de prova, dos argumentos e dos valores que se defrontam na lide. Apresenta-se, assim, não como uma lógica formal, mas como uma argumentação que depende do modo como os legisladores e os juízes concebem sua missão e da idéia que têm do Direito e do seu funcionamento em sociedade.[42]

Nesse sentido, Guido Calogero aponta que a grande obra do juiz não está em extrair das premissas a conclusão, mas propriamente no encontrar e formular as premissas. Assim é que, quando o juiz chega à convicção de que um certo modo de agir implica, por lei, uma certa conseqüência jurídica, e de que aquele modo de agir foi verificado no caso concreto, a conclusão pode ser obtida por qualquer um. A dificuldade está em estabelecer aquelas duas premissas, usando-se a linguagem aristotélica. Desse modo, considerando o ângulo visual da rigorosa logicidade silogística, a racionalidade dedutiva é incidente apenas na passagem das premissas à dedução, sendo totalmente estranha à definição das premissas enquanto tais, as quais

---

[39] Baldassare Pastore, *Giudizio, prova, ragion pratica*: un approccio ermeneutico, p. 77. Da mesma forma, Nicola Mannarino ressalta que o ponto de partida de cada experiência cognitiva é constituído de um problema (*op. cit.*, p. 9).

[40] Cf. Chaïm Perelman, *Lógica jurídica*, p. 214. Em outra passagem da sua obra, o autor destaca: "Pode-se evidentemente tentar embair, camuflar o papel do juiz por meio do silogismo judiciário que formula na maior a norma aplicável, indica na menor os fatos estabelecidos, e tira a conclusão de que a lei prescreve a partir da subsunção dos fatos sob a norma jurídica. Mas esse silogismo só se impõe com a condição de que nenhum destes elementos seja objeto da controvérsia, o que fica contradito pela própria existência do processo. Pelo fato de que o juiz deve dirimir uma controvérsia, uma motivação que simulasse que os elementos litigiosos são evidentes se prende à ficção." (*op. cit.*, p. 222).

[41] Chaïm Perelman, *Lógica jurídica*, p. 242.

[42] Ibid., p. 242-243.

se movem em um âmbito que não é lógico, mas sobretudo "pré-lógico" ou "extra-lógico", conforme sustenta o jurista italiano.[43]

Tampouco o método de raciocínio indutivo é, em regra, utilizado na investigação judiciária do fato, pela simples consideração de que, em tal caso, não se trata de valorar ou buscar uma regra propriamente, senão, ao contrário, de verificar um fato que o esquema indutivo pressupõe como já adquirido por outra via. Ademais, o juízo histórico não tem o objetivo de formular cognições gerais, como ocorre na indução, visto que a sua finalidade é descobrir a existência e as características de um fato singular ocorrido e já não mais reproduzível.[44]

Logo, não partindo da certeza do fato, mas somente do resultado conhecido, não se pode conceber outra coisa a não ser que a investigação judiciária adota o método abdutivo, visando a remontar a causa que o produziu. Dessa forma, a construção representa o resultado de uma série de inferências abdutivas, que, combinadas entre si, contribuem para a formalização de uma hipótese provável[45], com caráter propriamente inventivo e de descoberta.[46]

Conforme sustenta Vicenzo Russo, magistrado da Corte de Cassação italiana, o mecanismo abdutivo, tal como destacado, não exaure a sua função limitadamente à prova indiciária, mas é também utilizado na hipótese do qual se assume como veículo de conhecimento uma prova representativa.[47] Portanto, é o mecanismo de que se vale o julgador na reconstrução dos fatos afirmados no processo, quer dependam de prova indireta, quer dependam de prova direta, visando à solução da controvérsia.[48]

Mas não é só. Destaca o autor italiano que o raciocínio abdutivo, embora seja o último percebido e analisado pela ciência epistemológica, é o único tipo de argumento que origina uma idéia nova, ou que estende a nossa consciência dos fatos.[49] Para tanto, destaca que, enquanto a indução conduz

---

[43] Guido Calogero, *La logica del giudice e il suo controllo in cassazione*, p. 51. No mesmo sentido, Michele Taruffo, *La prova dei fatti giuridici*, p. 76, destaca que o esquema silogístico não fornece resposta alguma à fixação das premissas, ou seja, não trata da interpretação da norma ao fato, tampouco da determinação do fato em si.

[44] Raffaelo Lupi, *Metodi induttivi e presunzioni nell'accertamento tributario*, p. 42.

[45] Vicenzo Russo, *La prova indiziaria e il giusto processo*, p. 50.

[46] Isabella Rosoni, *Quae singula non prosunt, collecta iuvant; la teoria della prova indiziaria nell'età medievale e moderna*, p. 232.

[47] Da mesma forma, Isabella Rosoni, *op. cit.*, p. 51, ressalta que a estrutura fundamental do procedimento lógico da prova indiciária – inferência do fato conhecido ao fato ignorado – é a mesma da aquela da prova direta.

[48] Michele Taruffo compartilha do mesmo entendimento, embora não fale explicitamente de método abdutivo. No entanto, deixa claro que a atividade julgadora não compreende um simples jogo dedutivo, senão uma complexa operação que conduz à "reconstrução do caso" (*La prova dei fatti giuridici*, p. 77).

[49] João de Castro Mendes ressalta, a esse respeito, que "a dedução silogística nada descobre *ex novo*; é apenas um meio de comprovar a exactidão dos nossos raciocínios, e de utilizar ao máximo os conhecimentos que a pessoa já possua" (*Do conceito de prova em processo civil*, p. 214).

a observação de um fato à formulação de uma regra, e enquanto a dedução produz a simples aplicação de uma regra já conhecida, a abdução parte de um fato particular a um outro fato particular, tal como ocorre em juízo.[50]

Dessas breves considerações pode-se afirmar que as sentenças, as averiguações judiciais e, em gênero, o pensamento do juiz, fundam-se mais do que sobre as clássicas formas de inferência que sustentam o raciocínio dedutivo ou indutivo, constituindo, na realidade, uma série de operações mentais que os lógicos chamam de abduções ou retroduções.[51] Com efeito, o trabalho do juiz ao individuar a regra jurídica para aplicar ao fato narrado (*narra mihi factum, dabo tibi ius*) exige preliminarmente que se verifique a existência do fato narrado, o que nunca pode ser constatado experimentalmente. Ademais, o fato narrado nunca pode ser reproduzido diante do juiz, mas somente reproduzido narrativamente. Disso se pode deduzir como o método reconstrutivo seja o único utilizável ao fim de recompor historicamente o fato narrado.[52]

Como se sabe, a lógica judiciária opera no âmbito da liberdade da valoração da prova, o que é consentido em decorrência da vigência do princípio do livre convencimento[53], razão pela qual, para se pretender compreender a atividade judicial em sua plenitude, é preciso analisar a fenomenologia da prova e o próprio convencimento judicial em sua natureza, estrutura e limites, exame que passará a ser feito.

1.2. Conceito moderno de prova e função da prova

O tema da especificidade da prova jurídica permanece, há longa data, um "tópos" fundamental e, ao mesmo tempo, um dos mais problemáticos e controversos da teoria da prova.[54] Isso se deve, sobretudo, a que não é fácil oferecer uma definição de prova, visto que o campo que se abre à meditação é amplo, existindo dificuldades de perfilhar seus limites e contornos, o que gera invariavelmente múltiplas definições, até porque a prova processual não é mais do que um aspecto da prova em geral.[55]

Constata-se que a doutrina, com o intuito de identificar os elementos que caracterizam e definem como tal a prova jurídica, não raro procura

---

[50] Vicenzo Russo, *op. cit.*, p. 52; Paolo Tonini, *A prova no processo penal italiano*, p. 56, e Baldassare Pastore, *Giudizio, prova, ragion pratica*: un approccio ermeneutico, p. 191.

[51] Peirce, *The Hound and liorn*, 1929, *apud* Vicenzo Russo, *op. cit.*, p.58.

[52] Vicenzo Russo, *op. cit.*, p. 59.

[53] Ibid, p. 66.

[54] Michele Taruffo, *La prova dei fatti giuridici*, p. 303.

[55] Valentín Silva Melero, *La prueba procesal*: teoría general, p. 30.

estabelecer um confronto entre a atividade do julgador e de outros que se ocupam também da reconstrução do fato.

Um dos lugares comuns usados pela doutrina consiste no confronto entre o juiz e o cientista, ou entre o processo e a pesquisa científica.[56] É óbvio que não existe absoluta e total coincidência entre o juiz e o cientista, entre processo e laboratório e entre prova e experimento, e, por conseqüência, é óbvio que nenhuma aceitável definição de prova possa ser obtida simplesmente referindo-se às correspondentes definições que se supõem válidas, sobre a "vertente científica" da distinção. Mas, segundo Michele Taruffo, não é óbvio que entre o juiz e o cientista não haja algumas significativas vinculações, em particular sobre o terreno da prova e do raciocínio sobre os fatos.[57]

Efetivamente a principal semelhança diz respeito à estrutura lógica dos argumentos racionais utilizados nos dois campos para justificar a decisão. Isso se observa cada vez mais diante do emprego, no processo, de metodologias científicas na verificação dos fatos. Cada vez mais se constata, com o avanço tecnológico, o emprego de métodos de conhecimento que transcendem o saber do homem médio. Sob esse aspecto, não se trata de identidade de métodos entre o juiz e o cientista, mas de emprego, por parte do juiz, de instrumentos de análise que consentem a valoração de provas produzidas com métodos científicos.[58]

No entanto observa-se que, entre as duas atividades, existe uma diferença ideológica fundamental. Enquanto para o juiz não há o dever de buscar a verdade absoluta dos fatos, o que será objeto de posterior análise, o cientista centra-se na sua verificação.[59] Além do mais, existe a diferença banal de que ao juiz não é permitido reproduzir o fato empiricamente, enquanto o cientista pode fazê-lo abstratamente, tantas vezes quanto necessário para chegar à conclusão buscada.[60]

Sem embargo, o lugar comum mais utilizado pela doutrina, com o escopo de esclarecer a atividade cognoscitiva que o julgador exerce na verificação dos fatos, é a analogia entre o juiz e o historiador.[61] A base funda-

---

[56] DENTI, Vittorio. Scientificità della prova e libera valutazione del giudice. *Riv. Dir. Proc.*, n. 27, 1972, p. 414; CAVALLONE, Bruno. *Il giudice e la prova nel processo civile*. Padova: Cedam, 1991, p. 395 (nota 133); CARRATA, Antonio. Funzione dimostrativa della prova. *Riv. Dir. Proc.*, CEDAM, genn./mar. 2001, p. 77; e Michele Taruffo, *La prova dei fatti giuridici*, p. 303.

[57] Michele Taruffo, *op. cit.*, p. 303.

[58] Ibid., p. 308.

[59] Ibid., p. 305.

[60] Michele Taruffo observa que o fundamental, nessa contraposição entre as atividades do julgador e do cientista, está em identificar dois problemas comuns. O primeiro diz respeito à necessidade que o emprego da prova seja submetido ao controle social verificado na cultura média da coletividade. O segundo problema concerne à necessidade de que noções e métodos científicos venham usados de modo correto quando se destinam à verificação dos fatos em juízos (*La prova dei fatti giuridici*, p. 308-309).

[61] Na doutrina italiana, a referência fundamental é de dois autores que, de modo amplo, ocupam-se do problema: Guido Calogero, *La logica del giudice e il suo controllo in cassazione*, p. 128 *et seq.* e

mental dessa comparação está na circunstância de que ambos se deparam com o problema de reconstruir um fato singular do passado, não repetível e não diretamente conhecido, de maneira que ambos precisam valer-se de provas que permitam o conhecimento indireto daquele fato.[62]

Efetivamente o juiz e o historiador reconstroem fatos passados. Contudo é fácil verificar que se trata de fatos diversos, pois ao julgador interessam fatos específicos e individuais, diferentemente do que ocorre com o historiador. Também é verdade que o juiz e o historiador selecionam fatos que reconstroem. Todavia isso ocorre de acordo com critérios totalmente diversos. O juiz depara-se com critérios de relevância jurídica na particular controvérsia, ao passo que o historiador seleciona os fatos que lhe interessam, segundo a sua escolha do tema de pesquisa e com base em critérios de relevância social, econômica, psicológica, cultural, etc.[63] Ademais, a atividade do historiador caracteriza-se pela descoberta da verdade, o que exige atividade de pesquisa e investigação, dentro de um campo vasto cujo conteúdo é imprevisível no momento do início dessa atividade, ao passo que a atividade do julgador visa sobretudo à solução de um conflito de interesses, não tendo ele ampla liberdade, na medida em que está circunscrito a uma hipótese de solução, entre as versões de fato apresentadas.[64]

Na verdade, basta realizar uma análise mais acurada para se perceber que as analogias propostas pouco contribuem para definição epistemológica da prova jurídica. Muito antes pelo contrário, acaba-se verificando que essas analogias não fornecem dado relevante à noção de prova em si e da modalidade de emprego racional da prova no âmbito do processo.[65]

Resta buscar, por conseguinte, a especificidade da prova em seu sentido jurídico-processual. Note-se, antes de tudo, que o elemento determinante da juridicidade da prova decorre de dois fatores: a presença de uma disciplina jurídica da prova e do fato de que serve a fins tipicamente jurídicos no contexto do processo. Segundo Michele Taruffo, a prova pode definir-se como jurídica se, ao menos, recorre a uma dessas condições.[66]

CALAMANDREI, Piero. Il giudice e lo storico. In : *Opere giuridiche*. Napoli: Morano Editore, 1965, v. 1, p. 393 *et seq.*

[62] Michele Taruffo, *La prova dei fatti giuridici*, p. 310.

[63] Ibid., p. 315.

[64] João de Castro Mendes, *Do conceito de prova em processo civil*, p. 282-286.

[65] Michele Taruffo, *op. cit.*, p. 314.

[66] Michele Taruffo aponta, na verdade, que a prova jurídica pode julgar-se específica somente em um senso reduzido, relativo e variável do termo. Reduzido porque a disciplina da prova jurídica cobre somente uma parte do fenômeno probatório; relativo porque não diz respeito à natureza ou à estrutura da prova em si considerada, mas tão-somente da presença de norma sobre a prova; variável, enfim, porque, nos diversos ordenamentos, o grau de especificidade da prova jurídica varia em função da extensão, do conteúdo e da importância das normas que regulam juridicamente o fenômeno da prova, diferenciando-o ou reduzindo-o no contexto do processo (*La prova dei fatti giuridici*, p. 316). Ainda, ressaltando a importância do elemento normativo, Giovanni Verde chega a afirmar que é "prova isso que o legislador

Buscando uma simplificação, Michele Taruffo distingue duas concepções fundamentais de prova. A primeira concepção, decorrente da cultura jurídica dos sistemas de *Civil Law*, define-se por ser "fechada" pelas seguintes razões: a) julga-se que o inteiro fenômeno da prova seja compreendido e contido nas normas que dela se ocupam; b) julga-se, por conseqüência, que sejam provas somente aquelas que são previstas e reguladas como tais nas normas apostas; c) tende-se a julgar que a disciplina jurídica da prova e o processo representam um contexto auto-suficiente e autônomo ante cada outro setor da experiência. A segunda concepção, por seu turno, observa-se principalmente nos ordenamentos de *Common Law*, tem sentido "aberto". As razões principais dessa concepção, segundo o jurista italiano, são as seguintes: a) a prova é, sobretudo, um fenômeno que pertence à esfera da lógica e do racional, enquanto somente alguns aspectos desse fenômeno são previstos e regulados pela norma; b) admite-se livremente a prova atípica; c) as normas em matéria de prova não servem para definir e delimitar o conceito jurídico de prova porque qualquer coisa que serve para estabelecer um fato é prova; d) dado que a prova é qualquer coisa que seja útil para verificação do fato, o contexto que lhe concerne é "aberto", sendo lícito empregar noções, conceitos e modelos de análises provenientes de outros setores da experiência.[67]

Entretanto, essas concepções não permitem identificar a prova em si, senão representam características de sistemas jurídicos diferentes quanto ao regramento probatório, diferenças essas, aliás, que cada vez mais estão sendo atenuadas, em face da aproximação dos sistemas probatórios do *Civil Law* e do *Common Law*.[68] Logo, não são suficientes para apontar a noção de prova, cujo significado é polifacetário, o que faz surgir uma variedade de definições e conceitos, tornando-se difícil obter maior precisão[69], dependendo, inclusive, do enfoque de análise.

Michele Taruffo procura aprofundar a sua análise apresentando, assim, três distinções inerentes ao significado de prova e ao modo pelo qual tal significado vem isoladamente entendido no processo.[70]

---

quer que seja prova e na maneira e na medida em que o quer". (tradução livre) (VERDE, Giovanni. La prova nel processo civile : (profili di teoria generale). *Riv. Dir. Proc.*, n. 1, genn./mar. 1998, p. 14).

[67] Michele Taruffo, *La prova dei fatti giuridici*, p. 317-319. Ressalta-se, ademais, que o processo civil, nos países de *Common Law*, são substancialmente caracterizados: a) pela presença do júri popular; b) pelo caráter contraditório da investigação dos fatos (*adversary system*); e c) pela preponderância da prova oral sobre a prova escrita, principalmente pela prova testemunhal, submetida a *cross-examination*, de acordo com o magistério de DENTI, Vittorio. L'evoluzione del diritto delle prove nei processi civili contemporanei. *Riv. Dir. Proc.*, v.1, 1965, p. 51.

[68] KUNERT, Karl H. Some observations on the origin and structure of evidence rules under the common law system and the civil law system of free proof in the germain code of criminal procedure. *Buffalo Law Review*, v. 16, 1966-1967, p. 123.

[69] DEVIS ECHANDÍA, Hernando. *Teoría general de la prueba judicial*. Bogotá: Temis, 2002. p. 12. t. 1.

[70] Destaca o processualista italiano que a primeira distinção se põe entre prova como "demonstração" e prova como "experimento". A prova como demonstração é aquela que serve a estabelecer a verdade dos

De um modo geral, a doutrina apenas examina a questão sob o terceiro enfoque apresentado por Michele Taruffo, isto é, sobre os aspectos diferentes do fenômeno probatório, reduzindo a noção a três significados: 1º) a primeira acepção de prova designa os "meios de prova", através dos quais se pode servir para demonstração do *thema probandum*, ou seja, os documentos, as testemunhas, inspeção judicial, etc.; 2º) a segunda acepção de prova designa o procedimento probatório, ou seja, o complexo da atividade regulada pela lei, através do qual o juiz e as partes obtêm os meios de prova ao processo; 3º) a terceira acepção de prova designa o resultado do procedimento probatório, isto é, o convencimento ao qual o juiz chega através dos meios de prova.[71]

Abordando-se o conceito de prova, é oportuno advertir que não se pretende apresentar uma classificação do termo, o que até seria impossível nos limites desta investigação ante os inúmeros critérios apresentados pelos processualistas para esse fim. Interessa apontar, entretanto, apenas uma classificação, qual seja, a que diz respeito ao modo ou à maneira como o objeto da prova serve para demonstrar o fato que se quer provar (direta ou indiretamente), porquanto é importante para a compreensão das funções exercidas pelas máximas de experiência, conforme restará abordado na terceira parte deste trabalho.

Com efeito, a prova poderá definir-se como direta ou indireta de acordo com a relação que existe entre o fato a provar e o objeto da prova. Assim, prova direta é aquela que verte diretamente sobre o fato relevante

---

fatos relevantes para a decisão, enquanto a prova como experimento (*test* ou controle) é aquela que opera como instrumento ou procedimento para verificar o fundamento ou atendibilidade de tal enunciação. A segunda relevante distinção refere-se à relação entre a prova e o fato ao qual se refere e às funções que a prova exerce no âmbito dessa relação. Destaca o processualista italiano que a prova é um fator ou elemento "de conhecimento", "de controle" e "de descoberta" dos fatos relevantes para a decisão, operando como elemento de justificação e de escolha racional da hipótese destinada a constituir o conteúdo da decisão final sobre o fato. Por derradeiro, a terceira dimensão polissêmica do termo prova deriva do fato de que pode representar aspectos diferentes do fenômeno probatório, de acordo com três hipóteses principais: 1ª) prova pode indicar "meios de prova", ou seja, cada elemento que possa ser empregado para o conhecimento do fato (ex.: quando se fala em relevância ou admissibilidade das provas ou tipicidade ou atipicidade das provas); 2ª) prova pode indicar "resultado" que deriva da aquisição dos meios de prova no processo e da sua valoração por parte do juiz; e 3ª) prova pode indicar ainda o vínculo que se instaura entre a prova nos dois significados examinados, ou seja, entre meio de prova e confirmação da asserção sobre o fato, caracterizando-se pela inferência probatória, que constitui o raciocínio com o qual o juiz estabelece que o fato foi provado sobre a base dos elementos de prova de que se dispõe (*La prova dei fatti giuridici*, p. 414-425).

[71] Vittorio Denti, *Scientificità della prova e libera valutazione del giudice*, p. 414-437. Assim é que Hernando Devis Echandía, ao analisar diversos autores que se dedicaram ao tema, aponta três noções fundamentais do termo prova no processo, as quais coincidem, em linhas gerais, às noções apresentadas pelo processualista italiano: 1ª) meios de prova, isto é, sua manifestação formal, através dos quais se leva ao juiz o conhecimento acerca das enunciações fáticas; 2ª) razões ou motivos, isto é, seu conteúdo substancial ou essencial, os quais se deduzem em favor da existência ou inexistência dos fatos; e 3ª) resultado subjetivo, isto é, o convencimento proporcionado ao julgador (*Teoría general de la prueba judicial*, t. 1, p. 19-20). No mesmo sentido destaca-se GASCÓN ABELLÁN, Marina. *Los hechos en el derecho* : bases argumentales de la prueba. Madrid: Marcial Pons Ediciones Jurídicas, 1999, p. 84-86.

em discussão. Nessa hipótese, a prova trata do fato principal, que é aquele constitutivo, impeditivo, extintivo ou modificativo do direito do autor. Ao contrário, há prova indireta quando essa situação não se verificar, ou seja, quando o objeto da prova seja constituído de um fato circunstancial. Neste caso, a prova demonstra um fato secundário (fato conhecido), que serve para estabelecer, por meio de um raciocínio inferencial (indutivo), o acertamento do fato principal (fato desconhecido).[72]

Trata-se de uma classificação que ajuda a compreender o fenômeno da prova indiciária, embora se possa dizer que nenhuma prova é puramente direta, na medida em que os acontecimentos dependem necessariamente de reconstrução, o que revela apenas uma aproximação da realidade. Assim sendo, pode-se dizer que não há propriamente diferença ontológica entre tais provas.[73]

Feito esse registro, destaca-se que, tradicionalmente, entre as noções fundamentais destacadas, o conceito de prova mais adotado é aquele que a identifica como meio ou instrumento de conhecimento das enunciações sobre os fatos jurídicos relevantes sobre os quais o juiz concluiu a sua atividade cognitiva.[74] Ainda assim, o conceito apresenta-se insuficiente, porquanto não permite verificar se o meio ou instrumento tendem à representação, confirmação, formação, demonstração efetiva ou convencimento.

Sob esse enfoque, ao analisar a metodologia do raciocínio do jurista, Alessandro Giuliani empreendeu análise detida à função da prova, considerando esse aspecto essencial à caracterização do fenômeno. Dessarte, apresenta dois modelos de prova fundamentais: demonstrativo e persuasivo. Segundo o autor italiano, o conceito moderno de prova, de origem romano-germânica, é fruto do Iluminismo e racionalismo, tendo um sentido objetivista, cientificista e absoluto (modelo demonstrativo); o conceito clássico, dominante na Idade Média, de origem do *Common Law*, é fruto de uma perspectiva problemática, tópica e argumentativa (modelo persuasivo). A concepção clássica põe em relevo o caráter seletivo do conhecimento e relativo do fato, enquanto a concepção moderna procura conhecer o fato na sua inteireza fenomênica.[75]

Portanto, de acordo com o primeiro modelo, a prova representa um instrumento demonstrativo, visando ao conhecimento científico da verdade dos fatos relevantes para a decisão, enquanto, no segundo, a prova é um argumento destinado a convencer o órgão que julga sobre os fatos pela

---

[72] Michele Taruffo, *La prova dei fatti giuridici*, p. 429 e 430, e Hernando Devis Echandía, *Teoría general de la prueba judicial*, t. I, p. 499 e 500.

[73] KNIJNIK, Danilo. *A prova nos juízos cível, penal e tributário*. Rio de Janeiro: Forense, 2007, p. 31.

[74] DIAS, Jean Carlos. A dimensão jurídica da prova e sua valoração no moderno estudo do processo civil. *Rev. Processo*, n. 107, jul./set. 2002, p. 86-96.

[75] GIULIANI, Alessandro. *Il concetto di prova: contributo alla logica giuridica*. Milano: Giuffrè, 1971, *introduzione*, p. XII e XIII.

oportunidade de assumir como fidedigna uma certa versão dos fatos relevantes para a decisão.[76]

Assume relevo, portanto, a função demonstrativa da prova enquanto fornece um fundamento cognoscitivo e razoável para a escolha que o julgador efetua, individuando uma versão atendível e verdadeira dos fatos relevantes da causa, o que lhe permite justificar racionalmente a sua escolha.[77]

A tese de Alessandro Giuliani, quanto à referência aos modelos clássico e moderno, sofreu críticas principalmente por Michele Taruffo, quer sob o aspecto histórico, quer sob as suas bases teóricas, sustentando que não se podem estabelecer os paralelos traçados, sem incorrer em generalizações e imprecisões.[78] No entanto, em que pese a crítica, a sua tese foi acolhida por inúmeros juristas, tornando-se referência obrigatória.[79]

Cumpre destacar que não se pode pensar ingenuamente que tenha havido um modelo probatório puro nos ordenamentos jurídicos nacionais, o que não afasta, entretanto, as vertentes distintas destes dois modelos de prova, decorrentes de estrutura e ideologia próprias.[80] Além do mais, é preciso ter presente que atualmente a contraposição entre esses dois modelos de análise tende a uma diluição na cultura jurídica contemporânea, na medida em que, sob o perfil epistemológico, as decisões tendem a uma probabilidade na reconstrução das hipóteses possíveis dos fatos[81], afastando-se da certeza aspirada pela ciência. Como se isso não bastasse, há uma significativa evolução metodológica na qual assume relevo o raciocínio tópico-problemático, o que privilegia a análise do fato em si, o que, outrora, poderia representar uma incompatibilidade com o modelo eminentemente demonstrativo, de inegável inspiração racionalista. Por essas razões, é preciso rever os modelos probatórios, de acordo com os novos influxos metodológico e hermenêutico.[82]

Não obstante, em qualquer dos conceitos apontados, observa-se que a prova não é apresentada como meio indispensável de obtenção da verdade. Não há como se pensar diferentemente, visto que a impossibilidade de obtenção da verdade absoluta no processo civil encontra fundamentos teó-

---

[76] TARUFFO, Michele. "Modelli di prova e di procedimento probatório". *Riv. Dir. Proc.*, Padova, anno XLV (seconda serie), n. 2, apr./giugno, 1990, p. 420.

[77] Antonio Carrata, *Funzione dimostrativa della prova*, p. 94.

[78] Michele Taruffo, *La prova dei fatti giuridici*, p. 325-331.

[79] Ilustrativamente, apontam-se: CATALANO, Elena Maria. Prova indiziaria, probabilistic evidence e modelli matematici di valutazione. *Riv. Dir. Proc.*, n. 2, apr./giugno. 1996, p. 514-536; e NOBILI, Massimo. *Il principio del libero convincimento del giudice*. Milano: Giuffrè, 1974, p. 12.

[80] Michele Taurffo, *Modelli di prova e di procedimento probatório*, p. 447.

[81] Elena Maria Catalano, *op. cit.*, p. 515.

[82] Hermes Zaneti Júnior aborda a problemática dos modelos probatórios, propugnando uma solução intermediária, ao sustentar que a lógica demonstrativa indutiva ou dedutiva não retira o caráter argumentativo da prova, desde que privilegiado o raciocínio tópico-problemático (ZANETI JÚNIOR, Hermes. "O problema da verdade no processo civil: modelos de prova e de procedimento probatório". *Rev. Processo*, São Paulo. v. 29, n. 116, jul./ago. 2004, p. 334-371 e principalmente p. 335 e p. 368-9).

ricos, ideológicos e práticos.[83] Por outro lado, não significa que o processo civil não tenha capacidade de produzir decisões verdadeiras sobre os fatos da causa, sob os mesmos fundamentos.[84]

Por conseguinte, é legítimo apontar que o processo civil deve buscar, sim, a verdade dos fatos, sem, no entanto, fazer disso um único objetivo, o que permite qualquer sistema processual, teórica e ideologicamente, produzir decisões justas, enquanto fundadas sobre reconstruções verdadeiras sobre os fatos.[85] E isso se dará por meio da prova.[86] Mas nunca imaginando ser possível atingir uma verdade material, "travestida de principal finalidade do processo". Se assim o fosse, "lícito seria ao juiz julgar com base na sua ciência privada dos fatos, admissível todo tipo de prova, mesmo ilegítima", gerando resultado livre de quaisquer peias.[87] Assim, pode-se dizer que a verdade não é um fim em si do processo, mas um meio para outros fins, entre os quais avulta o da paz social.[88]

---

[83] Michele Taruffo aponta que, de uma maneira geral, há um ceticismo filosófico radical que exclui a possibilidade de conhecimento da realidade, o que afasta a verdade em termos teóricos. Sob o enfoque ideológico, a verdade dos fatos não deve ser obtida porque não deve ser perseguida. E não deve ser perseguida porque entra em conflito com a própria ideologia do processo civil, cuja função primordial é solucionar conflitos e não buscar a verdade dos fatos. Trata-se, portanto, de finalidades diversas e incompatíveis: resolver conflitos significa encontrar a ordem de interesses mais satisfatória às partes e eventualmente também ao ambiente social no qual o conflito está inserido, garantindo valores como a autonomia dos particulares e a paz social. Para essa finalidade, a procura da verdade não é necessária, podendo ser até contraproducente ao direcionar o processo para fins diversos. Ademais, há impossibilidade prática porque o juiz não dispõe nem dos instrumentos cognoscitivos nem do tempo e da liberdade de investigação de que dispõem o cientista e o historiador. O processo deve, ao invés, desenvolver-se dentro de um limitado tempo, dado que interesses públicos e privados exigem o fim do litígio rapidamente. Para tanto, a busca da verdade torna-se um pesado obstáculo (*La prova dei fatti giuridici*, p. 7-27). Da mesma forma, J. Montero Aroca aponta a renúncia à verdade (*La prueba en el proceso civil*, p. 35-36).

[84] Em termos teóricos, é possível identificar orientações idôneas, com base no realismo crítico, no empirismo interno e no relativismo epistemológico, para construir noções sensatas de "verdade judicial" como caracteres das asserções em torno dos fatos da causa como critério para a escolha entre asserções verdadeiras ou falsas. Percebe-se, portanto, que há um consenso em admitir um conceito ao menos relativo de verdade, decorrente do contexto em que está inserido. Além de teoricamente possível, a busca da verdade dos fatos no processo também é ideologicamente oportuna e até necessária, a fim de que produza decisão justa, de modo que a veracidade do juízo de fato torna-se condição necessária a esse fim. Por fim, há possibilidade prática na medida em que os limites derivados da disciplina jurídica do processo não impedem necessariamente a verificação da verdade, desde que se observem certos limites. Assim, é óbvio que se trata de verdade relativa porque os instrumentos cognoscitivos são limitados no tempo pela capacidade humana e pelas normas jurídicas (Michele Taruffo, *La prova dei fatti giuridici*, p. 35-58). Sobre esse exame de Taruffo, pode-se colher uma análise crítica no seguinte artigo de GASCÓN ABELLÁN, Marina. Concepciones de la prueba. Observación a propósito de Algunas consideraciones sobre la relación entre prueba y verdad, de Michele Taruffo. *Discussiones*. n. 3. Bahía Blanca: Editorial de la Universidad Nacional del Sur, set. 2003, p. 43-55.

[85] Michele Taruffo, *La prova dei fatti giuridici*, p. 50. No mesmo sentido, Gerhard Walter fala que o norte deve ser sempre a maior aproximação possível da verdade, revelando que a verdade, em si, não deve ser buscada ilimitadamente (WALTER, Gerhard. *La libre apreciación de la prueba*: investigación acerca del significado, las condiciones y límites del libre convencimiento judicial. Trad. Tomás Banzhaf. Bogotá: Temis, 1985, p. 175).

[86] Antonio Carrata, *Funzione dimostrativa della prova*, p. 91.

[87] OLIVEIRA, Carlos Alberto Alvaro de. *Do formalismo no processo civil*. São Paulo: Saraiva, 1997, p. 147.

[88] João de Castro Mendes, *Do conceito de prova em processo civil*, p. 316.

Conclusivamente, percebe-se que o fenômeno probatório é complexo, sendo impossível estabelecer noções e conceitos unívocos acerca do termo prova. Dependerá sempre das circunstâncias em que o termo é empregado.

1.3. Objeto da prova e tema da prova (*thema probandum*)

A noção corrente de prova, conforme se pôde apurar, funda-se na idéia de que a prova serve à demonstração das assertivas quanto aos fatos suscitados.[89] Neste contexto, torna-se fundamental saber o que está sujeito à prova, para que seja delimitado o âmbito da atividade probatória.[90]

Com esse propósito, percebe-se que há, na doutrina, freqüente confusão entre as noções de objeto e tema de prova, conduzindo a desvios e dificuldades de entendimento da matéria, razão pela qual se torna indispensável separá-las e apontar, ao menos superficialmente, os seus delineamentos particulares.[91]

Entende-se por objeto da prova aquilo que se pode provar em geral, ou seja, aquilo sobre o qual pode recair a prova. É uma noção puramente "formal e abstrata", não limitada aos problemas concretos de cada processo, nem aos interesses ou às pretensões das partes. Refere-se, portanto, às noções de prova que se estendem a todos os campos de atividade científica ou intelectual, sejam ou não jurídicas.[92]

Por tema da prova (*thema probandum*) ou objeto da prova em concreto deve entender-se o que, em cada processo, deve ser matéria de atividade probatória. Trata-se, por conseguinte, de uma noção concreta justamente porque recai sobre elementos específicos de cada processo.[93]

Infere-se, assim, que a noção de objeto da prova é mais ampla do que de tema da prova. Aquela atende ao que geralmente, em abstrato, pode provar-se, ao passo que esta se restringe, em concreto, ao que há necessidade de provar em um determinado processo.[94]

Tradicionalmente a doutrina procurava distinguir, para apontar o objeto da prova, os juízos de fatos e os juízos de direito, buscando resolver a

---

[89] João de Castro Mendes, *Do conceito de prova em processo civil*, p. 471.

[90] Michele Taruffo, *La prova dei fatti giuridici*, p. 67.

[91] Hernando Devis Echandía, *Teoría general de la prueba judicial*, t.1, p. 135.

[92] Ibid., p. 135; J. Montero Aroca, *La prueba en el proceso civil*, p. 47; Valentín Silva Melero, *La prueba procesal*: teoría general, p. 49; e João de Castro Mendes, *op. cit.*, p. 472.

[93] Hernando Devis Echandía, *Teoría general de la prueba judicial*, t.1, p. 135 e 177; J. Montero Aroca, *La prueba en el proceso civil*, p. 47-54 , e Valentín Silva Melero, *La prueba procesal*: teoría general, p. 48.

[94] J. Montero Aroca, *op. cit.*, p. 48; Hernando Devis Echandía, *op. cit.*, p. 157, e João de Castro Mendes, *Do conceito de prova em processo civil*, p. 472.

questão da seguinte maneira: os primeiros dão lugar à prova, enquanto os segundos, não.[95] Assim, poderiam ser objeto da prova os fatos em seu sentido mais amplo. Em palavras de Rosenberg, entende-se por fatos "os acontecimentos e circunstâncias concretas determinadas no espaço e no tempo, passadas ou presentes, do mundo exterior e da vida anímica humana, que o direito objetivo tem convertido em pressuposto de um efeito jurídico".[96] Em contrapartida, o direito estava excluído da prova, até porque se pressupunha que o juiz o conhecesse, de acordo com a máxima *iura novit curia*. Assim concebeu a doutrina por largo tempo. No entanto, a diferenciação apontada pouco ajudou a resolver a questão, tendo gerado dúvidas e incertezas, considerando que parte de pressupostos equivocados ao pretender dissociar elementos intrinsecamente vinculados.[97]

Frustrada a tentativa de separação dos juízos de direito e de fato no direito processual moderno, entende-se que podem ser objeto da prova, além dos fatos, as normas jurídicas e, inclusive, as máximas de experiência, em determinadas circunstâncias.[98]

Não obstante tenha gerado alguma controvérsia, prevalece o entendimento quanto à admissibilidade de prova das normas jurídicas, pois, efe-

---

[95] COUTURE, Eduardo J. *Fundamentos del derecho procesal civil*. 3. ed. Buenos Aires: Depalma, 1985, p. 219.

[96] *Apud* J. Montero Aroca, *op. cit.*, p. 49.

[97] O enfrentamento do tema da verificação e do controle do juízo de fato, no âmbito do processo civil, é uma tarefa das mais intrincadas, pois exige, como pressuposto analítico, a reavaliação de concepções que se consagraram na experiência jurídica, principalmente na teoria geral do Direito. Durante largo tempo, pressupunha-se a ampla separação entre fato e direito, que seriam plenamente individuados e examinados, entendimento este decorrente do Positivismo. Acreditava-se que a aplicação do direito era realizada por mera atividade de subsunção, havendo perfeita incidência do fato à norma. Se a plena separação do binômio questão de fato/questão de direito vigorou no apogeu do Positivismo, era natural esperar-se que a aproximação dessas questões ocorresse justamente com a derrocada desse movimento jusfilosófico, momento em que se passa a contestar a idéia de que a lei pode contemplar todas as soluções de todos os problemas jurídicos. Os fenômenos da crise do código, da fuga do legislador às cláusulas gerais e da passagem do Estado de Direito ao Estado Social de Direito provocaram avanços na metodologia e hermenêutica jurídicas. Os estudos acerca do "círculo hermenêutico" ou "espiral hermenêutica" e "pré-entendimento" ou "pré-compreensão" conduzem à superação do entendimento de que a aplicação do direito ocorre por mera atividade de subsunção, porquanto se infere que há estreita inter-relação entre o juízo de fato e o juízo normativo, os quais são influenciados reciprocamente. Desse modo, percebe-se que o fato não ingressa em bruto ao processo, mas já moldado pela norma jurídica que resolverá o caso concreto, havendo, por conseguinte, conformação entre as questões, o que representa significativo avanço na metodologia jurídica. No campo da hermenêutica, o pensamento tópico permitiu a ampliação do discurso justificativo da decisão, ao voltar-se ao caráter problemático do Direito, possibilitando um controle argumentativo na sua aplicação. Por fim, a evolução do conceito clássico de prova ao seu conceito moderno propiciou o alargamento do exame fático da decisão, repercutindo, por conseguinte, no material sujeito ao convencimento judicial. Todas essas razões de ordem metodológica, hermenêutica, dogmática e processual apontam que a dicotômica questão de fato/questão de direito resta enfraquecida, tendo o jurista, a partir de então, condições de analisar, sem ingenuidade, que as inferências judiciais quanto ao juízo de fato, muitas vezes, não são puras e indissociáveis às questões de direito (KNIJNIK, Danilo. Os standards do convencimento judicial: paradigmas para o seu possível controle. *Rev. Forense,* Rio de Janeiro. v. 353, p. 15. jan./fev. 2001; Carlos Alberto Alvaro de Oliveira, *Do formalismo no processo civil*, p. 154, e Michele Taruffo, *La prova dei fatti giuridici*, p. 171-174).

[98] J. Montero Aroca, *La prueba en el proceso civil*, p. 48-52.

Direito Probatório – as máximas de experiência em juízo

tivamente, nada impede que seja realizada a prova do direito, tal como se faz em relação ao fato.[99] A admissibilidade da prova das normas jurídicas, mesmo das nacionais, decorre do entendimento de que o dever do juiz de conhecer o direito não é absoluto, ainda mais nos dias atuais em que as normas jurídicas crescem em complexidade e variedade. Embora a lei não exija, de um modo geral, a prova da norma jurídica, a atividade das partes para demonstrá-la representa significativa colaboração à atividade julgadora, o que não pode ser desprezado, muito menos inadmitido.[100]

Já as máximas de experiência, quanto ao objeto da prova, serão examinadas em capítulo específico deste trabalho. Por ora, é suficiente ter presente que as máximas de experiência cumprem funções diversas no processo, porquanto podem integrar tanto o suposto de fato como a conseqüência jurídica.

Por seu turno, o tema da prova tem importância para delimitar concretamente o objeto da prova em cada processo, servindo, inclusive, para determinar as noções de relevância e pertinência da prova.[101]

Assim, a noção compreende as afirmações das partes sobre os fatos, quer pelo autor, quer pelo réu, quando este não se limita a negar a fundamentação exposta por aquele, hipótese em que efetua afirmações próprias acerca dos fatos. Porém exige-se, ainda, que se trate de afirmações controvertidas. Conseqüentemente, entre os fatos afirmados pelas partes, a necessidade de prova recai somente sobre os fatos que, depois das alegações, resultaram controvertidos.[102]

A esse propósito, é importante destacar a controvérsia que ainda hoje se encontra acesa na doutrina e que se estende tanto às noções de objeto como de tema de prova. A controvérsia envolve o entendimento de os fatos serem ou não, em si, objeto de prova. Sobre essa polêmica, existem três teorias conhecidas: a primeira é a teoria clássica segundo a qual o objeto da prova são os fatos;[103] a segunda, a teoria eclética segundo a qual o objeto da

---

[99] É oportuno lembrar que o Código de Processo Civil brasileiro vigente contempla regra que impõe a necessidade de prova de direito municipal, estadual, estrangeiro ou consuetudinário ("Art. 337. A parte, que alegar direito municipal, estadual ou estrangeiro ou consuetudinário, provar-lhe-á o teor e a vigência, se assim determinar o juiz").

[100] Hernando Devis Echandía, *Teoría general de la prueba judicial*, t. 1, p. 174, e Carlos Alberto Alvaro de Oliveira, *op. cit.*, p. 134-141.

[101] Hernando Devis Echandía, *op. cit.*, p. 157.

[102] J. Montero Aroca, *La prueba en el proceso civil*, p. 26.

[103] A teoria clássica foi alvo de muitas críticas, primeiro, porque o objeto da prova não é a realidade em si, senão a sua representação intelectual, formada por conceitos e juízos ou proposições; segundo, porque o conceito de fato em si é indeterminado quanto à sua compreensão ou definição e quanto à delimitação das suas fronteiras com as realidades vizinhas (questão de direito), conforme aponta João de Castro Mendes, *Do conceito de prova em processo civil*, p. 481-526. Destaca-se que são defensores dessa teoria Hernando Devis Echandía, *Teoría general de la prueba judicial*, t. 1, p. 147-149, e, no âmbito da doutrina brasileira, SANTOS, Moacyr Amaral. *Prova judiciária no cível e comercial*. 4. ed. São Paulo: Max Limonad, 1970. p. 16. v.1.

prova são fatos e afirmações;[104] a terceira, a teoria segundo a qual o objeto da prova são somente as afirmações.[105]

Sem embargo, a doutrina preponderante não hesita em reconhecer que o objeto ou tema de prova judiciária não são diretamente os fatos ocorridos no passado, e isso pela simples razão de que não se pode provar a veracidade ou falsidade dos fatos, os quais podem ser somente constatados no momento de sua verificação. Portanto, podem "ser" ou podem "não ser", e nunca "ser verdadeiro" ou "ser falso", na medida em que o objeto da prova não é a realidade, mas uma representação intelectual apresentada como lhe correspondendo: uma afirmação, isoladamente, ou uma versão, globalmente.[106] Não há como se pensar diferentemente, pois as afirmações constituem narração ou relato das partes ao juiz sobre os fatos ocorridos no passado.[107]

Constata-se, portanto, que devem ser objeto ou tema de prova as afirmações controvertidas sobre os fatos. Mas isso não é suficiente. Será necessário provar todo o tipo de afirmação no processo, ou se exigirá a prova somente daquelas afirmações controvertidas? Para responder esta questão, a doutrina procurou estabelecer critérios de relevância jurídica do fato, o que permite definir o "horizonte da decisão".[108] Relevantes seriam aquelas afirmações sobre fatos que vêm definidos como tais pela norma aplicável, ou seja, pelas "fattispecie" (suportes fáticos) definidas nas normas aplicá-

---

[104] Já a teoria eclética foi primeiramente defendida por Carnelutti, tanto em *La prova civile* como em *Sistema di diritto processuale civile*. Na primeira obra, o processualista italiano ressalta: "é justo reconhecer que objeto da prova não são os fatos mas as afirmações...; as afirmações não se conhecem mas verificam-se, os fatos não se verificam mas conhecem-se" (CARNELUTTI, Francesco. *La prova civile*. 2. ed. Roma: Edizioni Dell'ateneo, 1947, p. 15-16). Ao tempo da obra *Sistema di diritto processuale civile*, Carnelutti procura conciliar a concepção que vê o objeto da prova em fatos com a que o vê em afirmações, fazendo dos primeiros "objeto mediato" e dos segundos "objeto imediato" da prova (CARNELUTTI, Francesco. *Sistema di diritto processuale civile*, Padova, v. 1, n. 282, 1936, p. 676). No entanto, constatou-se que essa diferenciação pouco ajudou a esclarecer a questão. Da mesma forma, Andrioli sustentou uma teoria eclética, argumentando que o objeto da prova como fato ou afirmação representa uma duplicidade de pontos de vista sobre uma mesma realidade. Se nos colocarmos no ponto de vista das partes, as quais deduzem em juízo afirmações e não fatos (ANDRIOLI. *Prova in Genere*, p. 814-815, *apud* João de Castro Mendes, *Do conceito de prova em processo civil,* p. 530). Ainda, aponta-se que Micheli *apud* João de Castro Mendes, *op. cit.*, p. 530, defende uma teoria eclética, argumentando a "fungibilidade substancial" de fato e afirmação como objeto de prova. Assim, entende que as afirmações se controlam, enquanto os fatos se conhecem. Portanto, o juiz estaria preocupado em determinar se os fatos, aduzidos pelas partes, têm algum fundamento, conquanto as partes estejam preocupadas em demonstrar teoricamente as suas afirmações.

[105] João de Castro Mendes, *op. cit.,* p. 478.

[106] João de Castro Mendes, *Do conceito de prova em processo civil*, p. 531, e Nicola Mannarino, *Le massime d'esperienza nel giudizio penale e il loro controllo in Cassazione*, p. 27.

[107] Antonio Carrata, *Funzione dimostrativa della prova*, p. 73. Michele Taruffo coaduna do mesmo entendimento (*La prova dei fatti giuridici*, p. 95). No mesmo sentido apontam-se SENTÍS MELENDO, Santiago. El derecho en las "Noches Áticas" de Aulo Gelio. In: *"Teoría y práctica del proceso – Ensayos de derecho procesal"*. Buenos Aires: Ediciones Jurídicas Europa-América, 1959. v. 1, p. 404, e UBERTIS, Giulio. La ricerca della verità giudiziale. In: *La conoscenza del fatto nel processo penale*. Milano: Giuffrè, 1992, p. 10.

[108] Michele Taruffo, *op. cit.*, p. 82.

veis aos casos concretos,[109] dividindo-se em principais e secundárias. As principais seriam aquelas referentes aos fatos que constituem o pressuposto das normas jurídicas aplicáveis às pretensões e exceções do demandante e do demandado. Dividem-se em fatos extintivos, impeditivos ou modificativos, e representam a condição e o pressuposto para se verificarem os efeitos jurídicos previstos na norma. Por sua vez, as afirmações secundárias não extraem conseqüência jurídica, assumindo significado, no processo, somente enquanto possam trazer qualquer argumento em torno da veracidade ou falsidade de um enunciado vertente sobre um fato principal.[110]

Ademais, além de serem relevantes, exige-se que as afirmações sejam pertinentes. Em outras palavras, supõe-se que as afirmações sejam úteis para a declaração judicial do *factum probandum*.[111] Por conseqüência, quando falta essa relação lógica do juízo de pertinência, deve-se não admitir o meio de prova proposto, tal como ocorre nos casos em que não existe uma adequação ou idoneidade do meio probatório.[112] O fundamento de inadmissão de prova, nessas circunstâncias, está no genérico princípio de economia processual[113], pois não tem sentido admitir meios probatórios que não guardem relação alguma com os fatos a provar, ou seja, meios que não são aptos para formar a convicção do juiz. Por conseguinte, toda aquela prova que não tenha o caráter de "pertinência" não deve ser admitida, seguindo-se o brocardo *frusta probatur quod probatum non relevant*.[114]

A propósito, não se pode confundir pertinência de prova com juízo de sua eventual ineficácia. Para admitir ou rechaçar um meio probatório, não se devem realizar valorações acerca do seu provável resultado, visto que esse juízo somente deve ser feito após ter sido produzida toda a prova e não antes. O juízo relativo à pertinência prescinde de toda consideração em torno da concreta possibilidade de que as enunciações fáticas sejam efetivamente acreditadas. Por isso, é suficiente, para admissão da prova, que ela seja hipoteticamente idônea para aportar, direta ou indiretamente, elementos de conhecimento sobre as afirmações fáticas que devem ser provadas.[115] Evitam-se, assim, os indevidos riscos de prejulgamento, com base em juízos apriorísticos de que a prova proposta não alcançará os resultados pretendidos, o que colocaria em risco, inclusive, a imparcialidade do julgador.[116]

---

[109] Michele Taruffo, *op. cit.*., p. 83.

[110] Ibid., p. 97-98.

[111] JUNOY, Joan Picó i. *El derecho a la prueba en el proceso civil.* Barcelona: J.M.Bosch Editor, 1996, p. 46.

[112] Joan Picó i Junoy, *El derecho a la prueba en el proceso civil*, p. 47.

[113] Michele Taruffo, *La prova dei fatti giuridici*, p. 338.

[114] Joan Picó i Junoy, *op. cit.*, p. 54.

[115] Ibid., p. 55, e TARUFFO, Michele. Il diritto alla prova nel processo civile. *Riv. Diritto Processuale*, n. 1, genn./mar. 1984, p. 78.

[116] Joan Picó i Junoy, *op. cit.*, p. 56.

Por outro lado, sob o enfoque negativo, não devem ser tema de prova, por inferência lógica, as afirmações referentes aos fatos não controvertidos (os admitidos, tácita ou expressamente, e os reconhecidos), os irrelevantes, os impertinentes e os notórios.[117]

Quanto às normas jurídicas, o tema de prova abrange, residualmente, normas jurídicas nacionais de vigência local (p. ex., estaduais, municipais) e estrangeiras, na medida em que há necessidade de prová-las no caso concreto, diferentemente do que ocorre com as normas jurídicas nacionais. Note-se que se fala somente de normas das quais se presume não haver conhecimento geral, porque somente para essas há necessidade de produção probatória. Isso não significa que o juiz esteja vinculado à iniciativa da parte para aplicar uma norma jurídica estrangeira, visto que o direito, como um todo, está ao seu alcance (*iura novit curia*).[118]

De outra parte, são tema de prova os costumes relevantes para a solução da controvérsia, os quais, como se sabe, caracterizam-se por atos reiterados em um mesmo sentido. Os seus meios de prova normais são a documental e a pericial, tendo em vista que se referem, no mais das vezes, à atividade que requer conhecimentos especializados (p. ex., costumes mercantis, agrários).[119]

Por fim, aponta-se que as máximas de experiência, em circunstâncias excepcionais, podem ser tema de prova[120], tal como as normas jurídicas, caso as partes queiram tornar explícitas a sua existência, aceitabilidade e aplicação, quer para sustentar os seus argumentos, quer para cooperar com o órgão jurisdicional. É oportuno que se registre, contudo, que as máximas de experiência, em regra, não são tema de prova porque expressam aquilo que ordinariamente acontece, circunstância que dispensa a atividade probatória por razões de efetividade, celeridade e economia processual. Destaca-se, novamente, que essa questão será objeto de análise específica porque comporta desdobramentos que precisam ser bem compreendidos, bastando, por ora, a sua referência.

Resumidamente, infere-se que a noção de objeto de prova remete ao que pode ser abstratamente provado, ou seja, afirmações acerca dos fatos, normas, etc. Já a noção de tema de prova remete ao objeto de uma determinada demanda, representando aquilo que se tem necessidade de provar, sob pena de não ser possível exigir o conhecimento do julgador a seu respeito. Inserem-se neste contexto, principalmente, as afirmações sobre os fatos controvertidos e relevantes, as normas jurídicas nacionais de vigência local, as estrangeiras e os costumes.

---

[117] Os fatos notórios serão objeto de análise específica, dada a sua importância ao tema em estudo.

[118] Hernando Devis Echandía, *Teoría general de la prueba judicial*, t.1, p. 189-191.

[119] J. Montero Aroca, *La prueba en el proceso civil*, p. 71.

[120] Ibid., p. 74-75.

1.4. Direito à prova

O tema do direito à prova vem despertando a atenção da doutrina moderna.[121] Tradicionalmente os estudos doutrinários vinham analisando a prova desde a perspectiva do conjunto de normas que regulam a admissibilidade dos meios probatórios, suas implicações procedimentais, assim como sua eficácia e valoração, esquecendo-se, entretanto, do exame do direito básico e essencial dos litigantes.[122] Sob esse enfoque, a doutrina vem tratando o direito à prova como um direito primordial das partes, principalmente em virtude de novos influxos constitucionais.

No cenário mundial, a Constituição espanhola de 1978 foi a primeira a prever expressamente o direito à prova, inserido entre o rol dos direitos fundamentais (art. 24)[123]. Embora não previsto expressamente, de um modo geral, a doutrina tem reconhecido fundamento constitucional ao direito à prova, em referência a outros direitos de natureza processual como o direito ao devido processo legal, ao juiz natural ou o direito à defesa. Assim se verifica na Constituição italiana de 1947[124], na Lei Fundamental de Bonn de 1949,[125] na recente Constituição portuguesa de 1976[126] e, inclusive, na Constituição brasileira de 1988.[127]

Buscando-se um conceito, pode-se definir o direito à prova como a faculdade da parte a utilizar os meios probatórios necessários para formar a convicção do órgão jurisdicional acerca da controvérsia no processo.[128] Ou, ainda, pode-se dizer que se trata de um conceito mais amplo ou de uma "expressão sintética", que "compreende o direito de todas as partes de buscar as fontes de prova, requerer a admissão do respectivo meio, participar de sua produção e apresentar uma valoração no momento das conclusões".[129]

---

[121] Michele Taruffo destaca que na Itália a formulação da idéia de um "direito à prova" é recente no âmbito do processo civil (*Il diritto alla prova nel processo civile*, p. 74).

[122] Joan Picó i Junoy, *El derecho a la prueba en el proceso civil*, p. 15.

[123] "Asimismo, todos tienen derecho a [...] utilizar los medios de prueba pertinentes para su defesa".

[124] Nela estão previstos os direitos à defesa (art. 24), ao juiz natural (art. 25) e à tutela jurisdicional (art. 113).

[125] Em seu texto, citam-se os direitos à tutela jurisdicional (art. 19.4), ao juiz natural (art. 101.1) e à defesa (art. 103.1).

[126] Na Constituição portuguesa reconhecem-se os direitos à tutela jurisdicional e à defesa (art. 20.1) e a receber a informação da acusação (art. 27.4).

[127] Na Constituição brasileira há referência, principalmente, às garantias do devido processo legal (art. 5º, LIV), ao contraditório e à ampla defesa, com os meios e recursos a ela inerentes (art. 5º, LV).

[128] Joan Picó i Junoy, *op. cit.*, p. 18-19. De modo similar, destaca-se a definição de direito à prova de Michele Taruffo: "il diritto della parte di impiegare tutte le prove di cui dispone, al fine di dimostrare la verità dei fatti che fondano la sua pretesa". (*Il diritto alla prova nel processo civile*, p. 331, nota 102). No mesmo sentido aponta-se CAVALLONE, Bruno. *Il giudice e la prova nel processo civile*. Padova: CEDAM, 1991, p. 300.

[129] Paolo Tonini, *A prova no processo penal italiano*, p. 83.

Para a sua manifestação e exercício, o direito à prova requer a vontade das partes que possuem a faculdade de propor o meio probatório, a fim de que seja admitido, praticado e valorado judicialmente.[130] Conseqüentemente, o direito à prova implica, em um primeiro plano, o direito a que seja admitida toda aquela prova que, proposta por alguma das partes, respeite os limites inerentes à atividade probatória e os limites decorrentes dos requisitos legais de proposição. Em um segundo plano, supõe-se que o meio probatório admitido seja praticado, pois estaríamos, caso contrário, diante de uma negação tácita do mencionado direito. Ademais, esse aspecto do direito em estudo permite assegurar a intervenção das partes na prática probatória da parte adversa, participando ativamente no seu desenvolvimento. Por fim, em um terceiro plano, impõe-se que o meio probatório admitido e praticado seja valorado pelo órgão jurisdicional, valoração essa que deve ser motivada, sob pena de subtrairmos toda a sua virtualidade e eficácia.[131]

Quanto à sua natureza, além de ser um direito subjetivo[132], dependente de um ato de vontade, o direito à prova é eminentemente processual, porquanto se exercita e se desenvolve no âmbito do processo, na medida em que a eficácia de um meio probatório depende da valoração do juiz, embora a noção de prova possa transcender o campo do processo.[133] Constitui, portanto, um direito subjetivo processual, sendo que seu âmbito de atuação estende-se a todas as ordens jurisdicionais e administrativas, exercitável, por conseguinte, em qualquer tipo de processo em que o cidadão se encontra envolvido.[134]

No que se refere à titularidade, o direito à prova estende-se a ambas as partes processuais, que possuem a faculdade de iniciar e desenvolver a atividade probatória, independentemente de sua posição processual no pólo ativo ou passivo, visto que, em todo processo, deve-se respeitar o direito à defesa por meio do contraditório, com idênticas possibilidades de alegar e provar, sob pena de violação ao princípio da igualdade, inerente a todo tipo processual.[135]

---

[130] Joan Picó i Junoy, *El derecho a la prueba en el proceso civil*, p. 20.

[131] Ibid., p. 21-26.

[132] Antônio Magalhães Gomes Filho ressalta que o direito à prova é "um verdadeiro *direito subjetivo* à introdução do material probatório no processo, bem como de participação em todas as fases do procedimento respectivo; direito subjetivo que possui a mesma natureza constitucional e o mesmo fundamento dos direitos de *ação* e de *defesa*: o *direito de ser ouvido em juízo* não significa apenas poder apresentar ao órgão jurisdicional as próprias pretensões, mas também inclui a garantia do exercício de todos os poderes para influir positivamente sobre o convencimento do juiz (*Direito à prova no processo penal.* São Paulo: Editora Revista dos Tribunais, 1997, p. 84).

[133] Hernando Devis Echandía, *Teoría general de la prueba judicial*, p. 26-27, e Valentin Silva Melero, *La prueba procesal*: teoría general, p. 40-41.

[134] Joan Picó i Junoy, *op. cit.*, p. 30-33.

[135] Ibid., p. 33-35 e Antônio Magalhães Gomes Filho, *Direito à prova no processo penal*, p. 85.

O sujeito passivo do direito à prova, na expressão de Devis Echandía,[136] ou o destinatário da prova, na concepção de Castro Mendes,[137] é o juiz, que está obrigado a decretar e praticar as provas requeridas, com as formalidades legais, sempre que não exista razão para considerá-las inadmissíveis. Isso não representa, todavia, passividade do julgador quanto à iniciativa probatória, adequada a uma ideologia vetusta de processo eminentemente privado. Nos dias atuais, a solução parte para a harmonização do caráter privado do objeto litigioso (*causa petendi* e *petitum*) com a natureza indisponível do processo, atribuindo ao julgador a iniciativa probatória quanto às fontes que se revelaram existentes pela atuação de alguma das partes.[138]

O direito a provar tem por objeto concreto a prática de provas requeridas pelas partes, visando à solução favorável de sua pretensão ou exceção, não representando, logicamente, valoração favorável a essas provas, na medida em que o juiz exerce a livre apreciação dos efeitos jurídicos processuais das provas produzidas. Além do mais, o direito de provar não tem por objeto convencer o juiz sobre a verdade de um fato afirmado, ou seja, não é um direito a que o juiz se dê por convencido em presença de certos meios de prova, senão a que aceite as provas requeridas ou apresentadas pelas partes e as leve em conta na sentença ou decisão.[139]

Constata-se, ainda, que o direito à prova está intimamente vinculado ao direito à ampla defesa,[140] podendo-se classificá-lo, inclusive, como instrumental e complementar à realização desta, haja vista que o exercício da ampla defesa dos interesses litigiosos torna-se impossível, caso se subtraia de alguma das partes o direito a trazer ao processo os meios justificativos ou demonstrativos das suas próprias alegações ou das alegações contrapostas às da parte adversa.[141]

Da mesma forma, o direito à prova está intimamente ligado ao direito de ação,[142] cujo conceito, de acordo com o pensamento da doutrina atual, estende-se além da possibilidade simples de instaurar o processo.[143] Seu

---

[136] Hernando Devis Echandía, *op. cit.*, p. 27.

[137] João de Castro Mendes, *Do conceito de prova em processo civil*, p. 305.

[138] Joan Picó i Junoy, *El derecho a la prueba en el proceso civil*, p. 260.

[139] Hernando Devis Echandía, *Teoría general de la prueba judicial*, p. 28.

[140] Gerhard Walter, *La libre apreciación de la prueba*, p. 337.

[141] Joan Picó i Junoy, *op. cit.*, p. 35.

[142] Gerhard Walter, *op. cit.*, p. 337.

[143] De acordo com o magistério de Pontes de Miranda, o conceito de ação tem dois significados, um de direito material, outro de direito processual. A ação de direito material é inflamação do direito ou da pretensão. Nasce quando a pretensão exercida não é satisfeita. Disso decorre o princípio geral da acionabilidade das pretensões: toda pretensão corresponde ação que a assegura. Já a ação de direito processual corresponde à pretensão à tutela jurídica, exercida mediante a provocação do Estado, detentor do monopólio da jurisdição. Exerce-se essa ação mediante os remédios jurídicos processuais (PONTES DE MIRANDA, Francisco Cavalcanti. *Tratado das Ações*. São Paulo: Rev. Tribunais, 1970, t. 1, p. 95). Não obstante o entendimento do ilustre jurista, tem-se entendido que a nota característica do conceito

conteúdo é mais amplo, abarcando uma série de faculdades cujo exercício se considera necessário, em princípio, para garantir a correta e eficaz prestação jurisdicional. Dentre tais faculdades, sobressai o chamado direito à prova.[144]

Por todas essas razões, Walter entende o direito à prova como uma emanação da pretensão de justiça, arraigada como princípio de um Estado de Direito, tendo hierarquia de direito fundamental.[145] Trata-se, portanto, de direito primordial das partes, tendo dupla função: objetiva e subjetiva. No plano objetivo, opera um valor assumido em um sistema de uma comunidade, inserindo-se com força vinculante no ordenamento jurídico. Já na sua vertente subjetiva, atribui-se à parte o poder de exercitá-lo, reclamando-se a sua devida proteção.[146]

Destaca-se, por derradeiro, que o direito à prova não tem apenas o seu conteúdo positivo, através do qual se faculta às partes dispor de prova de fatos a seu favor. Há também o conteúdo negativo, permitindo que a parte possa opor-se, na inobservância do contraditório, a iniciativas da parte contrária, capazes de influir sobre o convencimento do juiz.[147]

---

de ação é o agir independentemente do sujeito passivo. No entanto, questiona-se a efetiva existência da ação de direito material no âmbito do direito processual civil, embora ilustres processualistas ainda refiram a sua existência autônoma (ilustrativamente, ASSIS, Araken de. *Cumulação de Ações.* 3. ed. São Paulo: Rev. Tribunais, 1998, p. 76-78, e MARINONI, Luiz Guilherme. Tutela cautelar, tutela antecipatória urgente e tutela antecipatória. *Rev. AJURIS,* n. 61, jul., 1994, p. 64-65). No nosso entender, o conteúdo de cada demanda não decorre propriamente da ação de direito material, senão da pretensão de direito material afirmada existente pelo demandante. Portanto, não obstante o entendimento diverso, pensa-se que a ação de direito material somente pode ser aplicada no âmbito das relações de direito material. A propósito, destaca-se que, no novo Código Civil brasileiro, o art. 75 (que previa que "a todo direito corresponde uma ação, que o assegura") sequer foi reproduzido, havendo, tão-somente, menção indireta à ação no art. 161 desse novo diploma legal, dispositivo este que trata da legitimação passiva da ação visando a desconstituir negócio de fraude contra credores. Assim sendo, de acordo com o ordenamento jurídico brasileiro, há previsão do exercício privado de ação em hipóteses excepcionalíssimas: ilustrativamente, a hipótese do possuidor turbado, ou esbulhado, de poder manter-se, ou restituir-se por sua própria força, contanto que o faça logo (art. 1.210, § 1º, do Código Civil); as hipóteses da legítima defesa e do estado de necessidade (art. 188, I, do Código Civil); a hipótese do proprietário do terreno invadido cortar, até o plano vertical divisório, as raízes e os ramos de árvore, que ultrapassarem a estrema do prédio (art. 1.283 do Código Civil); a hipótese dos credores pignoratícios previstos no art. 1.467 poderem tomar em garantia um ou mais objeto até o valor da dívida (art. 1.469 do Código Civil); e a hipótese do depositário poder reter o depósito até que se lhe pague a retribuição devida, o líquido valor das despesas, ou dos prejuízos (art. 644 do CPC). Nas demais situações conflitivas de interesses, o agir privado caracteriza crime de exercício privado de suas próprias razões. Por conseguinte, creia-se que somente a ação de direito processual exista efetivamente, representando o agir em juízo pelas partes, ao longo de todo o procedimento. Em outras palavras, constitui a relação subjetiva composta representada pelos poderes, faculdades e deveres que possuem os integrantes dos pólos ativo e passivo de uma relação processual, segundo concebeu FAZZALLARI, Elio. *Note in tema di diritto e processo.* Milano: Giuffrè, 1957, p. 112.

[144] BARBOSA MOREIRA, José Carlos. A Constituição e as provas ilicitamente adquiridas. *Rev. AJURIS,* v. 68, nov. 1996, p. 13.

[145] Gerhard Walter, *La libre apreciación de la prueba,* p. 341. Ilustrativamente, destaca-se, ainda, Joan Picó i Junoy, *El derecho a la prueba en el proceso civil,* p. 16-18.

[146] Joan Picó i Junoy, *El derecho a la prueba en el proceso civil,* p. 18.

[147] CAVALLONE, Bruno. Oralità e disciplina delle prove nella riforma del processo civile. *Riv. Dir. Proc.,* n. 4, ott./dic. 1984, p. 710.

1.5. Valoração da prova pelo juiz

Certamente a valoração da prova pelo juiz, em conjunto com o princípio do livre convencimento judicial, representa um dos temas centrais não apenas do processo como do ordenamento jurídico.[148]

A valoração da prova indica uma atividade exclusiva do juiz,[149] constituindo um modo de proceder que precede a formação do convencimento, sobretudo no seu momento conclusivo. Portanto, representa um pressuposto para atingir-se o resultado do convencimento judicial, sendo temas intimamente vinculados.[150]

Na avaliação, desenvolve-se o trabalho intelectual do juiz, através do qual são pesadas e estimadas as provas.[151] Essa avaliação compreende uma atividade de medir o valor e o preço dos elementos probatórios, e nisso consiste a etapa final e definitiva da prova.[152] Buscam-se, nos elementos probatórios resultantes da instrução processual, pontos que permitam tirar conclusões sobre os fatos de interesse para o julgamento.[153] Em outras palavras, pretende-se a reconstituição histórica de fatos passados ou o correto entendimento de situações presentes através dos meios de prova aplicados, que fornecem a captação dos informes emanados das fontes probatórias examinadas.[154]

Na verdade, o processo de valoração da prova é bastante complexo, abrangendo uma série de operações sensoriais e intelectuais das quais se destacam a percepção, a reconstrução e o raciocínio. Primeiramente o juiz entra em contato com os fatos, mediante a percepção ou observação, direta ou indiretamente; mediante pessoas, coisas ou documentos. Uma vez percebidos os fatos mediante os meios de prova, torna-se necessário proceder à sua representação ou reconstrução histórica, em seu conjunto. Por fim, a terceira fase da valoração da prova exige o raciocínio. Isso não significa que essas fases desenvolvem-se isoladamente, porque, ao contrário, o êxito da valoração da prova depende da adequação e correição dessas operações mentais em seu conjunto.[155]

Substancialmente a valoração das provas representa o juízo de aceitabilidade dos resultados produzidos pelos meios de prova. Consiste na

---

[148] PATTI, Salvatore. Libero convincimento e valutazione delle prove. *Riv. Dir. Proc. Civ.*, v. 40, 1985, p. 481.

[149] Hernando Devis Echandía, *Teoría general de la prueba judicial*, t.1, p. 287.

[150] Salvatore Patti, *op. cit.*, p. 486.

[151] AMARAL SANTOS, Moacyr. *Prova judiciária no cível e comercial*. 5. ed. atual. São Paulo: Saraiva, 1983, v. 1, p. 391.

[152] SENTIS MELENDO, Santiago. *La prueba*. Buenos Aires: Ejea, 1978, p. 244.

[153] DINAMARCO, Cândido Rangel. *Instituições de direito processual civil*. 2. ed. São Paulo: Malheiros, 2002. v.3, p. 111.

[154] Hernando Devis Echandía, *op. cit.*, p. 273.

[155] Ibid, p. 275-278.

verificação dos enunciados fáticos introduzidos no processo através dos instrumentos de prova, assim como no reconhecimento aos mesmos de um determinado valor ou peso na formação da convicção do julgador sobre os fatos sob julgamento.[156]

A evolução do processo aponta para três sistemas de valoração das provas: o sistema da prova legal, o sistema da livre apreciação da prova (ou da íntima convicção) e o sistema da persuasão racional,[157] embora a doutrina européia entenda que somente existem os dois primeiros sistemas.[158]

O sistema da prova legal obriga o juiz a empregar os critérios legais, valorando a prova de acordo com o grau de eficácia genérico e abstrato contido na lei, estabelecido mediante tarifamento. O legislador substitui o juiz na valoração da prova, ditando regras rígidas mediante as quais fixa seu valor.[159] Cabe ao legislador manifestar a sua convicção através de normas vinculantes, que o juiz deve conhecer e respeitar, reduzindo o ofício do magistrado a uma verificação aritmética do concurso de elementos precisos.[160] Constitui, pois, uma valoração jurídica que impede a liberdade do juiz, como garantia formal da certeza das relações jurídicas.[161]

No seu contexto histórico, esse sistema visava a alcançar a racionalidade da verificação processual do fato e, ao mesmo tempo, excluir o arbítrio do juiz,[162] mediante regras preestabelecidas pelo legislador. No entanto, revelou-se essencialmente irracional, pois era defeso ao julgador utilizar critérios diversos que poderiam aproximar a sua convicção da realidade dos fatos.[163]

A origem do sistema das provas legais está no processo bárbaro, inserido no rigoroso e formalista direito germânico[164], no qual predominavam três meios de prova: o juramento, o duelo e o juízo de Deus, caracterizando-se por serem inteiramente irracionais.[165] Entre esses meios de prova, os juízos de Deus, conhecidos por "ordálios"[166], baseiam-se na ignorância

---

[156] Marina Gascón Abellán, *Los hechos en el derecho*, p. 157.

[157] Eduardo J. Couture, *Fundamentos del derecho procesal civil*, p. 268-271.

[158] Ilustrativamente, Valentin Silva Melero, *La prueba procesal*: teoría general, p. 121, e Michele Taruffo, *La prova dei fatti giuridici*, p. 361-377. No âmbito da América Latina, há quem entenda, ainda, que existem somente dois sistemas probatórios: prova legal e liberdade de convicção do julgador. Nega-se, portanto, a existência de um sistema misto. Coadunam com esse entendimento Hernando Devis Echandía, *op. cit.*, p. 274, e Santiago Sentís Melendo, *La prueba,* p. 272.

[159] Santiago Sentís Melendo, *La prueba,* p. 246.

[160] Moacyr Amaral Santos, *Prova judiciária no cível e comercial,* v. 1, p. 394.

[161] Valentin Silva Melero, *La prueba procesal:* teoría general, p. 126-127.

[162] Massimo Nobili, *Il principio del libero convincimento del giudice,* p. 6.

[163] Michele Taruffo, *La prova dei fatti* giuridic, p. 374.

[164] Moacyr Amaral Santos, *Prova judiciária no cível e comercial,* v. 1, p. 391, e DOSI, Ettore. *Sul principio del libero convincimento del giudice nel processo penale.* Milano: Giuffrè, 1957, p. 62.

[165] Gerhard Walter, *La libre apreciación de la prueba,* p. 48.

[166] Como juízos de Deus citam-se: o duelo, repousar em uma tumba, sacar uma pedra ou um anel de uma caldeira com água fervendo, a imersão no *iudicium aquae,* o *iudicium ferri candentis,* o *iudicium*

das relações de causa e efeito nos fenômenos da natureza e na superstição de que tudo dependia da vontade divina.[167] Por conseguinte, no caso de existirem dificuldades de produzir a prova mediante o juramento ou o duelo, o juiz passava a adotar os juízos de Deus, sendo a sua atividade mera constatação a este respeito, julgando a favor daquela parte a quem Deus previamente havia atribuído razão.[168]

Mesmo com a contínua e crescente ascendência do direito romano, na formação do direito comum, as regras probatórias – que vieram a constituir o sistema das provas legais – predominaram em todo o mundo civilizado até a Revolução francesa, tendo deixado reminiscências nas legislações mais modernas e avançadas.[169]

Em sentido oposto, o sistema da livre apreciação da prova (ou da íntima convicção) propugna a soberania do juiz na formação de sua convicção sobre os fatos da causa. Está o juiz autorizado a decidir de acordo com suas impressões pessoais, de acordo com a prova dos autos, fora da prova dos autos e inclusive contra a prova dos autos.[170] A sua característica principal está na liberdade do julgador para apreciar as provas de acordo com a lógica e as regras de experiência, que, segundo seu critério pessoal, são aplicadas ao caso.[171] Por conseguinte, consiste em um sistema irracionalista e intuicionista que dispensa a motivação da decisão.[172]

Embora muito se fale desse sistema que possui ardorosos defensores de suas virtudes e excelências, Amaral Santos destaca que não se tem conhecimento de que "alguma legislação de povo civilizado o tenha adotado em sua pureza, com a concessão de ilimitada liberdade ao juiz no acolhimento e na apreciação da prova".[173]

A sua origem remonta ao direito romano, na fase do processo romano clássico, no qual havia liberdade do juiz para coligir e apreciar as provas.[174]

---

panis adiurati, etc. (MENNA, Mariano. *Logica e fenomenologia della prova*. Napoli: Jovene, 1992, p. 11, nota 10). O fundamento dos ordálios usados como meios de prova era a crença de que aquele que violava a paz, transgredia a ordem da comunidade e, assim, ofendia a ordem da natureza e a de Deus propriamente. Sua ação estava, então, nas mãos de Deus e, por conseguinte, teria que triunfar o justo (Gerhard Walter, *op. cit.*, p. 50).

[167] J. Montero Aroca, *La prueba en el proceso civil*, p. 421.

[168] Ibid., p. 421.

[169] Moacyr Amaral Santos, *op. cit.*, p. 391-393, e Ettore Dosi, *Sul principio del libero convincimento del giudice nel processo penale*, p. 62.

[170] Eduardo J. Couture, *Fundamentos del derecho procesal civil*, p. 273.

[171] Hernando Devis Echandía, *Teoría general de la prueba judicial*, t. 1, p. 99.

[172] João de Castro Mendes, *Do conceito de prova em processo civil*, p. 306.

[173] Moacyr Amaral Santos, *Prova judiciária no cível e comercial*, v. 1, p. 397.

[174] Note-se que, ao se falar sobre processo romano, deve-se ter muito cuidado, pois na história de Roma não houve um processo uniforme, o que será objeto de análise pormenorizada na segunda parte deste trabalho, ao serem enfrentados os antecedentes históricos das máximas de experiência. Por ora, basta ter presente que o processo romano é divido em três estágios: o período pré-clássico, identificado com o processo das *legis actiones* (que se estende aproximadamente até meados do século VI a. de C.); o

Nesse contexto, o juiz romano julgava *secundum conscientiam*, estando autorizado, inclusive, a não decidir, uma vez não formada a sua convicção (*sibi non liquere*). Mas é preciso referir que o direito romano não permaneceu inteiramente fiel ao sistema da livre convicção, porquanto houve, no direito imperial, restrições quanto à livre apreciação da prova, as quais decorreram, sobretudo, de influências do direito canônico. [175]

No sistema da persuasão racional, não há regra de natureza probatória *a priori* nem de caráter geral.[176] Nesse sistema, o juiz aprecia a prova livremente, mas não segue as suas impressões pessoais, pois deve extrair a sua convicção das provas produzidas, atendendo aos fatos estabelecidos, às regras jurídicas, às regras da lógica e às regras da experiência.[177] Particulariza-se o sistema da persuasão racional pelo dever de motivar que recai sobre o julgador,[178] obrigando-o a indicar os motivos e as circunstâncias que o levaram a admitir a veracidade dos fatos que ensejaram sua decisão. Por conseguinte, a motivação assume um papel de racionalização das provas, de modo que a conclusão decisional guarde coerência lógica com a prova constante dos autos.[179] Caracteriza-se, assim, por ser um sistema misto, conforme apontam vários autores.[180]

Conquanto se diga que esse sistema teria sido conhecido dos próprios romanos como reação ao critério da livre convicção, prevalece o entendimento de que o sistema da persuasão racional foi firmado a partir dos Códigos Napoleônicos, que estabeleceram um sistema de avaliação eqüidistante do critério das provas legais e da livre convicção.[181]

Estabelecidas as características dos três sistemas de valoração da prova, pode-se afirmar que nenhum deles é aplicado com exclusividade nos processos dos vários povos, embora predomine o sistema da persuasão racional, que é acolhido atualmente pela maioria das legislações, quer pelo ponto de vista lógico, quer pelo ponto de vista político.[182] Atualmente ainda

---

período clássico, identificado com o *processo formulário* (até fins do século III de nossa era) e o período pós-clássico, identificado com o *processo da cognitio* (até a decadência do Império), segundo Gerhard Walter (*La libre apreciación de la prueba*, p. 09-10). No mesmo sentido é a doutrina de Ettore Dosi (*op. cit.*, p. 62).

[175] Moacyr Amaral Santos, *Prova judiciária no cível e comercial*, v. 1, p. 395-396, e Gerhard Walter, *op. cit.*, p. 14.

[176] OLIVEIRA, Carlos Alberto Alvaro de. (Org.). "Problemas atuais da livre apreciação da prova", in *Prova Cível*. Rio de Janeiro: Forense, 1999, p. 47.

[177] Moacyr Amaral Santos, *op. cit.*, p. 398, e João de Castro Mendes, *Do conceito de prova em processo civil*, p. 306.

[178] João de Castro Mendes, *op. cit.*, p. 307.

[179] Carlos Alberto Alvaro de Oliveira, *Do formalismo no processo civil*, p. 89.

[180] Maximo Castro, Furno e Costa Carvalho *apud* Moacyr Amaral Santos, *op. Cit.*, p. 397, e Eduardo J. Couture, *Fundamentos del derecho procesal civil*, p. 270.

[181] Moacyr Amaral Santos, *op. cit.*, p. 397-398.

[182] Isso ocorre sobretudo porque o sistema da persuasão racional não escraviza o juiz, contrariando a sua consciência formada pelas provas produzidas, como ocorre com o sistema da prova legal. Tampouco o sistema da persuasão racional arvora-se em poder discricionário, intangível e incontrolável, como se

se observa, sob vários aspectos, a coexistência da persuasão racional das provas submetidas ao critério da apreciação legal. Segundo o entendimento de diversos processualistas, estabelece-se a justa proporção entre a conveniência da livre convicção e a necessidade de segurança contra o arbítrio.[183] Assim se verifica no Direito italiano,[184] no espanhol[185] e, inclusive, no brasileiro.[186]

Além disso, é necessário destacar que o sistema da persuasão racional, tal como adotado no Direito brasileiro (art. 118 do CPC de 1939 e art. 131 do CPC vigente)[187] e no Direito português,[188] tem suas variantes de nomenclatura em outros ordenamentos jurídicos, porquanto decorrem de diferentes origens históricas e culturais. Exemplificativamente fala-se em "sana crítica" nos ordenamentos jurídicos de tradição hispânica, como no Direito espanhol,[189] no argentino[190] e no uruguaio.[191] Já nos ordenamentos jurídicos alemão,[192] francês[193] e italiano,[194] emprega-se a expressão "livre convicção". Porém todos eles se caracterizam, nas suas feições atuais, salvo algumas peculiaridades, por ser um sistema intermediário entre os sistemas da prova legal e da íntima convicção, no qual prevalece o critério racional

---

verifica no sistema da livre convicção (Moacyr Amaral Santos, *op. cit.*, p. 411, e Eduardo J. Couture, *op. cit.*, p. 271).

[183] Moacyr Amaral Santos, *Prova judiciária no cível e comercial*, v. 1, p. 405-412.

[184] O "caput" do art. 116 do CPC italiano explicita que o juiz deve valorar as provas segundo a sua prudente apreciação, salvo quando a lei disponha em contrário. Andrioli, ao comentar esse dispositivo legal, destaca o caráter misto do sistema de valoração da prova adotado na Itália (ANDRIOLI, Virgilio. *Commento al Codice di Procedura Civile*: disposizioni generali. Napoli: Jovene, 1957, v. 1, p. 336.).

[185] J. Montero Aroca ressalta que o ordenamento jurídico espanhol não é regido por um dos sistemas puros de valoração da prova, senão se optou por um sistema misto, no qual se pretendeu combinar harmonicamente algumas regras legais com a persuasão racional ou "sana crítica" (*La prueba en el proceso civil*, p. 427).

[186] Moacyr Amaral Santos, *op. cit.*, p. 416-442.

[187] Ibid., p. 427-430.

[188] João de Castro Mendes aponta, em face do art. 158 do Código de Processo Civil português, que a necessidade de fundamentação da decisão de fato caracteriza o sistema como sendo o da persuasão racional (*Do conceito de prova em processo civil*, p. 315).

[189] Valentin Silva Melero, *La prueba procesal*: teoría general, p. 126-132.

[190] Santiago Sentis Melendo ressalta que a origem do termo "sana crítica" decorre do Direito espanhol, que o previa expressamente na LEC (*Lei de Enjuiciamento Civil*) de 1855, no seu art. 317. Com base nesse dispositivo, a doutrina argentina vem adotando o termo (*La prueba*, p. 258-263).

[191] Eduardo J. Couture, *Fundamentos del derecho procesal civil*, p. 270-273.

[192] O Código alemão (Zivilprozessordnung), no seu § 286, estabelece: "O tribunal, apreciando todos os elementos proporcionados pelas discussões orais sobre a causa e os elementos trazidos pela prova produzida, decidirá segundo sua *livre convicção* sobre se deve ter ou não por verdadeira cada alegação de fato das partes" (Moacyr Amaral Santos, *op. cit.*, p. 416-417).

[193] Quando o Código francês regula a prova pericial, estabelece, no art. 313, que "os juízes não estão compelidos a seguir o parecer dos peritos, se sua *convicção* se opõe a ele" (Sentís Melendo, *op. cit.*, p. 263).

[194] O Código de Processo Civil italiano, no art. 116, dispõe sobre prudente apreciação, que é regida pelo princípio do livre convencimento, tal como o processo penal, conforme aduzem Ettore Dosi, *Sul principio del libero convincimento del giudice nel processo penale*, p. 67, e Salvatore Patti, *Libero convincimento e valutazione delle prove*, p. 485.

de análise das provas, baseado em regras de lógica e experiência, a fim de evitar decisões absurdas e arbitrárias.[195]

1.6. Princípio do livre convencimento

O discurso sobre o critério do livre convencimento do juiz rege todo o edifício das provas,[196] sendo um dos pilares do procedimento tanto penal como civil.[197] Portanto, torna-se imperioso examinar o conteúdo do princípio do livre convencimento, identificando-se os seus limites e o seu real alcance.

No tópico anterior, foram examinados os diferentes sistemas de valoração da prova pelo juiz, tendo sido constatado que prevalece, nos ordenamentos jurídicos contemporâneos, o sistema da persuasão racional, da sana crítica ou do livre convencimento, o qual se caracteriza por ser eminentemente racional, e ter como princípio norteador o livre convencimento.

Atualmente essa realidade é aceita sem reservas pelos juristas,[198] mas não deixa de ser resultado de uma evolução histórica descontínua, marcada por avanços e retrocessos, que se verificou desde o processo romano, passando ao processo ítalo-canônico, ao processo germânico, ao processo comum até chegar ao processo reformado. A análise dessa evolução permite concluir que, diante da desconfiança na judicatura, composta por juízes onipotentes, adotou-se um sistema rígido, sujeitando os juízes a normas preestabelecidas para a constatação dos fatos. Assim, a lei representaria a racionalidade preestabelecida. No entanto constatou-se que as disposições legais apriorísticas não permitiam uma adequada comprovação dos fatos, existindo outras formas de defender-se da arbitrariedade judicial, principalmente através do dever de motivar e da publicidade do procedimento. Ressurge, então, o princípio do livre convencimento, consistente em um tecido de princípios processuais de "garantia e de controle", que permitem tanto a salvaguarda para um possível reconhecimento da verdade como também uma garantia contra o abuso dessa liberdade por parte do juiz.[199]

---

[195] Sentís Melendo, *op. cit.*, p. 265-268; Vittorio Denti, *L'evoluzione del diritto delle prove nei processi civili contemporanei*, p. 431; João de Castro Mendes, *op. cit.*, p. 308; ESTRAMPES, Manuel Maria. *La minima actividad probatoria en el proceso penal.* Barcelona: Bosch, 1997, p. 156; e SILVA, Ovídio Araújo Baptista da. *Curso de processo civil (processo de conhecimento).* 2. ed. Porto Alegre: Fabris, 1991, p. 286.

[196] Massimo Nobili, *Il principio del libero convincimento del giudice,* p. 2.

[197] AMODIO, Ennio. La rinascita del diritto delle prove penali; dalla teoria romantica della intime conviction al recupero della legalità probatoria, In: *Processo penale, diritto europeo e common law.* Milano: Giuffrè, 2003, p. 121.

[198] Hernando Devis Echandía, *Teoría general de la prueba judicial*, t. 1, p. 100.

[199] Gerhard Walter, ao falar sobre um "tecido de princípios", observa que o princípio da livre apreciação da prova somente pode desenvolver-se propriamente quando se insere em um contexto de outras

Freqüentemente a doutrina e a jurisprudência contemporâneas utilizam-se da fórmula do "livre convencimento", com dogmática segurança, valorando ou elucidando cada dimensão problemática de argumento, como se as múltiplas questões a ele inerentes tivessem significado indiscutível. Entretanto, ao contrário do que se imagina, o seu significado, os seus limites e o seu efetivo alcance exigem maior clareza.[200]

Devido ao seu conteúdo variável, decorrente de diferentes contextos ideológicos e épocas em que se insere, o que determina até mesmo o escopo do processo e uma concepção de sociedade, pode-se apresentar somente uma noção relativa do princípio do livre convencimento, seja sob o perfil lógico, seja sob o perfil jurídico-político. Por essa razão, visto que a sua noção não é dotada de suficiente caracterização autônoma, é absolutamente necessário repelir qualquer atitude de quem concebe o princípio do livre convencimento como um dado claro e incontestável, do qual se pode fazer uso sem equívocos. Tampouco se pode pensar que o princípio em questão possui um conteúdo constante que se pode atribuir *a priori*.[201]

Quando se falou a respeito da valoração da prova, foi dito que se trata de uma atividade que precede necessariamente a formação do convencimento. Portanto, o convencimento representa o momento final e o resultado de um procedimento norteado por regras lógicas e jurídicas. Nesse sentido, percebe-se que a liberdade de convencimento não está no modo da sua formação, mas no ato de convencer-se. Assim, a liberdade refere-se somente ao convencimento em si ou à sua substância, mas não à sua formação, que, como se sabe, depende de regras determinadas.[202]

O livre convencimento do juiz deve ser entendido, por conseguinte, como liberdade do juiz de apreciar os elementos de prova adquiridos de acordo com critérios determinados[203], liberdade essa que não se estende à utilização dos meios de prova.[204] Trata-se, conseqüentemente, de realidades distintas que não podem ser confundidas, sob pena de se invocar indevidamente o princípio do livre convencimento para justificar o suprimento de limitação dos meios probatórios,[205] o que provocaria resultados desastrosos, na medida em que o juiz poderia servir-se de ilimitado poder para determinar a suposta verdade.

---

máximas ou princípios. Esses princípios complementares são, antes de tudo, a oralidade, a publicidade do procedimento e a imediatez da recepção da prova (*La libre apreciación de la prueba*, p. 93-95 e p. 363).

[200] Massimo Nobili, *Il principio del libero convincimento del giudice*, p. 15.

[201] Ibid., p. 465-467.

[202] Salvatore Patti, *Libero convincimento e valutazione delle prove*, p. 493, e Manuel Maria Estrampes, *La mínima actividad probatoria en el proceso penal*, p. 151.

[203] LOMBARDO, Luigi. Prova scientifica e osservanza del contraddittorio nel processo civile. *Riv. Dir. Proc.*, n. 4, ott./dic., p. 1.083-1.122 e p. 1.118. 2002.

[204] Gerhard Walter, *La libre apreciación de la prueba*, p. 315-318.

[205] Ibid., p. 315-318.

Por isso, a determinação do conteúdo do princípio do livre convencimento dependerá dos seus limites, sem os quais não é possível compreendê-lo adequadamente, o que será objeto de análise pormenorizada a seguir.

No entanto o exame do princípio do livre convencimento restaria incompleto – mesmo nos limites estreitos do presente trabalho – caso não fosse apontado o que é o seu resultado. Ora, considerando que a verdade material ou absoluta não pode ser obtida no processo,[206] resta saber o que representa o juízo histórico realizado pelo julgador, ou o convencimento judicial em si. A esse respeito, a doutrina, ao afastar a busca da verdade, chegou a sustentar que o convencimento representava a "certeza". Porém esta concepção sofreu muitas críticas, visto que a certeza é atributo absoluto do sujeito que investiga a coisa, não tendo relação alguma com o objeto da prova.[207] Logo, a concepção que predominou foi a que concebeu o convencimento como resultado de uma probabilidade dos fatos.[208] Isso porque o convencimento do juiz se funda sobre uma representação hipotética dos fatos da causa, expostos em termos contrapostos pelas partes, resultando a mais atendível em face dos resultados das provas.[209] Deve-se destacar que não se trata propriamente de uma probabilidade matemática ou quantitativa como critério de aproximação da verdade sobre os fatos, senão de uma probabilidade lógica ou indutiva, na qual, ao invés de se pretender quantificar a relação entre os elementos probatórios existentes e o acontecimento pesquisado, "busca-se estabelecer o *grau* de fundamento de uma afirmação sobre o fato, com base nos dados disponíveis; a medida da probabilidade não será expressa em números, mas, tomando-se como base o *grau* de confirmação fornecido pelas provas existentes, será possível afirmar-se que uma hipótese é mais provável do que outra".[210]

A propósito, não se pode confundir probabilidade com verossimilhança, pois não se trata de sinônimos, como pensam alguns.[211] Falar de probabilidade de um enunciado em relação a um outro é falar do resultado obtido pela produção dos meios de prova, ou seja, a presença de elementos cognoscitivos que confirmam a hipótese a ele relativa. Por outro lado, a verossimilhança não diz respeito aos elementos de prova para julgar-se atendível determinada afirmação, senão representa as valorações que o juiz

---

[206] Vide subdivisão 1.2 deste livro.

[207] Jean Carlos Dias, *A dimensão jurídica da prova e sua valoração no moderno estudo do processo civil*, p. 90-91.

[208] Ibid., p. 91; Marina Gascón Abellán, *Los hechos en el derecho*, p. 45; Nicola Mannarino, *Le massime d'esperienza nel giudizio penale e il loro controllo in Cassazione*, p. 11-14; FAZZALARI, Elio. *Il giudizio civile di cassazione*. Milano: Giuffrè, 1960, p. 93, e Raffaello Lupi, *Metodi induttivi e presunzioni nell'accertamento tributario*, p. 28.

[209] Antonio Carrata, *Funzione dimostrativa della prova: (verità del fatto nel processo e sistema probatorio)*, p. 90.

[210] Antônio Magalhães Gomes Filho, *Direito à prova no processo penal*, p. 52.

[211] Ilustrativamente, Salvatore Patti, *Libero convincimento e valutazione delle prove*, p. 491.

realiza prescindindo da produção de meios de prova, tomando por base aquilo que geralmente acontece (*id quod plerumque accidit*). Logo, probabilidade é termo usado para indicar aquilo que foi objeto de prova, mesmo que parcialmente, enquanto a verossimilhança representa um juízo independentemente de prova produzida.[212]

Em síntese, o princípio do livre convencimento representa a liberdade do juiz quanto à valoração da prova e não quanto aos limites da sua formação. Já o convencimento deve ser entendido como resultado de um juízo de probabilidade em face dos elementos probatórios.

1.7. Limites do livre convencimento

No tema de convencimento, o problema central de cada processo, civil ou penal, está em estabelecer as fontes[213], o que revela ser uma tarefa tormentosa, mas não menos importante. Isso porque a discricionariedade de valoração pode traduzir-se obviamente em arbítrio do juiz[214], razão pela qual assumem especial relevo os limites dessa discricionariedade judicial, os quais passarão a ser examinados nos tópicos seguintes, permitindo que, na análise do seu conjunto, possa caracterizar-se o que representa o convencimento em si.

1.7.1. Limites objetivos decorrentes das afirmações das partes sobre os fatos controvertidos e dos elementos constantes dos autos

A regra básica do processo é a de que compete às partes promovê-lo (*ne procedat judex ex officio*) e delimitar o seu objeto (*ne eat judex vel extra petita partium*), estando o julgador circunscrito aos fatos relevantes para a solução do litígio, ou seja, dentro dos limites do pedido e da causa de pedir (*thema decidendum*).[215]

Há ainda a regra comum de que cabe, outrossim, às partes introduzir, no processo, o material de fato útil para a decisão (*judex debet judicare secundum allegata et probata*).[216] Essa regra que impõe ao juiz a obrigação de decidir *secundum allegata et probata* decompõe-se em duas: obrigação do juiz de permanecer nos limites da lide fixados pelas afirmações das par-

---

[212] Michele Taruffo, *La prova dei fatti giuridici*, p. 475-476, e Antonio Carrata, *Funzione dimostrativa della prova*, p. 91.

[213] Ettore Dosi, *Sul principio del libero convincimento del giudice nel processo penale*, p. 3.

[214] Michele Taruffo, *op. cit.*, p. 394.

[215] CRUZ E TUCCI, José Rogério. *A causa petendi no processo civil*. São Paulo: Rev. Tribunais, 1993, p. 151.

[216] Bruno Cavallone, *Oralità e disciplina delle prove nella riforma del processo civile*, p. 99-100.

tes (*secundum allegata*) e obrigação do juiz de servir-se somente de provas produzidas no processo (*secundum probata*).[217]

De um modo geral, costuma-se empregar essas regras como expressões decorrentes do princípio dispositivo, correspondendo a variações que abrangem as disponibilidades do início, objeto, desenvolvimento, termo e conteúdo da sentença do processo.[218] Esse entendimento advém do princípio dispositivo em sentido material e processual, conforme sabidamente sustentado por Cappelletti.[219]

Embora essas acepções não sejam acolhidas sem restrições,[220] o que decorre inclusive da expressão ambígua do princípio dispositivo,[221] pode-se afirmar que, antes de tudo, o princípio do livre convencimento está limitado à apreciação dos fatos.[222] Portanto, a base da convicção do juiz é o conteúdo total dos debates, decorrentes das afirmações das partes sobre os fatos controvertidos e dos elementos constantes dos autos.[223] Logo, o livre convencimento deve resultar do material colhido nos autos do processo, cabendo ao juiz a decisão de dar por provado um fato, somente à luz do material probatório, não sendo admitido que o possa fazer sem provas.[224]

É oportuno mencionar que esta limitação não veda a iniciativa probatória do juiz, tendo em vista que nada tem a ver com a problemática da investigação dos fatos da causa. Não se pode confundir técnica processual,

---

[217] Ettore Dosi, *Sul principio del libero convincimento del giudice nel processo penale*, p. 9 e CALAMANDREI, Piero. Per la definizione del fatto notorio. *Riv. Dir. Proc. Civ.*, v. 2, pt. 1, 1925, p. 282.

[218] João de Castro Mendes, *Do conceito de prova em processo civil*, p. 128.

[219] Baseando-se na doutrina alemã que diferencia o *Verhandlungsmaxime* (máxima ou princípio do debate) e o *Dispositionsmaxime* (máxima ou princípio da disposição), Cappelletti entende que o primeiro (*Verhandlungsmaxime*) corresponde ao princípio dispositivo em sentido processual, na medida em que designa a vinculação do juiz às iniciativas das partes no que se refere às escolhas dos instrumentos (iniciativas endoprocessuais) para formação do convencimento judicial, enquanto o segundo (*Dispositionsmaxime*) representa o sentido material, que abrange os princípios da demanda (*nemo iudex sine actore*), da exceção material (*exceptiones iuris*), de não poder o juiz conceder tutela aquém, além ou de natureza diversa da contida no pedido da parte (*ne eat iudex ultra petita partium*), dentre outros (CAPPELLETTI, Mauro. *La testimonianza della parte nel sistema dell'oralittà*. Milano: Giuffrè, 1962, v.1, p. 316 e 357-8). No âmbito da doutrina brasileira, destaca-se que Antônio Janyr Dall`Agnol e Carlos Alberto Alvaro de Oliveira apóiam-se no magistério de Cappelletti, mas entendem que a acepção processual do princípio dispositivo não tem razão de ser, visto que o juiz não está vinculado às iniciativas probatórias das partes, (respectivamente, in O princípio dispositivo no pensamento de CAPPELLETTI, *Rev. Ajuris*, n. 46, jul., 1989, p. 97-115, sobretudo, p. 106-7, e Id., *Do formalismo no processo civil*, p. 142-3).

[220] Ilustrativamente, E. T. Liebman defende um entendimento restritivo, pois entende que o poder exclusivo da parte de instaurar o processo corresponde ao princípio da demanda, ao passo que o dever do juiz de julgar segundo alegado e provado pelas partes constitui a expressão do princípio dispositivo (LIEBMAN, Enrico Tulio. *Problemi del processo civile*. Napoli: Morano, 1962, p. 5-7).

[221] MATTOS, Sérgio Wetzel de. *Da iniciativa probatória do juiz no processo civil*. Rio de Janeiro: Forense, 2001, p. 13.

[222] Gerhard Walter, *La libre apreciación de la prueba*, p. 357.

[223] Ibid., p. 290.

[224] Marina Gascón Abellán, *Los hechos en el derecho*, p. 33, e Cândido Rangel Dinamarco, *Instituições de direito processual civil*, p. 105.

que atribua precipuamente às partes a instrução probatória, com o princípio da investigação ou do inquisitório. Ademais, como exaustivamente destacado pela doutrina, a iniciativa probatória do juiz e a imparcialidade judicial são plenamente compatíveis,[225] embora Liebman sustente o contrário.[226]

Ora, não se deve confundir distanciamento do juiz ante as partes com a mais gélida indiferença pelo curso e resultado do processo, pois o interesse público na justiça da decisão, inerente ao exercício da função jurisdicional do Estado, não somente autoriza como recomenda a iniciativa atinente à produção da prova por parte do julgador.[227]

Em síntese, os limites em questão estabelecem o que se chama de "ciência processual", cujo conteúdo tem sentido positivo: aquilo que pode ser objeto de valoração da prova e, portanto, do exercício do livre convencimento. Em contrapartida, há a chamada "ciência extraprocessual", cuja feição é negativa, estabelecendo aquilo que não pode ser fonte de convencimento,[228] o que será examinado oportunamente.

1.7.2. Vedação do conhecimento privado do juiz

O juiz não pode servir-se, para nenhum efeito processual, de seu conhecimento privado sobre os fatos que interessam ao processo,[229] isto é, dos fatos que lhe tenham vindo ao conhecimento por vias extrajudiciais,[230] proibição que decorre da prevalência do princípio dispositivo na formação do material instrutório.[231] Esta limitação exige que o fato, em regra, seja provado com os requisitos e meios determinados pela lei, não cabendo ao juiz eximir-se de prova em razão de seu conhecimento pessoal.[232]

Dessarte, existe um limite à utilização da ciência privada do juiz,[233] o qual representa um *quid* de conhecimentos factuais dos quais o juiz não

---

[225] BEDAQUE, José Carlos dos Santos. *Poderes instrutórios do juiz*. 2 ed. rev. e ampl. São Paulo: Rev. Tribunais, 1994, p. 78-84; Carlos Alberto Alvaro de Oliveira, *Do formalismo no processo civil*, p. 151; Sérgio Wetzel de Mattos, 2001, *passim*; e BRAGA, Sidney da Silva. *Iniciativa probatória do juiz no processo civil*. São Paulo: Saraiva, 2004, p. 114-121.

[226] Enrico Tulio Liebman ressalta que a imparcialidade do juiz é o bem precioso que deve ser preservado em cada caso, ainda com sacrifício de seus poderes instrutórios, in "Fondamento del principio dispositivo" (*Problemi del processo civile*, p. 3-17).

[227] BARBOSA MOREIRA, José Carlos. Sobre a "participação" do juiz no processo civil. In: GRINOVER, Ada Pellegrini, DINAMARCO, Cândido Rangel, WATANABE, Kazuo (coord.). *Participação e processo*. São Paulo: Rev. Tribunais, 1988, p. 380-394 e p. 390.

[228] Ettore Dosi, *Sul principio del libero convincimento del giudice nel processo penale*, p. 8-12.

[229] Vicenzo Russo, *La prova indiziaria e il giusto processo*, p. 193.

[230] Moacyr Amaral Santos, *Prova judiciária no cível e comercial*, v. 5, p. 456.

[231] Valentin Silva Melero, *La prueba procesal*: teoría general, p. 56.

[232] Hernando Devís Echandía, *Teoría general de la prueba judicial*, t. 1, p. 223.

[233] Vittorio Denti, *Scientificità della prova e libera valutazione del giudice*, p. 415.

pode servir-se no processo.[234] Esses conhecimentos representam aquilo de que o juiz tenha conhecimento na qualidade de cidadão, e não na de magistrado.[235]

Ao tratar dessa questão, a doutrina procura diferenciar as duas noções da chamada ciência extraprocessual: a "ciência privada" propriamente dita e a "ciência oficial" do juiz. A primeira representa a ciência de fatos obtidos pelo juiz fora do processo na sua qualidade de privado, enquanto a segunda constitui a ciência de fatos obtidos pelo juiz fora do processo, mas no exercício de suas funções enquanto órgão investido na causa.[236] Logicamente essa diferenciação é apresentada apenas para fins didáticos, pois não é possível diferenciar, no intelecto do juiz, aquilo que corresponde ao seu saber privado e aquilo que diz respeito ao seu saber oficial.[237]

Impende destacar que a proibição de utilização da ciência privada do juiz encontra fundamento em várias considerações. A primeira delas consiste na impessoalidade do juiz, caracterizada por uma situação de indiferença, seja perante a singularidade das partes, seja perante a sua própria singularidade. O segundo fundamento seria a incompatibilidade psicológica entre a função de juiz e aquela de testemunha. O terceiro fundamento, considerado o mais relevante, constitui o necessário prestígio da garantia do contraditório: o juiz não pode afirmar a existência ou inexistência do fato a provar, na falta de elementos de prova obtidos no âmbito do contraditório processual. O quarto fundamento está na necessidade de garantir às partes o controle da decisão e de evitar decisões suspeitas de imparcialidade.[238]

Por exceção, quando se fala de ciência privada, admite-se que o juiz, a fim de formular sobretudo o juízo de fato, está legitimado a utilizar os fatos notórios e as regras de experiência, de acordo com o clássico estudo sobre a ciência privada do juiz, empreendido por Friedrich Stein, no final do século XIX.[239] Isso se dá justamente porque não se trata de ciência privada, não se

---

[234] Luigi Lombardo, *Prova scientifica e osservanza del contraddittorio nel processo civile*, p. 1.083.

[235] Moacyr Amaral Santos, *op. cit.*, v. 5, p. 456.

[236] Ettore Dosi, *Sul principio del libero convincimento del giudice nel processo penale*, p. 12, e Massimo Nobili, *Nuove polemiche sulle cosidette "massime di esperienza"*, p. 128.

[237] Embora sejam noções distintas, ambas complementam-se. A ciência privada descreve aquilo que é vetado ao juiz, ao passo que a ciência oficial indica o que é consentido e prescrito ao juiz conhecer. Portanto, são noções que apresentam perspectivas opostas (Luigi Lombardo, *Prova scientifica e osservanza del contraddittorio nel processo civile*, p. 1.087), cuja distinção está no modo em que o juiz adquiriu o seu saber. A ciência privada pode ser obtida de diversos meios, por terceiros ou pela própria experiência de vida do juiz. Já a ciência oficial decorre do exercício da atividade do julgador, isto é, obtida pelas provas produzidas em outros processos (STEIN, Friedrich. *Das Private Wissen des Richters*, Leipzig, 1893. traduzido em *El conocimiento privado del juez*. 2. ed. Trad. de Andrés de la Oliva Santos. Madrid: Editorial Centro de Estúdios Ramón Areces, 1990, p. 71).

[238] Ettore Dosi, *Sul principio del libero convincimento del giudice nel processo penale*, p. 13-14; Luigi Lombardo, *Prova scientifica e osservanza del contraddittorio nel processo civile*, p. 1.084; Piero Calamandrei, *Per la definizione del fatto notorio*, p. 283; e Moacyr Amaral Santos, *Prova judiciária no cível e comercial*, v. 1, p. 457.

[239] Friedrich Stein, *El conocimiento privado del juez*, *passim*.

podendo falar propriamente de exceções, mas sim de algo que simplesmente não corresponde à ciência privada.[240] A ciência privada é o conhecimento pessoal de fatos concretos, enquanto as máximas de experiências representam percepção em abstrato, decorrente do que ordinariamente acontece,[241] conforme restará demonstrado na segunda parte deste trabalho.

Portanto, os fatos notórios e as máximas de experiência, embora distintos, representam aqueles componentes da cultura média da sociedade, da cultura do homem médio, e, portanto, são noções conhecidas, indiscutíveis, não podendo ser havidas como informes levados ao conhecimento privado do juiz,[242] as quais são adotadas por manifestação da economia processual (o que o juiz já sabe, não precisa ser provado), o que não representa violação à imparcialidade do julgador.[243] Não poderia ser diferente porque, não havendo necessidade de exercer sobre as mesmas qualquer apreciação crítica como o faz em relação ao depoimento da parte ou da testemunha, o juiz pode tranqüilamente utilizá-las sem ficar na perigosa situação de dever julgar a si próprio, ao passo que as partes sempre estão em condições de fiscalizar a sua exatidão. Por isso, tais noções são patrimônio comum de uma coletividade.[244] Assim, podem ser utilizadas pelo juiz livremente no processo, na medida em que não representam conhecimento somente seu,[245] o que será analisado devidamente na segunda parte deste trabalho.

1.7.3. Limites legais de admissibilidade de prova

A institucionalização do processo determinou importantes limitações ao critério de investigação dos fatos, ao impor restrições à busca de informações livres, contrariando a regra epistemológica de que qualquer elemento que permita apontar informação relevante sobre os fatos sob julgamento deve poder usar-se.[246]

Esse fenômeno de limitação das provas, presente em quase todos os sistemas processuais, manifesta-se de diversas formas.

A primeira delas visa a limitar o uso de determinadas provas através de uma enumeração legal, embora a lei não encerre, em enumeração taxativa (*numerus clausus*), o elenco de provas utilizáveis. Em regra, admitem-se

---

[240] ALLORIO, Enrico. Osservazioni sul fatto notorio. *Riv. Dir. Proc. Civ.*, v. 11, pt. 2, 1934, p. 9.

[241] Cândido Rangel Dinamarco, *Instituições de direito processual civil*, p. 106.

[242] Luigi Lombardo, *Prova scientifica e osservanza del contraddittorio nel processo civile*, p. 1.085 e Piero Calamandrei, *Per la definizione del fatto notorio*, p. 291.

[243] Gerhard Walter, *La libre apreciación de la prueba*, p. 13-314.

[244] Moacyr Amaral Santos, *Prova judiciária no cível e comercial*, v. 5, p. 458.

[245] Luigi Lombardo, *Prova scientifica e osservanza del contraddittorio nel processo civile*, p. 1.087.

[246] Marina Gascón Abellán, *Los hechos en el derecho*, p. 129.

as chamadas "provas atípicas" ou "inominadas",[247] que são aquelas que, de acordo com a sua terminologia, não são previstas no ordenamento jurídico. De fato, a ausência de previsão legislativa de um determinado meio probatório não significa a sua exclusão, na medida em que não há norma de clausura que restrinja o rol de provas a somente aquelas previstas em lei.[248] Portanto, a limitação das provas pela tipicidade legal tem um efeito bastante relativo, admitindo-se outras, embora não expressamente previstas em lei.[249]

A segunda forma de limitação visa a proibir diretamente a aquisição de certas provas, proibições que podem operar *ex ante*, sobre a admissibilidade da prova, ou *ex post*, como autênticas "regras de exclusão" do que tenha sido incorporado ao processo com infração daquelas proibições.[250] Referem-se às chamadas provas ilícitas ou irregulares[251] que, embora previstas pelo ordenamento jurídico, são eivadas de vício em algum aspecto. Essa ilicitude pode manifestar-se em três distintos momentos: 1ª) pode afetar o momento da "aquisição" ou "admissão" do meio probatório no que se refere aos seus aspectos formais; 2ª) pode referir-se à "formação" ou "produção" da prova, de maneira que o seu conteúdo vem a formar-se de modo viciado; e 3ª) pode referir-se às hipóteses de prova pré-constituída, na qual a ilicitude não alcança nem o ato jurídico substancial de produção da prova nem o ato de admissão, mas somente o fato material através do qual a prova chega às mãos de quem pretende utilizá-la.[252] São as chamadas provas ilícitas por derivação ou os frutos de uma árvore envenenada.[253]

---

[247] Marina Gascón Abellán, *Los hechos en el derecho*, p. 130; e José Carlos Barbosa Moreira, Alguns problemas atuais da prova civil. *Rev. Processo*, n. 53, 1989, p. 123.

[248] RICCI, Gian Franco. Le prove illecite nel processo civile. *Riv. Trimestrale di Dir. Proc. Civ.*, nº 1, 1987, p. 64.

[249] A respeito do tema, Bruno Cavallone tece duras críticas às provas atípicas enquanto método para racionalizar os numerosos, heterogênicos e fugazes fenômenos aos quais a teoria das provas atípicas se refere (*Il giudice e la prova nel processo civile*, p. 335-410).

[250] Marina Gascón Abellán, *Los hechos en el derecho*, p. 130; José Carlos Barbosa Moreira, *Alguns problemas atuais da prova civil*, p. 123. Especificamente no sistema do *Common Law*, os limites legais de admissibilidade de prova, de certa forma, são determinados pelas *exclusionary rules of probative evidence* (Karl H. Kunert, *Some observations on the origin and structure of evidence rules under the common law system and the civil law system of free proof in the germain code of criminal procedure*, p. 126-131).

[251] Joan Picó i Junoy trata as provas ilícitas ou ilegais como sendo sinônimas das irregulares (*El derecho a la prueba en el processo civil*, p. 290-308). Além desses conceitos, há outros referidos pela doutrina, como, por exemplo, provas ilegítimas, viciadas e clandestinas. A única que poderia diferir das provas ilícitas são as ilegítimas, categoria esta que foi estudada principalmente pelo Direito italiano. O fator determinante da diferenciação ocorre em função da natureza da norma: se a infração for de uma norma material, tratar-se-ia de prova ilícita; ao invés, tratando-se de norma processual, falar-se-ia de prova ilegítima (Ibid., p. 308 e 309).

[252] Gian Franco Ricci, *Le prove illecite nel processo civile*, p. 79-87.

[253] A respeito do tema, Danilo Knijnik empreendeu significativa análise sobre a chamada "doutrina dos frutos da árvore venenosa", ao examinar *leading case* do Supremo Tribunal Federal, baseando-se no Direito comparado: a doutrina das *exclusionary rules* do Direito norte-americano e a doutrina da

Geralmente, as provas ilicitamente obtidas violam direito ou garantia constitucionais como a inviolabilidade de domicílio e de correspondência, de defesa, da dignidade da pessoa, etc.[254]

Desse modo, as prova ilícitas deveriam restar inutilizadas, tendo em vista a vedação existente nos ordenamentos jurídicos.[255] Todavia o problema não comporta solução tão simples, porquanto é difícil entender que o juiz deva sempre ignorar o resultado da prova ilícita. Por isso, há uma grande discussão doutrinária a respeito deste tema, havendo uma corrente que, com base no princípio do livre convencimento, possibilitaria ao juiz obter elementos de convencimento de todo o material que lhe vem fornecido no processo, ainda que venha fora dos precisos esquemas assinalados pelo direito, desde que obedecidos certos limites. Entre esses limites, destacam-se a vedação, para o juiz, de utilizar informação diversa daquela que o código prevê (p. ex., o auxílio de sua ciência privada) e a necessidade de observância do contraditório e da ampla defesa.[256] Logicamente não se pretende esgotar a questão, sendo suficiente destacar que, em determinadas circunstâncias, as provas ilícitas ou irregulares podem ser valoradas pelo julgador.

No seu conjunto, essas limitações impõem ao juiz o dever de servir-se, para formação da sua convicção, somente daqueles meios de prova que foram introduzidos no debate em conformidade com o ordenamento processual.[257]

Dessarte, as partes devem observar a ritualidade exigida pela lei processual, para que os meios probatórios ingressem no processo e possam ser avaliados pelo julgador, pois a liberdade de apreciação se refere somente aos meios nos quais tenham sido observadas as regras legais de admissão.[258]

Conseqüentemente, cabe ao juiz, em regra, chegar à sua convicção somente sobre a base processual que tenha sido validamente reunida. Do contrário, seria liberdade à arbitrariedade, representando violação à garantia constitucional do devido processo legal.[259]

Impende destacar que essas limitações decorrentes das regras legais, em hipótese alguma, excluem a liberdade do juiz para apreciar o valor de convicção dos meios de prova, o que caracteriza essencialmente o princí-

---

Beweisverbote do Direito alemão (A "doutrina dos frutos da árvore venenosa" e os discursos da Suprema Corte na decisão de 16-12-93. *Rev. AJURIS*, v. 66, mar. 1996, p. 61-84).

[254] Marina Gáscon Abellán, *Los hechos en el derecho*, p. 132.

[255] Ilustrativamente, a Constituição Federal brasileira de 1988 estabelece: "São inadmissíveis, no processo, as provas obtidas por meios ilícitos" (art. 5º, inc. LVI).

[256] Gian Franco Ricci, *Le prove illecite nel processo civile*, p. 66 e 67. A propósito, Hernando Devis Echandía apresenta uma síntese dos efeitos processuais da ilicitude da prova (*Teoría general de la prueba judicial*, t. 1, p. 518-520).

[257] Gerhard Walter, *La libre apreciación de la prueba*, p. 318.

[258] Hernando Devis Echandía, *op. cit.*, p. 93-94.

[259] Ibid., p. 94.

pio do livre convencimento, senão estabelecem condições de forma a esses meios, como critérios orientadores, para que a sua substância possa efetivamente produzir o resultado esperado.[260]

1.7.4. Limites lógicos

A lógica também exerce papel fundamental na valoração da prova, sendo indispensável para o correto raciocínio judicial.

Conforme se pôde aferir, a livre convicção não implica um critério arbitrário sobre o caso em exame, senão requer uma valoração racional e adequada dos fatos e das provas produzidas. Dentro de um conceito racional de justiça, a decisão deve ser uma conclusão lógica de um exame analítico dos fatos e de uma apreciação crítica dos elementos de prova.[261]

Desse modo, a existência de métodos lógicos possibilita que a crença subjetiva do julgador se torne ou adquira um caráter impessoal que se oponha a todos. Somente assim será possível obter diretivas apropriadas para determinar o valor das provas, guiar a experiência dos juízes e buscar a justiça das decisões.[262]

Com efeito, a tarefa de apreciação da prova exige que o juiz siga vários passos para fixação dos elementos probatórios, para controlá-los entre si, verificá-los em seu conjunto sintético, coerente e concludente, a fim de extrair deles a devida conseqüência. Para que possa atingir esse objetivo, observando um correto raciocínio, a lógica é indispensável.[263]

Através do seu exercício, o julgador tem condições de decidir coerentemente, explicando quais são as razões que o fizeram preferir certas provas em particular, sem indevidas omissões, em uma visão de conjunto. Assim, permite-se que a prova seja sempre controlável, tendo as partes condições de verificar se a decisão é ou não racional.[264]

Tal é a importância da lógica que se chegou a dar um caráter de rigoroso silogismo à atividade intelectual do juiz, o que se revelou um exagero, porquanto não se trata de juízos que têm a exatidão mecânica de um silogismo teórico ou de uma operação matemática,[265] conforme se pôde destacar anteriormente.

Por fim, importa ter sempre presente que a liberdade moral do juiz não comporta a refutação apriorística do auxílio que a lógica e a ciência podem oferecer.[266]

---

[260] Hernando Devis Echandía, *Teoría geral de la prueba judicial*, t. 1, p. 94-95.

[261] VARELA, Casimiro A. *Valoración de la prueba*. Buenos Aires: Editorial Astrea, 1990, p. 37.

[262] Casimiro A. Varela, *Valoración de la prueba*, p. 38.

[263] Ibid., p. 42.

[264] Augusto Mario Morello, *Prueba. Tendencias modernas*, p. 199.

[265] Hernando Devis Echandía, *Teoría general de la prueba judicial*, t. 1, p. 279-280.

[266] Massimo Nobili, *Il principio del libero convincimento del giudice*, p. 72.

1.7.5. Limites de racionalidade

Os limites decorrentes da racionalidade são fundamentais para manifestação objetiva do livre convencimento do juiz.[267] Admite-se que o juiz seja livre para valorar discricionariamente a prova, porém ele não pode ser livre a ponto de não observar uma metodologia racional na fixação dos fatos controvertidos.[268]

O livre convencimento deve ser racional "porque necessariamente alcançado mediante as forças do intelecto e não dos impulsos pessoais e eventualmente passionais do juiz".[269]

Os critérios de racionalidade servem ao controle do fundamento do raciocínio do juiz, podendo operar-se de dois modos: *ex ante*, quando o juiz controla o fundamento do próprio raciocínio sobre as provas, por meio de critérios racionais, ou *ex post*, quando a validade do raciocínio do juiz pode ser sucessivamente verificada pelas partes, mediante os mesmos critérios, através do controle sobre a motivação do juízo de fato.[270]

Evidentemente os critérios de racionalidade, que desempenham controles de valoração da prova, não podem ser indicados em uma lista completa, vinculante e válida para todos os contextos e sistemas, na medida em que o conceito de racionalidade é complexo e variável nos diversos contextos da experiência, sendo influenciado por diversos fatores de ordem cultural e filosófica. No entanto é possível identificar alguns critérios que são básicos: a) o primeiro critério impede que a valoração da prova seja realizada com métodos que são qualificados como irracionais segundo a cultura comum do contexto social no qual está inserida a decisão formulada. Portanto, não se admite que a decisão parte de intuição subjetiva ou de certeza moral; b) o segundo critério consiste no emprego adequado de todos os dados empíricos disponíveis, ou seja, de todos os meios de prova disponíveis; c) o terceiro critério de racionalidade está nas regras de inferência entre as proposições relativas aos fatos, de modo que a passagem de uma inferência a outra exige a adequação das características de seus elementos lógicos estruturais; d) devem ser excluídas as noções vagas e inatendíveis do raciocínio probabilístico; e) além das condições de racionalidade para o controle das singulares inferências probatórias, existem aquelas que permitem a valoração conjunta, exigindo-se que se considerem todos os elementos de prova disponíveis e relevantes à verificação positiva ou negativa do fato, além de que sejam internamente coerentes, sem contradições de resultados na valoração conjunta das provas.[271]

---

[267] Vittorio Denti, *Scientificità della prova e libera valutazione del giudice*, p. 432.

[268] Mariana Gascón Abellán, *Los hechos en el derecho*, p. 161.

[269] Cândido Rangel Dinamarco, *Instituições de direito processual civil*, p. 106.

[270] Michele Taruffo, *La prova dei fatti giuridici*, p. 395.

[271] Ibid, p. 395-399.

Assim, será racional a valoração dos elementos de prova que resolva os seus contrastes, indicando univocamente a hipótese mais atendível, sendo irracional, em contrapartida, aquela decisão que, além de não resolver os contrates, não indica uma solução unívoca ou que vai de encontro aos elementos de prova.[272]

Destaca-se, ademais, que esses critérios não implicam eliminação da discricionariedade do juiz na valoração da prova. Apenas permitem traçar alguns critérios de controle a eliminar a discricionariedade absoluta.[273]

1.7.6. Limites decorrentes das regras de experiência

A livre valoração da prova permitiu ao juiz livrar-se das ataduras que o impediam de trazer ao processo a sua experiência de vida, tal como ocorria ao tempo da prova legal, em que a discricionariedade do juiz era limitada, sendo reduzida drasticamente a sua apreciação.[274]

Neste momento, cumpre apenas consignar que as regras da experiência também constituem, outrossim, limites de apreciação da prova.[275] O seu exame será realizado detalhadamente na segunda parte deste trabalho, no que tange às suas características dogmáticas e, na terceira parte deste estudo, no seu aspecto pragmático.

Por ora, é suficiente ter presente que, em todos os ordenamentos, com fórmulas e preceitos diversos, reconhece-se ao juiz a faculdade de fazer uso, de ofício, de noções de comum experiência e das regras técnico-científicas aplicáveis à valoração dos fatos e das normas jurídicas.[276]

As noções de regras de experiência aparecem como noções que não são inseridas na ciência privada pelo juiz, porquanto fazem parte da cultura do homem médio e podem ser utilizadas independentemente de recurso a uma ciência especializada.[277]

No contexto do princípio do livre convencimento, reconhece-se ao juiz – além da liberdade, dentro de certos limites, de fazer uso da experiência – a faculdade de escolha da própria regra de experiência a ser aplicada. No entanto, essa liberdade não é subjetiva, tampouco arbitrária. Significa apenas que não é pré-constituído um valor aos dados probatórios, o qual

---

[272] Michele Taruffo, *La prova dei fatti giuridici*, p. 399.

[273] Ibid., p. 400.

[274] Friedrich Stein, *El conocimiento privado del juez*, p. 31-32.

[275] Gerhard Walter, *La libre apreciación de la prueba*, p. 361 e Massimo Nobili, *Nuove polemiche sulle cosidette "massime di esperienza"*, p. 126.

[276] Vittorio Denti, *Scientificità della prova e libera valutazione del giudice*, p. 422 e CARNELLI, Lorenzo. *O fato notório*. Tradução de Érico Maciel. Rio de Janeiro: José Konfino, 1957, p. 182.

[277] Vittorio Denti, *op. cit.*, p. 422.

deve ser obtido pelo recurso a preexistentes conhecimentos de caráter geral e abstrato.[278]

Será também através do emprego dessas regras de experiência que se garantirá, com a sua aplicação no momento valorativo, a racionalidade do processo formativo do juízo de fato, que, em tal modo, desvincula-se da mera subjetividade do juiz, ancorando-se em objetivos critérios de valoração.[279]

1.7.7. Princípio do contraditório como instrumento de controle

O princípio do contraditório, na sua feição pós-moderna, deixou de ser meramente formal, limitado ao momento inicial de contraposição à demanda, assegurando às partes a ciência bilateral, a possibilidade de contraditar os atos processuais e a sua efetiva participação no curso do inteiro procedimento, "no intuito de atender aos *standards* necessários para o estabelecimento de um processo justo, para além de simples requisito técnico de caráter não-essencial".[280]

Trata-se de um novo enfoque que busca estender a perspectiva do observador e, conseqüentemente, o diálogo, recomendado pelo método dialético, a fim de ampliar o quadro de análise, constranger à comparação, atenuar o perigo de opiniões preconcebidas e favorecer a formação de um juízo mais aberto e ponderado.[281]

Destaca-se que o campo de atuação do princípio do contraditório não se refere apenas à formação do material fático da causa, proporcionando um novo alcance do antigo brocardo da *mihi factum, dabo tibi ius*, senão à possibilidade de as partes aportarem a sua cooperação também quanto à valorização jurídica da realidade externa ao processo, o que representa igualmente novos contornos ao aforismo *iura novit curia*.[282]

Essa mudança de perspectiva, cumpre ressaltar, vincula-se ao respeito à dignidade da pessoa humana e aos valores intrínsecos da democracia, "adquirindo sua melhor expressão e referencial, no âmbito processual, no princípio do contraditório, compreendido de maneira renovada, e cuja efetividade não significa apenas debate das questões entre as partes, mas concreto exercício do direito de defesa para fins de formação do convenci-

---

[278] Nicola Mannarino, *Le massime d'esperienza nel giudizio penale e il loro controllo in Cassazione*, p. 86.

[279] Nicola Mannarino, *Le massime d'esperienza nel giudizio penale e il loro controllo in Cassazione*, p. 86, e Massimo Nobili, *Nuove polemiche sulle cosidette "massime di esperienza"*, p. 142.

[280] OLIVEIRA, Carlos Alberto Alvaro de. A garantia do contraditório. *Rev. AJURIS*, Porto Alegre, v. 74, nov. 1998, p. 107.

[281] Ibid., p. 110.

[282] Ibid., p. 110-112.

mento do juiz, atuando, assim, como anteparo à lacunosidade ou insuficiência da sua cognição".[283]

Especificamente no que tange à valoração da prova, a atuação do princípio do contraditório exige que a decisão se funde somente sobre elementos discutidos pelas partes no curso do processo, quer para contestar a admissibilidade ou relevância das provas deduzidas pela outra parte ou determinadas de ofício pelo juízo, quer para deduzir prova contrária àquelas deduzidas pela outra parte ou dispostas de ofício. Trata-se, portanto, de possibilidade de controles procedimentais no contexto processual no qual a prova vem produzida, a fim de determinar o material probatório destinado a constituir a base para a decisão.[284]

A garantia do contraditório também permite o controle da formação da prova, âmbito em que as partes podem colaborar para a criação de provas fidedignas, empregando os seus conhecimentos e as suas faculdades defensivas para evitar que se formem provas inidôneas a fundar uma correta decisão acerca do fato. Assim, não consiste apenas em atender uma função formal de garantia de defesa, senão uma atividade que serve a verificar *in itinere* a qualidade da prova em si. Mas se destaca que não se trata de uma garantia absoluta, porquanto existe uma série de meios de prova atípicos que se formam sem o contraditório, que somente se exige das provas a serem constituídas no processo e não daquelas pré-constituídas.[285]

Uma outra dimensão do princípio do contraditório permite que as partes possam influir sobre a valoração das provas pelo juiz, indicando as suas razões e argumentações defensivas, de maneira que as possíveis escolhas do juiz sejam previamente conhecidas e discutidas pelas partes.[286]

1.7.8. Necessidade de motivação do juízo de fato

A motivação das decisões judiciais é o instrumento jurídico fundamental para que o poder atue dentro de seus limites, representando o sinal mais importante e típico de "racionalização" da função judicial, a fim de que a liberdade não se traduza em arbitrariedade.[287]

Sabidamente a motivação é hoje objeto de garantia constitucional nos mais diversos países, e a sua principal função é tornar possível um controle sucessivo sobre as razões postas pelo juiz como fundamento de sua deci-

---

[283] Carlos Alberto Alvaro de Oliveira, *A garantia do contraditório*, p. 110.

[284] Michele Taruffo, *La prova dei fatti giuridici*, p. 402.

[285] Ibid., p. 403.

[286] Ibid., p. 405.

[287] Marina Gascón Abellán, *Los hechos en el derecho*, p. 191; Gerhard Walter, *La libre apreciación de la prueba*, p. 358-359; Paolo Tonini, *A prova no processo penal italiano*, p. 102-106, e Ennio Amodio, *La rinascita del diritto delle prove penali; dalla teoria romantica della intime conviction al recupero della legalità probatoria*, p. 125.

são,[288] não somente às partes envolvidas, mas também ao contexto social em que está inserida.[289]

Conforme expõe Michele Taruffo, motivar significa explicar, sob forma de argumentação justificativa, o raciocínio que permite atribuir uma determina eficácia a cada meio de prova, fundando a escolha a favor da hipótese sobre o fato que, nas provas disponíveis, encontra um grau mais elevado de confirmação lógica.[290] Assim, motivar é justificar e expor as razões, tanto de fato como de direito,[291] que o órgão adotou para entender que a sua decisão é correta e aceitável,[292] constituindo uma exigência do Estado de Direito enquanto modelo de Estado inimigo da arbitrariedade do poder.[293]

Essa atividade fundamental do julgador deve inspirar-se em um exame compreensivo e comparativo de todas as fontes, valendo-se, inclusive, da lógica e da experiência.[294] É o que se denomina de motivação dialética, que leva em consideração, até mesmo, as provas contrárias.[295] Assim, é obrigação do juiz motivar a sua decisão coerentemente, explicando as razões que o levaram a preferir tal prova em detrimento de outra.[296]

Não obstante seja reconhecida a sua importância, a práxis da motivação está bem longe do modelo ideal, pois freqüentemente nos deparamos com motivações que se reduzem a afirmações genéricas que não permitem sequer extrair algum sentido referente ao raciocínio do julgador, sendo escassas, ainda, as decisões dos tribunais superiores quanto ao controle sobre a motivação dos fatos, o que acaba por legitimar uma prática indesejável.[297] A tal respeito, não nos podemos contentar, hoje, com simples referências

---

[288] Michele Taruffo, *op. cit.*, p. 408, e BARBOSA MOREIRA, José Carlos. "Prueba y motivación de la sentencia". *Temas de direito processual*: oitava série. São Paulo: Saraiva, 2004, p. 108.

[289] A doutrina distingue a *função endoprocessual* da *função extraprocessual* da motivação. A primeira consiste na exigência de assegurar às partes a exatidão da decisão. Tem função de viabilizar um controle *interno* no processo sobre o fundamento da sentença e relaciona-se à possibilidade de impugnação. Em relação à função extraprocessual, a motivação desenvolve uma função essencialmente democrática, pois viabiliza um controle *externo* sobre o fundamento da decisão pela sociedade em geral (Paolo Tonini, *A prova no processo penal italiano*, p. 104, e Salvatore Patti, *Libero convincimento e valutazione delle prove*, p. 518).

[290] Michele Taruffo, *op. cit.*, p. 409.

[291] Paolo Tonini, *A prova no processo penal italiano*, p. 105.

[292] Jean Carlos Dias, *A dimensão jurídica da prova e sua valoração no moderno estudo do processo civil*, p. 95.

[293] Marina Gascón Abellán, *Los hechos en el derecho*, p.191.

[294] Ettore Dosi, *Sul principio del libero convincimento del giudice nel processo penale*, p. 70.

[295] Paolo Tonini, *op. cit.*, p. 106.

[296] Augusto Mario Morello, *Prueba. Tendencias modernas*, p. 51.

[297] Michele Taruffo, *La prova dei fatti giuridici*, p. 410. No mesmo sentido, Massimo Nobili aponta que há um afastamento entre teoria e prática, além de desinteresse e desconfiança dos operadores do direito quanto às técnicas de juízo, concepções racionais de provas e motivação dos provimentos judiciais (*Il principio del libero convincimento del giudice*, p. 2 e 43).

genéricas e vagas às "provas dos autos" ou dizer que as declarações da testemunha X parecem mais dignas de crédito que as da testemunha Y. Será mister esclarecer o asserto pelo confronto das características pessoais dos depoentes, pelo exame da forma como se expressam, da coerência interna dos depoimentos e da respectiva concordância ou discordância com outras peças de informação.[298] Isso não significa que o juiz deva argumentar sobre todo e qualquer detalhe, o que acarretaria motivações redundantes e substancialmente inúteis. É necessário, todavia, que o juiz exponha a motivação de tudo o que é relevante, isto é, de todas as escolhas que influenciem o êxito final da controvérsia e de todas as bases de seu raciocínio, as quais foram racionalmente colocadas em questão.[299]

Portanto, soa o alerta aos operadores do direito quanto à necessidade de uma adequada fundamentação, visando a assegurar a racionalidade da prestação jurisdicional, pois não se pode aceitar que a multiplicação de processos seja justificativa para restrição dessa garantia fundamental contra a arbitrariedade do convencimento judicial. O problema não está na redução quantitativa da motivação, mas na transformação qualitativa de sua estrutura. As exigências de clareza e de síntese podem ser realizadas, desde que a finalidade da motivação não seja olvidada.

---

[298] José Carlos Barbosa Moreira, *Alguns problemas atuais da prova civil*, p. 122-133, em especial p. 129 e 130.

[299] Paolo Tonini, *op. cit.*, p. 104.

2. O perfil dogmático das máximas de experiência

2.1. Antecedentes históricos

Traçar os antecedentes históricos das máximas de experiência importa, inevitavelmente, analisar os antecedentes históricos do direito probatório e do convencimento judicial, searas em que atua a categoria em exame. Não poderia ser diferente, dado que a prova representa a forma lógica do processo judicial.[300] Com esse propósito, impõe-se examinar, mesmo que de forma sucinta, o processo romano, passando pelo processo medieval, até o processo moderno.

Naturalmente uma resenha histórica dessa magnitude, nos limites estreitos desta investigação científica, peca pela síntese e até pela imprecisão. Por isso, é preciso advertir o leitor de que uma representação gráfica da evolução histórica, sobretudo do direito probatório, não segue uma linha reta, havendo avanços e retrocessos.[301] Além disso, não é demasia destacar que a História não apresenta momentos estanques, na medida em que a sua essência é eminentemente dinâmica. Por conseqüência, as diferentes concepções de processo a serem destacadas não se sobrepuseram rigorosamente em ordem cronológica, tampouco se mostraram uniformes ao longo do tempo. Desse modo, não é raro verificar sobreposição de tipos de processos no tempo, inclusive porque a evolução histórica remete a avanços em diferentes culturas européias, os quais nem sempre obedecem à mesma marcha.[302] Não obstante, interessa-nos, ao menos, traçar as características do processo civil ao longo do tempo, para que o leitor possa situar o tema na sua evolução histórica.

---

[300] Gerhard Walter, *La libre apreciación de la prueba*, p. 9.

[301] Ibid., p. 93-94.

[302] Mariano Menna, *Logica e fenomenologia della prova*, p. 8-9.

Direito Probatório – as máximas de experiência em juízo

2.1.1. Processo romano

Na história do direito romano, não houve um processo civil uniforme, sendo possível dividi-lo em três estágios: o período pré-clássico, identificado com o processo das *legis actiones* (que se estende aproximadamente até meados do século VI a. C.); o período clássico, identificado com o *processo formulário* (até fins do século III de nossa era) e o período pós-clássico, identificado com o *processo da cognitio* (até a decadência do Império – século V d. C.).[303]

O processo das *legis actiones* era dividido em duas etapas: *in iure* e *apud iudicem*. Na primeira etapa, as partes compareciam perante o pretor ou algum outro funcionário estatal, oportunidade em que o demandante expunha sua petição. Caso o demandado apresentasse oposição, estando preenchidos todos os pressupostos do procedimento contencioso, o pretor conferia ao demandante a *actio*, sempre que as leis a previssem. Estabelecia-se, assim, o "programa processual", sendo instaurada a lide, mediante a afirmação e a negação de um direito, o que representava o fim da etapa *in iure*. Já na segunda etapa, remetia-se o litígio ao *iudex*, que era um particular a quem incumbia a função judicial, o qual acolhia a prova das afirmações e logo ditava a sentença.[304]

O direito das *legis actiones* era formado pelo ordenamento procedimental dos antigos aldeões (*ius civile*), criado pelo cidadão romano para o cidadão romano, e seus princípios fundamentais foram estabelecidos pela Lei das XII Tábuas, a partir da praxe, com acréscimo de leis posteriores.[305]

Quanto aos meios de prova, utilizavam-se, no processo das *legis actiones*, principalmente o depoimento das partes, em particular o corroborado por juramento, e o testemunho jurado. Era um tempo em que predominavam as regras de provas pre-estabelecidas que excluíam a livre apreciação.[306]

Tratava-se de um processo com caráter místico, religioso e formal acentuados, de modo que a sentença era pronunciada depois de uma série de formalidades sem qualquer relação, do ponto de vista racional, com a questão a ser resolvida.[307]

Posteriormente, no período clássico do Império Romano, sobreveio o processo formulário, período em que surge o *jus gentium*, definido como direito comercial dos romanos, com vigência para todos os homens livres, sejam *cives* ou *peregrini*. Assim, as poucas *legis actiones* deram lugar a uma pluralidade de fórmulas não rigidamente estabelecidas pelas leis. No

---

[303] Gerhard Walter, *La libre apreciación de la prueba*, p. 9-10.

[304] Ibid., p. 10.

[305] Carlos Alberto Alvaro de Oliveira, *Do formalismo no processo civil*, p. 16.

[306] Gerhard Walter, *op. cit.*, p. 13-14.

[307] Carlos Alberto Alvaro de Oliveira, *op. cit.*, p. 16.

entanto, não mudou a bipartição do procedimento. Da mesma forma, o pretor remetia os contendores, providos de uma instrução escrita (*formula*), ao *iudex privatus*, incumbido de decidir o litígio.[308]

Em comum, nesses dois tipos de processo do direito romano já se encontravam vigentes os princípios processuais da publicidade, da oralidade, da imediatidade da recepção da prova e da oitiva das partes.[309] No entanto foi no processo clássico que serviram de meios de prova todas as circunstâncias pessoais ou reais, fáticas ou jurídicas nas quais o juiz poderia apoiar a sua decisão. Embora houvesse meios de prova típicos (depoimento pessoal, testemunhas, documentos, inspeção ocular, peritos), o *iudex* possuía inteira liberdade para decidir que valor probatório ele deveria atribuir aos distintos meios de prova.[310]

Conforme destacado na primeira parte desta investigação, ao ser analisada a evolução dos sistemas de avaliação das provas, o embrião do sistema da livre convicção remonta ao direito romano. De acordo com esse sistema, o *iudex* julgava *secundum conscientiam*, tendo ampla liberdade para formar a sua convicção. Tal era a sua liberdade, que era permitido ao juiz fugir à obrigação de decidir, caso não tivesse formada a sua convicção, jurando *sibi non liquere*.[311]

A propósito, tornou-se emblemático um caso vivenciado por Aulo Gelio, e que é referido freqüentemente pela doutrina. Esse *iudex* de Roma – que viveu no século II – escreveu o livro "Noites Áticas" (*Noctium Atticorum*), no qual constam inúmeros ensaios e observações nos seus diferentes capítulos. Em uma passagem vivenciada, Aulo Gelio refere que, na condição de *iudex*, esteve diante de uma reclamação por dívida, da qual não se dispunha de elemento probatório algum. O credor demandante era um homem de honestidade imaculada, de conduta inatacável. O demandado, por seu vez, era um homem de conduta maculada e vergonhosa, freqüentemente envolvido em fraudes e perfídias. Porém não havia prova da dívida. Profissionais do direito aconselharam Aulo Gelio à absolvição do demandado. Em contrapartida, Favorino, filósofo que o aconselhava ordinariamente, optou por solução diversa. Diante desse caso, Aulo Gelio não se atreveu a seguir o conselho do filósofo, usou da faculdade que lhe era concedida e não se considerou habilitado a julgar, optando pelo *non liquet*.[312]

---

[308] Carlos Alberto Alvaro de Oliveira, p. 18-19, e Gerhard Walter, *La libre apreciación de la prueba*, p. 11.

[309] Gerhard Walter, *op. cit.*, p. 12.

[310] Ibid., p. 13-14.

[311] Moacyr Amaral Santos, *Prova judiciária no cível e comercial*, p. 395.

[312] Santiago Sentis Melendo, El derecho en las "Noches Áticas" de Aulo Gelio. In: *"Teoría y práctica del proceso – Ensayos de derecho procesal"*, p. 546, e Moacyr Amaral Santos, *Prova judiciária no cível e comercial*, v. 1, p. 395.

Cumpre observar, todavia, que essa liberdade de convencimento do *iudex* não decorre "de uma consciência processual madura", tampouco "representa o meio mais idôneo para a reconstrução histórica dos fatos e a investigação da verdade", refletindo apenas o "desinteresse do Estado e do direito em relação ao juízo de fato, mormente porque o *iudex* não era órgão estatal mas simples cidadão, atuando mais como instrumento das partes do que como verdadeiro sujeito do processo".[313]

Progressivamente a aplicação da fórmula no processo perde em influência, em face do aumento da autoridade estatal, até porque não poderia abarcar todos os elementos necessários para a prolação da sentença.[314] Surge, assim, no período pós-clássico do direito romano, o processo da *cognitio*, no qual os magistrados ou funcionários imperiais pronunciavam as sentenças e não mais os *iudices*, tendo desaparecido a dicotomia entre as etapas *in iure* e *apud iudicem*.[315]

Esse tipo de processo foi marcado pelo domínio do juiz sobre o processo, havendo limitação de iniciativas das partes nos trâmites procedimentais. A eleição de provas já não competia às partes, senão ao tribunal. Portanto, esse processo é caracterizado por normas de tempo e forma, assim como por taxas onerosas e penalidades por infração de normas processuais.[316] Ao mesmo tempo, os princípios da imediatidade e da oralidade começam a perder vigência, admitindo-se exceções.[317]

Houve uma mudança radical ante os meios de prova, pois a liberdade para estimar o valor probatório das distintas provas foi reduzida significativamente, dando lugar a um procedimento normativo de valoração. Não se tratou de um sistema de provas legais, pois o valor probatório de cada meio não estava determinado de antemão de maneira abstrata e geral, tendo-se mantido, mesmo que minimamente, o princípio da livre apreciação da prova. Havia, no entanto, uma rígida disciplina dos meios probatórios: o juramento passa a desempenhar papel cada vez mais importante; são introduzidas regras sobre o número de testemunhas necessárias e se privilegia o valor probatório dos documentos.[318]

Em resumo, pode-se dizer que o processo romano pré-clássico era regido por um direito probatório quase primitivo. Já o processo clássico se apresentou como um caso de justiça exemplar e era regido pelo princípio da

---

[313] Carlos Alberto Alvaro de Oliveira, *Do formalismo no processo civil*, p. 20-21.

[314] Ibid., p. 21.

[315] Gerhard Walter, *La libre apreciación de la prueba*, p. 11.

[316] Ibid, p. 12-13.

[317] Carlos Alberto Alvaro de Oliveira, *Do formalismo no processo civil*, p. 22.

[318] Gerhard Walter, *op. cit.*, p. 19, e Carlos Alberto Alvaro de Oliveira, *op. cit.*, p. 22.

livre apreciação da prova, tendo ocorrido a decadência a partir do processo pós-clássico.[319]

Particularmente as regras da experiência também se encontraram presentes no processo romano.[320] Foi no processo clássico que tiveram maior importância, porquanto se concedia maior liberdade ao juiz para formação da sua convicção. No entanto, não foram regras que foram tratadas dogmaticamente, não tendo havido preocupação com o regramento da sua aplicação.

2.1.2. Processo ítalo-canônico

À margem da jurisdição estatal, a legislação dos órgãos eclesiásticos foi criando, no território do Estado romano, o chamado direito canônico e, conseqüentemente, uma jurisdição de tribunais eclesiásticos. Inicialmente a sua competência esteve limitada aos assuntos espirituais. Porém, com o passar do tempo, as causas contenciosas, eminentemente civis, foram passando à competência dos tribunais eclesiásticos.[321]

Foi uma época em que houve um aumento da civilização e da riqueza, em decorrência do desenvolvimento de engenhos e negócios, o que provocou o aumento dos conflitos sociais. Surgiu a necessidade de se ter processos mais lentos em prol de melhor garantia dos direitos do cidadão. Por essa razão, era recomendável ter-se um processo dominado pelas partes contra os abusos do ofício jurisdicional, o que foi defendido por juristas italianos leigos e eclesiásticos do século XII.[322]

Assim, consolida-se um processo eminentemente escrito, em detrimento do oral cujo procedimento é complexo e circunstanciado, nascendo, aí, o princípio de que *quod non est in actis, non est in mundo*. Outrossim, deixa de imperar o princípio da publicidade como regra, admitindo-se várias exceções. Da mesma forma, o princípio da imediatidade da prova deixa de ser consagrado, aceitando-se como regra a inspeção ocular delegada a terceiros. Nesse contexto, pode-se dizer que o único princípio que se manteve incólume foi o direito das partes de serem ouvidas no processo.[323]

Ressalta-se que no processo canônico, como no processo romano, não havia uma radical divisão entre processo civil e processo penal tal como conhecemos atualmente.[324]

---

[319] Gerhard Walter, *op. cit.*, p. 25.

[320] Ibid., p. 16.

[321] Ibid., p. 25-27.

[322] Carlos Alberto Alvaro de Oliveira, *Do formalismo no processo civil*, p. 24.

[323] Gerhard Walter, *op. cit.*, p. 29-31.

[324] Ibid., p. 31.

Quanto aos meios de prova, o processo canônico estabelecia uma acentuada formalidade. A prova testemunhal dependia mais das qualidades legais necessárias que do testemunho a ser prestado, razão pela qual eram estabelecidas limitações da capacidade de testemunhar para as mulheres, os escravos, os laicos, etc. Por seu turno, a prova pericial estava sujeita aos mesmos princípios da prova testemunhal, com a diferença de que o juiz estava vinculado ao seu resultado, devendo julgar o menos possível com base na sua consciência. Já os documentos possuíam hierarquia de valor probatório segundo a sua forma, produzindo prova plena o documento público.[325]

Disso se infere que o direito canônico limitava a liberdade do juiz, estabelecendo determinadas regras fixas, que, salvo algumas exceções, obrigavam-no a decidir em um determinado sentido. Por conseqüência, os meios de prova apresentavam-se em módulos exatos e numéricos para julgar o peso das provas. Desse modo, a lei estabelecia os pressupostos e as condições, que, uma vez atendidos, obrigavam o juiz a dar por plena a sua convicção e por produzida a prova, prescindindo de que efetivamente estivesse convencido. Era o início do sistema das provas legais, por meio das quais se pretendeu evitar a arbitrariedade das decisões judiciais.[326]

Percebe-se, por conseguinte, que o processo ítalo-canônico é o oposto do processo romano clássico, pois o que o determina não é a liberdade da forma e do convencimento, senão uma rigidez doutrinária e um formalismo excessivo.[327] Em que pese a limitação da liberdade do juiz, não se pode negar que o processo ítalo-canônico constituiu um avanço em face das condições concretas da época, "na medida em que aperfeiçoa os meios de controle dos fundamentos de fato e de direito dos julgamentos", evitando-se o arbítrio judicial mediante o estabelecimento de regras rígidas e abstratas para valoração das provas.[328]

É importante destacar que esse método novo de apreciação legal das provas está baseado em certas regras da experiência, aceitáveis para a época, as quais, no entanto, eram impostas de forma absoluta, "porquanto subtraídas a todo controle de validade do caso concreto".[329]

2.1.3. Do processo alemão ao processo reformado

O direito probatório germânico não apresentou um processo unitário, sendo possível, no entanto, identificar traços comuns nos distintos orde-

---

[325] Gerhard Walter, *La libre apreciación de la prueba*, p. 33-35.

[326] Alessandro Giuliani, *Il concetto di prova*, p. 160; Gerhard Walter, *op. cit.*, p. 41-42, e PONTES DE MIRANDA, Francisco Cavalcanti. *Comentários ao código de processo civil*. 2. ed. Rio de Janeiro: Forense, 1958, t. 2, p. 231-232.

[327] Gerhard Walter, *op. cit.*, p. 43-44, e Carlos Alberto Alvaro de Oliveira, *Do formalismo no processo civil*, p. 27.

[328] Carlos Alberto Alvaro de Oliveira, *op. cit.*, p. 25.

[329] Ibid., p. 25 e Hernando Devis Echandía, *Teoría general de la prueba judicial*, t. 1, p. 60.

namentos jurídicos dos diversos povos de cultura ou de raça germânica, a ponto de se reconhecerem três fases distintas: o processo civil do período primitivo, o processo civil baixo-medieval e o processo comum.[330]

Na sua fase primitiva, predominavam, como meios de prova, o juramento, o duelo e os juízos de Deus, não sendo possível falar de apreciação de prova, tampouco de um procedimento probatório. O objetivo não era provar uma afirmação, através de meios racionais, senão eliminar a afirmação oposta do adversário, através de meios artificiais.[331]

Já no período seguinte, identificado como baixo-medieval, os meios de prova espirituais desapareceram, com exceção do juramento da parte, sendo substituídos pelos documentos e pela inquirição das partes e testemunhas. No entanto, o processo civil alemão ainda vedava a liberdade do julgador, já que não permitia aos juízes realizar uma apreciação de prova verdadeiramente livre, tal como a concebemos hoje.[332]

É importante registrar que, a partir do século XIII, embora também não houvesse uma divisão formal entre processos civil e penal, constata-se uma divisão entre os tipos de jurisdição civil e penal, para fins de organização dos tribunais. Todavia, os procedimentos dos dois processos continuavam os mesmos, sendo ambos considerados "coisas das partes".[333]

Essa realidade veio a mudar com a utilização das penas físicas em prol do interesse da generalidade. A investigação dos delitos era obra do Estado e interesse geral, por constituir uma ofensa social, surgindo a persecução penal que veio resultar no processo penal inquisitivo. Assim, percebe-se um descompasso no avanço desses dois tipos de processo. Enquanto o processo civil baixo-medieval apresenta uma certa evolução na apreciação da prova, o processo penal da mesma época desperta repugnância.[334]

Com efeito, sob a justificação da fé, o processo inquisitivo se caracterizava pelo controle judicial de todo o processo, admitindo-se, inclusive, a atuação de ofício, aspecto este que o particulariza ante o procedimento acusatório.[335] Assim, há uma ampla margem de discricionariedade judicial, o que implicava, em contrapartida, uma maior carga de insegurança para o acusado, visando ao mais alto grau de eficácia na persecução de delitos qualificados por sua gravidade.[336]

---

[330] Gerhard Walter, *La libre apreciación de la prueba*, p. 44 *et seq.*

[331] Ibid., p. 46-52, e Hernando Devis Echandía, *Teoría general de la prueba judicial*, t. 1, p. 52.

[332] Gerhard Walter, *op. cit.*, p. 57.

[333] Ibid., p. 45.

[334] Ibid., p. 58 e 66.

[335] Isabella Rosoni destaca que no procedimento acusatório a iniciativa do processo pertence ao privado, enquanto no procedimento inquisitório é iniciado de ofício por um funcionário público (*Quae singula non prosunt, collecta iuvant; la teoria della prova indiziaria nell'età medievale e moderna*, p. 39).

[336] MARÍN, García José M. Processo inquisitorial – processo régio. Las garantías del procesado. In: ROMANO, Andrea (Org.). *Intolleranza religiosa e ragion di stato nell'Europa mediterranea* : inquisizione e Santo Ufficio. Milano: Giuffrè, 2002, p. 39-59.

A essência do processo inquisitivo não consistia apenas na ampla autonomia do juiz no desenvolvimento do procedimento, criando por sua própria iniciativa o fundamento da sentença em forma de uma determinação compreensiva dos fatos. Sobressai, outrossim, a insuficiência dos velhos meios de prova, os quais, agora, são insuficientes aos fins propostos. Por essa razão, implanta-se a tortura como meio eficaz para obtenção da confissão, convertendo-se esta em um procedimento regido pelo arbítrio judicial.[337]

A solução passou a ser, portanto, o recurso à tortura judiciária, que marcou a invasão prepotente da força em um âmbito propriamente "legal", tendo sido teorizado em diversos níveis como o preço a pagar pela busca da verdade absoluta. É o fenômeno que Giorgia Alessi Palazzolo denominou, com muita propriedade, de "bipolarismo" das concepções processualísticas medievais, oscilantes entre a obsessiva busca da verdade e o uso da violência, entre um difuso espiritualismo "eqüitativo" e o recurso a remédios livres de pre-julgamentos. Esse "bipolarismo" revela-se também na tendência de precisar em regras minuciosas o processo intelectual do juiz, mas, ao mesmo tempo, paradoxalmente, confia-lhe a importantíssima atividade de atingir a consciência do acusado, tarefa indefinível e insuscetível de predeterminação. Cumpre lembrar que o exasperado emprego direto e objetivo de uma gama exaurível de soluções predeterminadas, típicas do sistema da prova legal, tencionava também preservar o réu do abuso dos poderes inquisitórios. Todavia acabava por transformar-se em formas processuais que deixavam ao julgador um notável âmbito de discricionariedade e, ao acusado, limitados direitos de defesa. O mecanismo das garantias, aparentemente rígido e regulado, resolvia grande parte de suas operações em um âmbito escassamente controlado: o intelecto e a consciência do julgador, o que evidencia as contradições internas do processo medieval.[338]

Paralelamente cumpre destacar que o processo civil conserva a sua fisionomia eminentemente acusatória, o que – diga-se de passagem – ocorrerá até o final do século XIX. Assim, conserva-se o interesse eminentemente privado, sendo proibido o início do processo de ofício. A atividade do juiz é meramente passiva, sendo vedada qualquer iniciativa probatória.[339]

Já nos séculos XIV e XV, o direito ítalo-canônico havia-se imposto definitivamente na Alemanha, tornando-se o direito comum, norma que deveria ser seguida em todos os casos e em todos os processos.[340] Identifica-se, assim, o processo comum germânico, que não se diferencia, em essência, do processo civil baixo-medieval.

---

[337] Gerhard Walter, *op. cit.*, p. 60-62.

[338] PALAZZOLO, Giorgia Alessi. *Prova legale e pena. La crisi del sistema tra Evo Medio e Moderno.* Napoli: Jovene Editore, 1979, p. 41 e 42.

[339] Hernando Devis Echandía, *Teoría general de la prueba judicial,* t. 1, p. 63.

[340] Gerhard Walter, *op. cit.*, p. 84-85.

Em matéria de prova, o direito comum continua legalista, escolástico e racionalista. É legalista porque estabelece um elenco fechado de provas legais plenas, conjuntamente com um complicado labirinto de regras que disciplinam as provas semiplenas, no qual cada tipo de prova possui um valor fixado legalmente. É escolástico porque representa uma construção homogênea ao espírito de classificação sistemática, correspondendo a diferentes valores hierarquicamente estabelecidos. Por fim, é racionalista pela otimista crença na correspondência entre a racionalidade da prova e a verdade dos fatos.[341]

Em sua forma, pode-se dizer que o processo comum alemão exagerou os defeitos de seu congênere italiano, acentuando a escrita, a falta de publicidade do procedimento, o princípio dispositivo e as preclusões formais. Era um tempo em que as partes exerciam um controle total sobre o começo, o conteúdo e a tramitação do processo[342], o que favorecia a chicana processual, permitindo amplo espaço ao espírito litigioso e impedindo a rápida solução das causas. A única garantia, porém, era o direito de ser ouvido.[343]

Quanto à valoração das provas, o centro do direito probatório constituía a teoria das provas formais ou legais, a teor do pensamento escolástico e da filosofia aristotélica, então dominantes.[344] Não se tratava, no entanto, de um sistema de provas legais, como hoje concebemos, formado por numerosas regras contidas na lei.[345]

Conseqüentemente, havia pouco espaço para aplicação das regras da experiência pelo julgador, que se encontrava vinculado com o que prescrevia a lei.

Paulatinamente o descontentamento com os procedimentos tanto civil como penal foi crescendo, pois a realização de justiça restava frustrada na maioria das vezes, na medida em que havia um procedimento muito rigoroso no qual o tribunal carecia de contato com as partes, estando limitado aos escritos e preceitos legais.[346]

Surgem novas necessidades sociais, modificando-se os costumes e o espírito humano, o que exige um processo menos formalista e mais flexível[347] e demanda reformas e adequações, como as decorrentes, no âmbito

---

[341] Isabella Rosoni, *Quae singula non prosunt, collecta iuvant; la teoria della prova indiziaria nell'età medievale e moderna*, p. 39-40.

[342] Hernando Devis Echandía, *Teoría general de la prueba judicial*, t. 1, p. 52.

[343] Gerhard Walter, *La libre apreciación de la prueba*, p. 84-85 e Carlos Alberto Alvaro de Oliveira, *Do formalismo no processo civil*, p. 29

[344] Gerhard Walter, *op.cit.*, p. 84-85, e Carlos Alberto Alvaro de Oliveira, *op. cit.*, p. 29.

[345] Hernando Devis Echandía, *op. cit.*, p. 52.

[346] Gerhard Walter, *op. cit.*, p. 85-86.

[347] Carlos Alberto Alvaro de Oliveira, *op. cit.*, p. 33.

do processo civil, do processo sumário introduzido por Clementina Saepe[348] e pela reforma do Judiciário prussiano.[349]

2.1.4. Do processo liberal ao processo moderno

Um grande avanço ocorreu com a Revolução Francesa e a ideologia Iluminista que a inspirou (sobretudo por Voltaire), surgindo o chamado processo liberal, caracterizado essencialmente pela publicidade, oralidade e igualdade no acesso ao tribunal, para todos. Desse modo, ocorre a ruptura, ao menos parcial, do sistema da prova legal[350], implantando-se a liberdade de apreciação das provas pelo juiz, primeiro no processo penal e, logo depois, no processo civil.[351]

Nessa linha de evolução, o *Code de Procédure Civile* francês de 1806 tem papel de destaque, tendo exercido significativa influência em quase todos os Estados europeus, representando enérgica reação contra o processo comum e as leis dele decorrentes. Naturalmente o seu regramento restringe sobremaneira os poderes do órgão jurisdicional, privilegiando o predomínio das partes, dada a ideologia liberal que o norteia.[352]

Da mesma forma, a Ordenança Processual Civil alemã de 1877 exerce significativa influência para superação do processo comum, com nítida inspiração da ideologia liberal pós-napoleônica. Busca-se, embora de forma acanhada, a introdução da oralidade e do princípio da livre convicção do juiz.[353]

Em essência, o processo civil liberal dominante no século XIX apresenta-se como coisa privada das partes, o que reflete a concepção claramente individualista e exclusivamente privada dos direitos patrimoniais.[354] Predominava a filosofia do *laissez faire*, que destinava ao órgão judicial um papel puramente passivo, equiparado a mero árbitro do litígio, "cuja função

---

[348] Ao desenvolver significativa análise histórica do formalismo processual, Carlos Alberto Alvaro de Oliveira ressalta a importância da decretal do Papa Clemente V, emitida em 1306, a qual passou à história com o nome de *Clementina Saepe*. Refere o processualista que se cuida, em verdade, de um sistema procedimental totalmente novo, através do qual não apenas foi removida a vinculação jurídica ao processo ordinário como também se outorgou ao juiz o poder de investigar a verdade material até de ofício (*op. cit.*, p. 34).

[349] Outrossim, Carlos Alberto Alvaro de Oliveira destaca que, em período mais recente, a Prússia, o principal Estado alemão, tomou enérgicas medidas de reforma do Judiciário, atribuindo ao juiz, com conotação inquisitória, o dever e, por conseqüência, o poder de se assegurar das verdadeiras condições dos fatos da causa (*op. cit.*, p. 37-39).

[350] Carlos Alberto Alvaro de Oliveira, *Do formalismo no processo civil*, p. 39-40, e Karl H Kunert, *Some observations on the origin and structure of evidence rules under the common law system and the civil law system of free proof in the germain code of criminal procedure*, p. 145-146.

[351] Hernando Devis Echandía, *Teoría general de la prueba judicial*, t. 1, p. 62.

[352] Carlos Alberto Alvaro de Oliveira, *op. cit.*, p. 41, e Karl H Kunert, *op. cit.*, p. 144.

[353] Carlos Alberto Alvaro de Oliveira, *op. cit.*, p. 42.

[354] Ibid., p. 42.

era apenas a de verificar e assegurar o atendimento às determinações formais do processo".[355]

Com a passagem do século XIX para o século XX, o foco do processo civil muda de modo decisivo para os fins sociais, destacando a importância pública do fenômeno processual. Nessa perspectiva, o juiz assume o lugar das partes no desenvolvimento do processo. Reforça-se, assim, a concepção do processo como relação de direito público.[356]

Cumpre ressaltar que essa revolução decorreu sobretudo da codificação austríaca de 1895, concebida magistralmente por Franz Klein, e representou uma visão renovada da administração da justiça civil, na qual o debate público e a oralidade assumem posição central e dominante.[357]

Com expressiva intensidade, o pensamento de Klein e o novo ordenamento austríaco passam a influenciar positivamente a reforma da ZPO alemã. Começa-se a pregar "a concentração do juízo, a liberação de todo falso formalismo e o redimensionamento do princípio dispositivo na investigação dos fatos controversos". Da mesma forma, na Itália, é sentida a influência austríaca, embora a reforma operada com o Código de 1942 tenha permanecido ligada à concepção individualista do século XIX e à sua ideologia liberal.[358]

Consolida-se, por conseqüência, o processo civil moderno, cuja natureza é eminentemente pública, voltada aos interesses sociais e informada pelos princípios da oralidade, da instrumentalidade e do redimensionamento do princípio dispositivo na investigação dos fatos controversos.

2.1.5. Surgimento das máximas de experiência como categoria autônoma

A origem das máximas de experiência é bastante antiga, havendo uma certa afinidade deste conceito com o de *maximae propositiones*, entendidos como regras gerais e expostos por Pietro Abelardo.[359]

No entanto, sob o ponto de vista estritamente conceitual, a noção das máximas de experiência, tal como concebida hoje, foi elaborada pela doutrina alemã, principalmente por Stein, que, a bem da verdade, iniciou o

---

[355] Carlos Alberto Alvaro de Oliveira, *A garantia do contraditório*, p. 106.

[356] Ibid., p. 48-49.

[357] Carlos Alberto Alvaro de Oliveira, *Do formalismo no processo civil*, p. 50.

[358] Ibid., p. 52-57.

[359] Massimo Nobili ressalta que esse autor, vivido nos anos 1079 a 1142, representa o momento de abandono da lógica medieval da controvérsia (entendida como lógica do diálogo, do problema, do confronto de opiniões) por uma concepção anti-retórica, definitória, através da qual o cálculo silogístico será destinado a anular, no próprio mecanismo e na idéia de uma verdade pré-constituída e certa, cada elemento circunstancial da experiência concreta (*Nuove polemiche sulle cosidette "massime di esperienza"*, p. 124, nota 1).

Direito Probatório – as máximas de experiência em juízo

73

estudo dogmático da categoria, na sua célebre e conhecida obra "O conhecimento privado do juiz" (*Das private Wissen des Richters*), publicada em 1893.

Nessa época, predominava o positivismo jurídico, movimento jusfilosófico que concebia a separação lógico-conceitual do binômio questão de fato/questão de direito[360], cujas características precisam ser examinadas, ao menos superficialmente, porque o surgimento das máximas de experiência vai representar um importante avanço para abrandar as limitações que o juiz enfrentava em um processo essencialmente privado, no qual as partes mantinham amplo controle das iniciativas, sobretudo de natureza probatória.

Era um tempo em que predominava a racionalização iluminista, período marcado pela busca da sistematização e simplificação, visando a alcançar a almejada segurança jurídica.[361] A pretensão era criar um conjunto normativo, racionalmente deduzido, que contemplasse e disciplinasse todos os fatos possíveis na vida social, encadeados em normas simples, acessíveis a qualquer um do povo.[362] Criou-se, assim, um sistema suficientemente fechado, à semelhança de conjuntos matemáticos.[363] Então, adveio a codificação oitocentista, que deveria ser a expressão integral do Direito.

Desse modo, a atividade judicial estava restrita ao puro silogismo, sendo caracterizada pela aplicação mecânica da regra geral posta pela lei ao caso particular em litígio.[364] A norma legal interpretada seria a premissa maior de um silogismo em que os fatos do caso concreto seriam a premissa menor, e com elas, obter-se-ia a decisão. O intérprete pouco poderia acrescentar, o que tornava o juiz um instrumento passivo da vontade legislativa.[365] Pressupunha-se que decidir com base na lei era um modo de se ter certeza de que a vontade do povo seria cumprida. Cultuava-se, assim, o texto da lei, cuja interpretação devia estar fundada na intenção do legislador.[366]

Conseqüentemente abre-se espaço para uma rígida separação entre os fatos e o direito. Logo, fato e direito, no contexto da decisão judicial, eram elementos heterogêneos e independentes. Heterogêneos porque direito e

---

[360] BARZOTTO, Luis Fernando. *O positivismo jurídico contemporâneo*: uma introdução a Kelsen, Ross e Hart. São Leopoldo: UNISINOS, 2003. (Série Acadêmica), p. 17.

[361] CLAVERO, Bartolomé. "Codificación y Constitución: paradigmas de un binomio". *Quaderni fiorentini per la storia del pensiero giuridico*, Florença, n. 18, 1988, p. 99.

[362] IRTI, Natalino. *L'età della decodificazione*. 3. ed. Milão: Giuffrè, 1989, p. 17-18.

[363] Judith Martins-Costa destaca que "a idéia de código, complementada por sua interpretação de tipo exegético, através do raciocínio meramente subsuntivo corresponde a de um sistema fechado" (MARTINS-COSTA, Judith. Crise e modificação da idéia de contrato no direito brasileiro. *Rev. AJURIS*, n. 56, nov., 1992, p. 61).

[364] Bartolomé Clavero, *op. cit.*, p. 101.

[365] Natalino Irti, *L'età della decodificazione*, p. 17-18.

[366] BOBBIO, Norberto. *O positivismo jurídico: lições de filosofia do direito*. São Paulo: Ícone, 1995, p. 87.

fato não se confundiam; independentes porque poderiam ser examinados isoladamente, cada qual com o seu instrumental próprio.[367]

A questão fática era, dessarte, um objeto *in se*, próprio das ciências naturalísticas e à margem da ciência jurídica. Os fatos são apreensíveis pela só mediação do mundo naturalístico, através da razão, dos sentidos. Compreendia-se que direito fosse apreendido exclusivamente pela lei.

Portanto, numa estrutura silogística, o juiz aplica, no caso concreto, o fato à norma, restando ao direito probatório a função de introduzir o fato no silogismo judiciário.[368] Acredita-se que a incidência do direito ocorre por simples subsunção, encaixando-se os fatos, perfeitamente, na hipótese legal que se apresenta pronta e acabada.

Neste contexto, pode-se afirmar que a individuação e a definição das máximas de experiência formam-se em um "clima positivístico",[369] sendo conduzidas à função de premissa maior do silogismo judiciário por serem gerais, abstratas e independentes do caso concreto, semelhantemente às normas jurídicas.[370]

Assumiu relevância a aplicação das máximas de experiência quando foi abrandada a rigorosa aplicação do princípio dispositivo através do qual, outrora, era vedado ao juiz servir-se de qualquer saber privado ao fim de sua decisão. Percebeu-se que, como o juiz, no processo de conhecimento, adota necessariamente noções empíricas de caráter geral para fundamentar sua decisão, a proibição irrestrita dessas noções gerais inviabilizaria a compreensão do *iter* lógico e argumentativo dessa decisão na reconstrução dos fatos relevantes. Assim, acabou sendo reconstruída, em sede doutrinária, a legitimidade do uso, por parte do juiz, daqueles juízos hipotéticos gerais derivados da experiência. Era o entendimento de que o juiz não pode fugir da lógica da objetividade, ao reviver o passado com base no presente, atento à normalidade das coisas e em conformidade com as leis do pensamento.[371]

Por conseguinte, pode-se dizer que as máximas de experiência, ao tempo da sua concepção dogmática, representam uma importante tentativa para compreender e submeter a lógica do juiz a algum controle[372], na medida em que surgem, no âmbito processual, como forma de racionalizar

---

[367] Danilo Knijnik, *Os standards do convencimento judicial: paradigmas para o seu possível controle*, p. 18.

[368] Michele Taruffo, *La prova dei fatti giuridici, passim* e p. 34-37 e 40.

[369] Massimo Nobili, *Nuove polemiche sulle cosidette "massime di esperienza"*, p. 123.

[370] Friedrich Stein, *El conocimiento privado del juez*, p. 7, e Nicola Mannarino, *Le massime d'esperienza nel giudizio penale e il loro controllo in Cassazione*, p. 65.

[371] Nicola Mannarino, *Le massime d'esperienza nel giudizio penale e il loro controllo in Cassazione*, p. 67, e PIRAS, Aldo. Le massime d'esperienza e la motivazione insufficiente. *JUS Riv. Scienze Giuridiche*, v. 6, n. 1, mar. 1955, p. 79.

[372] Elio Fazzalari, *Il giudizio civile di cassazione*, p. 85.

e conceitualizar o senso comum, evitando perigos de subjetivismos extremos.[373]

2.2. Definição e características da categoria

Tratar da definição das máximas de experiência exige, inexoravelmente, a invocação da definição de Stein, que concebeu dogmaticamente a categoria segundo a qual as máximas de experiência "são definições ou juízos hipotéticos de conteúdo geral, independentes dos fatos concretos julgados no processo, e que procedem da experiência, porém independentes dos casos particulares de cuja observação foram induzidos e que, sobrepondo-se a estes, pretendem ter validade para outros novos".[374]

De toda a obra desse ilustre processualista alemão, pode-se dizer que a definição das máximas de experiência é o ponto que reúne maior convergência na doutrina, sendo referido e citado pela grande maioria dos processualistas que se dedicaram ao tema, inclusive por aqueles que o abordaram superficialmente, a ponto de ter-se tornado um lugar comum nas culturas jurídicas européia e latina.[375]

---

[373] Michele Taruffo, *Senso comum, experiência e ciência no raciocínio do juiz*, p. 111.

[374] Friedrich Stein, *El conocimiento privado del juez*, p. 22.

[375] Principalmente, o conceito em questão foi acolhido pelos sistemas alemão e italiano, passando a influenciar outras culturas posteriormente, com exceção da francesa. Neste sentido, apontam-se os seguintes doutrinadores que adotaram esse conceito: PISTOLESE, Gennaro Roberto. *La prova civile per presunzioni e le cosiddette massime di esperanza*. Padova: CEDAM, 1935, p. 24; Enrico Allorio, *Osservazioni sul fatto notorio*, p. 12-13; Carnelutti, *La prova civile*, p. 74-83; Carlo Leone, *Contributo allo studio delle massime di esperanza e dei fatti notori*, p. 5; Aldo Piras, *Le massime d'esperanza e la motivazione insuficiente*, p. 79; Nicola Mannarino, *Le massime d'esperanza nel giudizio penale e il loro controllo in Cassazione*, p. 58; Massimo Nobili, *Nuove polemiche sulle cosidette "massime di esperienza"*, p. 131; Ettore Dosi, *Sul principio del libero convincimento del giudice nel processo penale*, p. 21-22; Vicenzo Russo, *La prova indiziaria e il giusto processo*, p. 171; Baldassare Pastore, *Giudizio, prova, ragion pratica*: un approccio ermeneutico, p. 173; Michele Taruffo, *Senso comum, experiência e ciência no raciocínio do juiz*, p. 111; Gian Franco Ricci, *Prove e argomenti di prova*, p. 1.095 (nota 123); Raffaello Lupi, *Metodi induttivi e presunzioni nell'accertamento tributario*, p. 63 (nota 73); Mariano Menna, *Logica e fenomenologia della prova*, p. 60 (nota 143); J. Montero Aroca, *La prueba en el proceso civil*, p. 50; Eduardo J. Couture, *Fundamentos del derecho procesal civil*, p. 229-230; Moacyr Amaral Santos, *Prova judiciária no cível e comercial*, p. 177; José Carlos Barbosa Moreira, Regras de experiência e conceitos juridicamente indeterminados. *Rev. Forense*, v. 261, jan./mar., 1978, p. 13-19; BUZAID, Alfredo. *Estudos de Direito*. São Paulo: Saraiva, 1972. v. 1, p. 194, bem como em Alfredo Buzaid, *"Máximas de experiência"*. *Ensaios e pareceres de direito processual civil* : (notas de adaptação ao direito vigente de Ada Pellegrini Grinover e Flávio Luiz Yarshell). São Paulo: Rev. Tribunais, 2002. p. 134; PONTES DE MIRANDA, *Comentários ao código de processo civil*, t. 4, p. 237-246; CRESCI SOBRINHO, Elício de. O juiz e as máximas da experiência, *Rev. Forense*, v. 296, out./dez, 1986, p. 430; Carlos Alberto Alvaro de Oliveira, *Problemas atuais da livre apreciação da prova*, p. 48 (nota 9); PALAIA, Nelson. *O fato notório*. São Paulo: Saraiva, 1997, p. 49 e GRECO FILHO, Vicente. *Direito processual civil brasileiro*. 16. ed. atual. São Paulo: Saraiva, 2003, v. 2, p. 197.

Etimologicamente, o termo "máxima" tem o mesmo sentido de axioma, indicando a proposição em que se anota uma verdade ou se estabelece princípio, sendo tão evidente que não precisa de demonstração.[376] Em termos doutrinários, a expressão "máximas de experiência", embora de origem etimológica assemelhada à noção de princípio,[377] é empregada como sinônimo de "regras de experiência",[378] tratamento comum que será mantido ao longo deste trabalho.[379]

Feito esse registro, note-se que sobressai da definição que as máximas de experiência são originadas mediante a observação dos casos particulares, sendo independentes de casos concretos experimentais,[380] o que justifica caracterizá-las também como "regras de freqüência".[381]

Também se constata da definição que as máximas de experiência são sempre gerais,[382] não podendo ser simples declarações sobre acontecimentos individuais, tampouco juízos plurais sobre um conjunto de acontecimentos. No que se refere ao seu conteúdo, têm que estar em oposição aos fatos do caso concreto, pois devem atuar como regras abstratas. Não correspondem, conseqüentemente, a acontecimento concreto percebível pelos sentidos, de modo que não podem ser provadas por mera comunicação de sensações.[383]

Enquanto máximas gerais, em oposição a juízos narrativos, podem ser reduzidas a duas formas fundamentais, conforme exposto magistralmente por Stein: ou são definições, juízos aclaratórios que decompõem uma palavra ou um conceito em suas notas constitutivas, ou são teses hipotéticas que expressam as conseqüências que cabe esperar a partir de determinados pressupostos. Na primeira categoria, inclui-se somente uma pequena mi-

---

[376] SILVA, De Plácido e. *Vocabulário jurídico*: edição universitária. Rio de Janeiro: Forense, 1987, v. 3, p. 167.

[377] Como se sabe, regras e princípios são dois tipos de normas, cuja distinção, embora complexa, pode-se fazer com base no a) *grau de abstração* (os princípios possuem um grau mais elevado de abstração em relação às regras); b) *grau de determinabilidade na aplicação aos casos concretos* (as regras são mais determinadas, comportando aplicação direta, ao passo que os princípios dependem da mediação concretizadora dos legisladores e dos juízes, dada a sua vagueza e indeterminação); c) *caráter de fundamentalidade no sistema das fontes de direito* (os princípios têm importância fundamental na constituição e estruturação do sistema jurídico); d) *proximidade da idéia de direito* (os princípios estão radicados nas exigências de justiça, ao passo que as regras podem ser normas vinculativas de conteúdo meramente funcional; e e) *natureza normogenética* (os princípios servem de razão e fundamento para as regras), in CANOTILHO, J.J. Gomes. *Direito constitucional*. 6. ed. rev. Coimbra: Almedina, 1995, p. 166-7.

[378] Ilustrativamente, Carnelutti, *La prova civile*, p. 74 *et seq.* e Buzaid, *Estudos de Direito*, p. 194 (nota 18), e Id., *Estudos e pareceres de direito processual civil*, p. 131.

[379] Friedrich Stein refuta a utilização da expressão "regras da vida", tal como a utiliza Fitting ("Die Grundlagen der Beweislast". In: *Zeitscht. f. Zivilprozessrecht*. v. 12, p. 1 *et seq.*), pois entende que essa expressão não compreende adequadamente as leis naturais e os conhecimentos técnico-científicos (*El conocimiento privado del juez*, p. 15-16).

[380] Friedrich Stein, *El conocimiento privado del juez*. p. 23.

[381] Salvatore Patti, *Libero convincimento e valutazione delle prove*, p. 499.

[382] Friedrich Stein, *op. cit.*, p. 27.

[383] Ibid., p. 19.

noria de máximas de experiência sobre o uso da linguagem, seja em geral, seja em ambientes mais específicos (dos comerciantes, de determinadas profissões, etc.). Na segunda categoria, inclui-se a grande maioria de máximas de experiência, cuja característica comum reside na circunstância de serem repetíveis, sob determinadas condições, em decorrência de mesmos fenômenos.[384]

É justamente sob esse aspecto que as máximas de experiência diferem dos juízos plurais, conforme advertiu Stein, também com muita propriedade. A declaração de uma experiência sobre uma pluralidade de casos não representa uma máxima de experiência por si só. Na esteira do exemplo destacado pelo jurista alemão, uma apreciação de que A, B, C e vinte pessoas mais tenham-se comportado de uma determinada maneira em uma determinada situação, como os parentes de um acusado que tenham testemunhado consciente ou inconscientemente a seu favor, não representa mais do que um "juízo plural" sobre as vinte e três pessoas. O fato de que muitos tenham-se comportado assim não confere outro caráter ao juízo. Somente quando se pensam esses casos como aplicação de uma regra – que se apresenta como algo independente e que permite esperá-la em casos ainda não observados –, é que se alcançará uma máxima de experiência de que as pessoas que se encontram em uma determinada situação conduzem-se de uma determinada maneira. Assim, quando se comprova que A encontrou-se, encontra-se ou se encontraria na situação antes determinada de ter que declarar como parente do acusado, poder-se-ia obter uma dessas regrais gerais: devia-se comportar, comportou-se ou se comportaria, em cada caso, da mesma maneira.[385]

Cumpre destacar que a essência das máximas de experiência não é determinada pelo número de observações que tenham sido necessárias para a sua formação, sendo possível admitir que algumas máximas de experiência não tenham adquirido valor maior de hipóteses inseguras e de suposições ou presunções, apesar de milhares de casos observados; por outro lado, outras podem ter sido elevadas à categoria de verdades científicas através de poucas observações, pois o que importa é serem o resultado de uma observação incessante, controlada e ratificada,[386] conforme restará abordado na terceira parte deste trabalho, ao ser examinado o controle da categoria em exame.

Da mesma forma como o objeto de prova, as máximas de experiência não são juízos de verdade, sendo apenas valores aproximados da realidade, na medida em que novos casos observados não mostrem que a formulação da regra empregada até então era falsa. Logo, não são regras estáticas e

---

[384] Friedrich Stein, *El conocimiento privado del juez*, p. 19.

[385] Ibid., p. 20-21.

[386] Ibid., p. 21.

imodificáveis, sendo substancialmente variáveis e relativas[387], valendo para o seu tempo, adequando-se, inclusive, a novas realidades, de acordo com a cultura da sua época, sendo conhecidas por um número indeterminado de pessoas.[388]

Desse modo, as máximas de experiência, enquanto proposições abstratas, enunciam um alto grau de probabilidade. Assim, cada regra geral obtida indutivamente é, por sua natureza, provável, dotada de um grau de probabilidade que se vincula ao número e rigor de observações relativas aos casos experimentados.[389]

No que se refere ao seu conteúdo, a noção de máxima de experiência se caracteriza por sua heterogeneidade. Nela estão inseridas leis científicas e lógicas, noções tratadas pelas ciências naturais e pelas ciências humanas, generalizações empíricas, regras de senso comum, prevalências de comportamento, resultados experimentais adquiridos na valoração das ações humanas, freqüências estatísticas, etc.[390] Trata-se, portanto, de generalizações derivadas daquilo que ordinariamente acontece (*id quod plerumque accidit*),[391] quer no campo da experiência comum, quer no campo da experiência técnica ou científica, o que será analisado posteriormente no exame das espécies de máximas de experiência.

Por fim, essa análise inicial sobre a definição das máximas de experiência e as suas características não estaria completa se não fosse apontada a sua origem ou o seu fundamento. Indubitavelmente, as proposições gerais – que constituem as máximas de experiência – são obtidas indutivamente,[392]

---

[387] Hernando Devis Echandía, *Teoría general de la prueba judicial*, t. 1, p. 168.

[388] Friedrich Stein, *op, cit.*, p. 29-30 e Nicola Mannarino, *Le massime d'esperienza nel giudizio penale e il loro controllo in Cassazione*, p. 84.

[389] Nicola Mannarino, *op. cit.*, p. 70.

[390] Baldassare Pastore, *Giudizio, prova, ragion pratica*: un approccio ermeneutico, p. 174. A esse propósito, quanto ao conteúdo das regras de experiência, Carlo Leone procura distinguir as máximas de experiência das regras lógicas. Alega que, como é sabido, o juiz faz uso, freqüentemente, de uma série de cânones lógicos na reconstrução dos acontecimentos e das provas, os quais são obtidos, muitas vezes, em virtude de lenta e gradual conquista da experiência. No entanto, essas regras lógicas não se confundiriam com as máximas de experiência, porquanto as primeiras seriam diretivas que, em um dado momento, inspiram o modo de raciocinar, enquanto as segundas seriam princípios ou regras de um determinado setor do saber. Exemplificativamente, a influência do parentesco sobre a sinceridade de uma testemunha não decorria de uma máxima de experiência, senão de um princípio lógico adquirido através da experiência pessoal do juiz (*Contributo allo studio delle massime di esperienza e dei fatti notori*, p. 13-15). No entanto, esta terminologia não é exata, sendo pouco elucidativa, na medida em que as regras lógicas também podem derivar da experiência, razão pela qual não se poderia aceitar essa diferenciação sustentada por Carlo Leone entre as regras da experiência e as regras lógicas, conforme argumenta Ettore Dosi, *Sul principio del libero convincimento del giudice nel processo penale*, p. 22.

[391] Baldassare Pastore, *op. cit.*, p. 175.

[392] Nicola Mannarino, *Le massime d'esperienza nel giudizio penale e il loro controllo in Cassazione*, p. 69; Hernando Devis Echandía, *Teoría general de la prueba judicial*, t. 1, p. 277-278; Vicenzo Russo, *La prova indiziaria e il giusto processo*, p. 79; Elício de Cresci Sobrinho, *O juiz e as máximas da experiência*, p. 430; José Carlos Barbosa Moreira, *Regras de experiência e conceitos juridicamente*

mediante a observação do que ordinariamente acontece no mundo físico, pois decorrem de um procedimento que parte do particular para o universal. Assim, pela observação dos fatos singulares, edificam-se as regras de um especial e determinado campo de conhecimento, seja das artes, comércio, indústria, tráficos, etc.[393]

Por conseguinte, as máximas de experiência constituem regras gerais construídas indutivamente com base na experiência relativa a determinados estados de coisas, independentemente de casos concretos, e representam a experiência da cultura média do homem.

2.3. Espécies

A doutrina aponta duas espécies de máximas de experiência: comum e técnica, essa também conhecida por científica.[394]

Como se sabe, são variadas as fontes das regras da experiência, razão pela qual a doutrina procura dividir, em síntese, a experiência em dois grandes grupos, de acordo com a fonte da experiência tratada.

O primeiro grupo corresponde às máximas de experiência comum, que são generalizações empíricas por serem fundadas sobre aquilo que ordinariamente acontece em um dado grupo social (*id quod plerumque accidit*).[395] Fazem parte do patrimônio cultural da sociedade, da cultura do homem médio, inerente à vida em sociedade, do qual o juiz é o representante e intérprete. Nascem da reiteração sucessiva de fatos que ocorrem todos os dias, e, dada a sua identidade, permite-se extrair deles uma máxima que pode ser aplicada toda vez que se apresentem idênticas circunstâncias de fato.[396]

Ressalta-se que não estão inseridas nesse tipo de máximas de experiência aquelas simples noções de senso comum, as quais se referem a sim-

---

indeterminados, p. 13; Paolo Tonini, *A prova no processo penal italiano*, p. 73; e Nelson Palaia, *O fato notório*, p. 50.

[393] Elício de Cresci Sobrinho, *op. cit.*, p. 431.

[394] Francesco Carnelutti, *La prova civile*, p. 74; Elício de Cresci Sobrinho, *O juiz e as máximas da experiência*, p. 433; Salvatore Patti, *Libero convincimento e valutazione delle prove*, p. 499; Enrico Allorio, *Osservazioni sul fatto notorio*, p. 13; AMARAL SANTOS, Moacyr. *Comentários ao Código de Processo Civil*. 3. ed. Rio de Janeiro: Forense, 1982, v. 4, p. 43-44; Cândido Rangel Dinamarco, *Instituições de direito processual civil*, p. 122; SANTOS, Ernane Fidelis dos. O ônus da prova no código do consumidor. *Rev. Dir. Consumidor*. São Paulo: Rev. Tribunais, n. 47, jul./set., 2003, p. 272; e Vicente Greco Filho, *Direito processual civil brasileiro*, p. 196-7.

[395] Nicola Mannarino, *Le massime d'esperienza nel giudizio penale e il loro controllo in Cassazione*, p. 71 e Paolo Tonini, *A prova no processo penal italiano*, p. 55.

[396] Luigi Lombardo, *Prova scientifica e osservanza del contraddittorio nel processo civile*, p. 1.088 e Alfredo Buzaid, *Estudos de Direito*, p. 134.

ples tendências de comportamento humano e possuem um conteúdo factual mínimo, resultado daquilo que se entende justo ou preferível, segundo uma chamada experiência comum. São exemplos de tais noções: quem não chora não está machucado; os bons genitores amam os filhos; quem se ruboriza mente; quem foge é culpado, etc. No seu conjunto, essas noções possuem um elevado componente subjetivo, baseado em proposições genéricas pouco confiáveis que não asseguram conclusões acertadas.[397]

Convém destacar que é inerente às máximas de experiência comum possuir algum componente valorativo, mas esse componente não é intenso como se verifica nas noções comuns anteriormente referidas. Isso porque as máximas de experiência comum possuem um valor objetivo, que permite extrair uma regra com base em elementos empíricos, tornando possível extrair juízos de repetição para casos futuros ainda não observados. Para tanto, o juiz não se vale de elementos subjetivos ou individuais, senão se baseia no que ordinariamente acontece na sociedade na qual ele está inserido e da qual é representante, de acordo com a concepção de "ação social" e "ciência compreensiva", de Max Weber.[398]

Por sua vez, o segundo grupo corresponde àquelas regras da experiência que estão ao alcance do homem médio e "não dependem dos conhecimentos mais profundos de que são portadores os especialistas"[399]; são as chamadas máximas de experiência técnica ou científica,[400] que passam a fazer parte da cultura do homem médio. Ordinariamente são regras de conhecimento mais restrito, provenientes da ciência, arte ou profissão, mas que podem ingressar no patrimônio comum, em consonância com o avanço cultural. Em tal caso, o juiz pode aplicar uma lei científica comumente conhecida a um fato a ser verificado.[401]

---

[397] Nicola Mannarino, *op. cit.*, p. 72.

[398] Como se sabe, o ponto de partida de toda sociologia weberiana reside na "ação social" e no postulado de que a sociologia é uma "ciência compreensiva". Ao enfocar a sociologia da ação, Weber define o caráter daquelas ações humanas que são objeto da sociologia compreensiva e o modo pelo qual elas devem ser apreendidas, no plano conceitual. O decurso do comportamento humano, diz Weber, revela conexões e regularidades. Esse decurso pode ser interpretado pela compreensão, que é obtida pela interpretação, acarretando uma evidência. O grau máximo de evidência, por sua vez, é encontrado no que ele chama de "interpretação racional com relação a fins", que é aquele que "se orienta, exclusivamente, por meios tidos como adequados (subjetivamente) para obter fins determinados, tidos como indiscutíveis (subjetivamente)". Por apresentar uma evidência específica, não significa que o comportamento racional com relação a fins seja a meta da sociologia compreensiva. Este comportamento é o tipo ideal mais apropriado: "tanto a sociologia como a História fazem interpretações sobretudo de caráter pragmático a partir das conexões racionalmente compreensíveis de uma ação". Percebe-se que todo tratamento do objeto da sociologia é remetido às interações entre os homens, no seu aspecto social (WEBER, Max. *Metodologia das ciências sociais*. Tradução de Augustin Wernet. São Paulo: Cortez; Campinas: Ed. Universidade Estadual de Campinas, 1992, v. 2, p. 314 e 315).

[399] Cândido Rangel Dinamarco, *Instituições de direito processual civil*, p. 123.

[400] Luigi Lombardo, *Prova scientifica e osservanza del contraddittorio nel processo civile*, p. 1.088.

[401] Paolo Tonini, *A prova no processo penal italiano*, p. 57.

Como se sabe, existem as chamadas ciências naturais, que abrangem um número crescente de fatos possivelmente relevantes em um processo. Basta pensar no emprego de análises genéticas, especialmente nos testes de DNA. Há, ainda, as chamadas ciências humanas ou sociais, como, por exemplo, a estatística, a sociologia, a psicologia, a psiquiatria, etc.[402]

Em regra, essas noções técnicas são generalizações que estão inseridas em um contexto teórico[403], diferentemente das simples regras comuns. Por isso, as noções técnicas distinguem-se das noções comuns por sua exatidão e concisão científicas.[404] Esta constatação tende a representar uma diferença de grau de generalidade, experimentação e controle entre as duas espécies,[405] o que poderá implicar tratamento probatório diferenciado.

Naturalmente, conforme ressaltado anteriormente, o campo da experiência empírica da máxima de experiência não pode ser definido "a priori", sendo determinado essencialmente por limites transmutáveis, o que vale tanto para as regras da experiência comum como para as da experiência técnica.[406]

Por um lado, o campo da regra técnica (ciência) tende a ampliar-se com a evolução dos conhecimentos e das metodologias científicas: cada nova técnica científica que tenha qualquer utilidade para o conhecimento de fatos juridicamente relevantes vem automaticamente tratada na órbita do mundo do direito e utilizada no processo.[407]

Por outro lado, porém, o campo da regra científica tende a reduzir-se em face da regra comum, embora a passagem das noções científicas da cultura dos especialistas à cultura média se faça lentamente.[408] De fato, o conteúdo da cultura média não muda apenas de lugar a lugar, mas varia também em face do transcurso do tempo, devido a múltiplos fatores, entre os quais assume relevância – além da ideologia, moral, costume, etc. – o progresso do conhecimento técnico-científico.[409]

Há quem entenda, entretanto, que essa diferenciação entre noções de ordem técnica ou comum não é aceitável. Compartilha deste entendimento Mazzarella, para quem não seria possível essa diferenciação, primeiro, porque não se pode precisar onde começa a generalidade do conhecimento de

---

[402] Michele Taruffo, *Senso comum, experiência e ciência no raciocínio do juiz*, p. 115.

[403] Nicola Mannarino, *Le massime d'esperienza nel giudizio penale e il loro controllo in Cassazione*, p. 71.

[404] HENKE, Horst-Eberhard. *La cuestion de hecho* : el concepto indeterminado en el derecho civil y su casacionabilidad (Tradução de Tomas A. Benzhaf). Buenos Aires: E.J.E.A., 1979, p. 96.

[405] Paolo Tonini, *A prova no processo penal italiano*, p. 58.

[406] Luigi Lombardo, *Prova scientifica e osservanza del contraddittorio nel processo civile*, p. 1.090.

[407] Ibid., p. 1.090.

[408] Michele Taruffo, *Senso comum, experiência e ciência no raciocínio do juiz*, p. 114.

[409] Luigi Lombardo, *op. cit.*, p. 1.091-1.092.

uma máxima e, segundo, porque a existência de uma máxima está em uma verdade de ordem geral, e o fato de ser conhecida de um grupo de pessoas mais ou menos extenso não teria relevância alguma.[410] No mesmo diapasão, Barbosa Moreira entende que essa diferenciação é apenas doutrinária, até porque a sua individuação epistemológica é difícil, à medida que todos esses conhecimentos integrem o mesmo patrimônio cultural comum de uma sociedade.[411]

Conquanto tenha razão quanto à natureza comum entre esses dois tipos de máximas de experiência, essa doutrina vai de encontro a uma tradição que procura estabelecer essa diferenciação, cujo fundamento é, sobretudo, de ordem prática. Inegavelmente existe diferença de conteúdo entre as duas espécies de máximas de experiência, diferença essa que se reflete no tratamento probatório e no convencimento judicial, visto que as regras de ordem técnica ou científica tendem a possuir um peso superior no convencimento judicial comparado com as regras da experiência comum[412], de acordo com a análise a ser apreendida na terceira parte deste trabalho.

2.4. Natureza jurídica

Tratar da natureza jurídica de um instituto é tratar da sua essência, do seu conteúdo. Particularmente a definição da natureza das máximas de experiência provoca controvérsia na doutrina.

Independentemente da sua função ou posição que ocupa na estrutura do procedimento probatório, prevalece o entendimento de que a natureza das máximas de experiência consiste em uma regra, dado o seu caráter geral e abstrato, não se tratando de mero fato, tampouco de mera regra jurídica.[413] Na verdade, trata-se de uma terceira categoria, ou, como muito bem colocou Calamandrei, um *tertium genus* lógico que vincula fatos e normas jurídicas.[414]

---

[410] MAZZARELLA, Giuseppe. Appunti sul fatto notorio. *Rev. Dir. Proc. Civ.*, v. 11, pt. 2, 1934, p. 67.

[411] José Carlos Barbosa Moreira, *Regras de experiência e conceitos juridicamente indeterminados*, p. 14.

[412] Raffaello Lupi, *Metodi induttivi e presunzioni nell'accertamento tributario*, p. 67.

[413] J. Montero Aroca, *La prueba en el proceso civil*, p. 50; Elício de Cresci Sobrinho, *O juiz e as máximas da experiência*, p. 431; Hernando Devis Echandía, *Teoría general de la prueba judicial*, t. 1, p. 167; e Paolo Tonini, *A prova no processo penal italiano*, p. 55.

[414] Piero Calamandrei, Massime di esperienza in cassazione. Rigetto del ricorso a favore del ricorrente. *Riv. Dir. Proc. Civ.*, v.2, 1927, p. 128.

O caráter de regra das máximas de experiência é reconhecido por Rosenberg, Shönke, Micheli e Carnelutti.[415]

Há uma corrente filosófica, entretanto, defendida por Hume e seguida por Stuart Mill, que nega a admissibilidade do juízo geral no que se refere à sua existência e validade. Essa doutrina parte do entendimento de que todo o conhecimento não pode ser outra coisa do que relacionado a dados e situações particulares, de modo que a verdade das premissas não contaminaria a verdade geral. Logo, as proposições universais não seriam a soma de singulares observações sobre fatos absolutamente particulares.[416]

Em conformidade com tal orientação filosófica, o máximo que se poderia induzir da observada regularidade de características presentes em um certo número de eventos particulares seria uma ilação hipotética sobre a eventualidade que essas mesmas características venham a apresentar ou sejam apresentadas em casos não observados, o que, em essência, não as diferenciaria qualitativa ou quantitativamente da soma de conhecimentos relativos aos singulares eventos particulares.[417]

Ao negar o juízo geral, Mill aduz que o raciocínio ou a inferência procedem do particular ao particular, e sua passagem está baseada na simples semelhança entre ambos.[418]

Como se observa, essa corrente filosófica representaria uma negação não à categoria das máximas de experiência, quanto à sua relevância, funcionalidade e efetividade, conforme será abordado, senão à sua própria existência enquanto valor cognitivo.[419]

No entanto, essa corrente filosófica não invalida o juízo de caráter geral e abstrato, porque essa passagem inferencial não é uma mera associação de representações, mas uma inferência própria e verdadeira, à medida que é mediada pelo conceito de semelhança, que não é uma simples idéia particular, mas uma idéia universal e geral que é válida.[420]

---

[415] Francesco Carnelutti *apud* Hernando Devis Echandía, *Teoría general de la prueba judicial*, t. 1, p. 170.

[416] Nicola Mannarino, *Le massime d'esperienza nel giudizio penale e il loro controllo in Cassazione*, p. 94-95.

[417] Ibid., p. 95-96.

[418] Ibid., p. 97-98.

[419] Baldassare Pastore adota essa teoria, mas não nega a categoria das máximas de experiência. Em síntese, alega que não se pode reconhecer o seu caráter de regra geral, sendo aceitável apenas o seu caráter de enunciações relativas a um conjunto de conhecimentos referentes a singulares eventos particulares. Dessarte, conforme sustenta o processualista italiano, as máximas de experiência pressuporiam uma idéia de senso comum e uma idéia de normalidade, a qual remete, no confronto da experiência passada e uma experiência presente, a um procedimento de natureza fundamentalmente analógica, que implica um emprego de compreensão voltado a colocar o mundo comum e o comportamento humano na razão do senso. Assim, seria realizada uma inferência do particular ao particular que exigiria um confronto rememorativo baseado sobre as suas semelhanças (*Giudizio, prova, ragion pratica*: un approccio ermeneutico, p. 181- 182).

[420] Nicola Mannarino, *op. cit.*, p. 98.

Desse modo, a passagem do particular ao particular, pela mediação do conceito de semelhança, comporta a formação de uma regra geral, dado que, de casos observados, inferimos o que é verdade nos mesmos e também em casos similares ainda não observados (presentes, passados e futuros). Isso confirma a opinião tradicional, comungada pela maioria dos filósofos, a qual concebe a indução como o procedimento em que do particular se chega ao universal.[421]

De fato, se proposições gerais permitem obter conclusões de caráter probabilístico, é porque evidentemente compreendem um valor de verdade que supera aquele dos dados observados dos quais derivam. Por essa razão, pode-se afirmar que existem, sim, juízos de caráter geral cujo valor cognitivo se estende a casos similares diversos daqueles observados, não de uma maneira absoluta, mas, sim, de forma relativa, o que confirma a natureza das máximas de experiência.[422]

2.5. Posição das máximas de experiência no raciocínio probatório

A doutrina tradicional concebe que, na reconstrução dos fatos, o juiz poderia seguir mecanismos de tipo dedutivo, no qual a premissa maior seria constituída de uma máxima de experiência, a premissa menor do fato percebido ou do fato conhecido, e a conclusão da ilação acerca da existência ou inexistência do fato a provar, conclusão que, por sua vez, seria a premissa menor do verdadeiro e próprio silogismo judicial.[423]

Portanto, as máximas de experiência, segundo essa doutrina, ocupariam a posição de premissa maior, em um raciocínio formal de estrutura silogística, quer ante as provas diretas, quer ante as provas ditas indiretas.[424]

A propósito, mesmo quem entenda que o raciocínio judicial não possa ser concebido como mero silogismo sustenta que as máximas de experiência ocupam, na sua aplicação, a premissa maior do raciocínio, considerando a sua natureza de regra geral.[425]

No entanto essa doutrina não está adequada à moderna concepção da lógica judiciária. Conforme se pôde analisar na primeira parte deste traba-

---

[421] Nicola Mannarino, *op. cit.*, p. 98.

[422] Ibid., p. 100-104.

[423] Ilustrativamente, Francesco Carnelutti, *La prova civile*, p. 62 *et seq.*, e Id., *Massime di esperienza e fatti notori*, p. 639-640.

[424] José Carlos Barbosa Moreira, *Regras de experiência e conceitos juridicamente indeterminados*, p. 16.

[425] É o caso de Michele Taruffo, *Senso comum, experiência e ciência no raciocínio do juiz*, p. 111 e Guido Calogero, *La logica del giudice e il suo controllo in cassazione*, p. 79 *et seq.*

lho, a atividade de averiguação pelo juiz raramente pode contar com regras axiomáticas, não sendo possível afirmar uma conseqüência certa decorrente de uma regra geral a um caso particular, o que afasta a identificação do método dedutivo. Tampouco o raciocínio indutivo é, em regra, utilizável na investigação judiciária, pela simples razão de que não se busca a formulação de uma regra geral a partir da observação de um fato certo. Logo, não partindo da certeza do fato, mas somente do resultado conhecido, não se pode conceber outra coisa a não ser que a investigação judiciária adota o método abdutivo, através do qual se parte de elementos, para reconstrução de um fato que vem afirmado.

Por conseguinte, no estágio atual da elaboração científica, "não se afigura prudente reconhecer peso decisivo a argumento de valor condicionado à sobrevivência da teoria *silogística* do julgamento".[426] Portanto, não se pode, em via de conseqüência, sustentar que as máximas de experiência ocupam a posição da premissa maior no raciocínio dedutivo-probatório. Isso porque seria demasiada simplificação, que não estaria adequada à metodologia moderna.

De fato, os estudos acerca do "círculo hermenêutico" ou "espiral hermenêutica" e "pré-entendimento" ou "pré-compreensão" conduzem à superação do entendimento de que a aplicação do direito ocorre por mera atividade de subsunção, porquanto se infere que há estreita inter-relação entre o juízo de fato e o juízo normativo, os quais são influenciados reciprocamente. Desse modo, percebe-se que o fato não ingressa em bruto ao processo, mas já moldado pela norma jurídica que resolverá o caso concreto, havendo, por isso, conformação entre as questões, o que representa significativo avanço na metodologia jurídica.[427]

Disso resulta que a aplicação do direito envolve uma atividade altamente dinâmica em que se transita das premissas menores às maiores, diversas vezes e sucessivamente, até se conformarem fato e direito. Portanto, fato e direito são conjunto e reciprocamente elaborados. Há um intenso movimento da norma ao fato, do fato à norma, até chegar-se ao produto final de difícil decomposição.[428]

Essa evolução conduz à percepção de que as inferências judiciais, quanto ao juízo de fato, muitas vezes, não são puras e indissociáveis das questões de direito. Assim, não é possível enquadrar a máxima de experiência enquanto regra de natureza geral à posição de mera norma jurídica no

---

[426] José Carlos Barbosa Moreira, *Regras de experiência e conceitos juridicamente indeterminados*, p. 18.

[427] LARENZ, Karl. *Metodologia da ciência do direito*. 3. ed. Tradução de José Lamego. Lisboa: Fundação Calouste Gulbenkian, 1997, p. 287-288, e GADAMER, Hans-Georg. *Verdade e método*. 3. ed. Rio de Janeiro: Vozes, 1999, p. 65.

[428] Hans-Georg Gadamer, *op. cit.*, p. 20.

raciocínio judicial sem incorrer no erro de ignorar o seu conteúdo fático, o que determina, em última análise, a sua substância.

Conclui-se, pois, que as noções de metodologia e hermenêutica estão compatíveis com a concepção de juízo de probabilidade, o que é inerente ao modelo indutivo. Nesse contexto, as máximas de experiência estão inseridas no contexto lógico de natureza de abdução, fornecendo elementos ulteriores de confirmação da decisão. Assim, em sede de formulação da inferência probatória, servem para determinar a probabilidade da existência ou inexistência do fato probando.

Naturalmente não se pretende, nos limites da presente investigação, esgotar a intrincada problemática da posição ocupada pela regra da experiência na lógica judiciária. Interessa chamar a atenção, neste momento, para o fato de que não é aceitável enquadrá-la como simples premissa de um método dedutivo, pois a natureza do processo não permite essa lógica formal. É mais adequado concebê-la em um contexto de conformação tanto da questão de fato como da questão de direito.

2.6. Críticas à categoria

Não obstante sua concepção dogmática, a categoria das máximas de experiência sofre duras críticas doutrinárias.

Não há crítico, na doutrina, mais incisivo contra a relevância jurídica das máximas de experiência do que Michele Taruffo, para quem as máximas de experiência não passam de "enunciações em forma lingüisticamente sintética de uma soma de dados particulares" e nada podem expressar "em torno aos eventos diversos daqueles que constituem o seu restrito conteúdo".[429]

No seu entender, o problema está na origem do instituto, pois o senso comum, por natureza, "é cambiante, heterogêneo, incerto, incoerente, histórica e localmente variável, epistemologicamente dúbio e incontrolável", a ponto de não ser possível atribuir um grau maior de racionalidade e credibilidade ao contexto pela invocação da experiência.[430]

Essa realidade se agrava, conforme aponta o processualista italiano, na sociedade contemporânea, cada vez mais desarticulada e não-homogênea, a despeito das grandes tendências à homogeneização econômica e cultural. Assim, a remissão ao senso comum corre o risco de ficar completamente

---

[429] Michele Taruffo, *Studi sulla rilevanza della prova*, p. 208-210.

[430] Michele Taruffo, *Senso comum, experiência e ciência no raciocínio do juiz*, p. 107.

vazia ou de servir de cobertura a escolhas feitas de modo completamente subjetivo por aqueles que tomaram as decisões.[431]

Assim, Michele Taruffo aponta que o recurso à experiência aponta um "elevado grau de incerteza quanto à possibilidade de remontar a valores fundamentais que, em algum sentido, sejam dotados de *generalidade*, a alguma *consciência comum* ou a uma ética de aceitação geral, bem como à possibilidade de ancorar o raciocínio judiciário em regras racionais, por sua vez gerais também, ou a *standards* que possam permitir um controle intersubjetivo dos fundamentos e das peculiaridades da decisão".[432]

Preocupado, o processualista italiano destaca que é difícil ter-se garantia total sobre o senso comum ou sobre a cultura média de uma coletividade, não somente porque é impossível estabelecê-los, mas também porque abrangem um repertório muito amplo e variado de erros.[433] Portanto, tratando-se de noções ou regras de conteúdo variado, dotadas de estrutura lógica e significados cognitivos diversos e mesmo vagos e indefinidos, entende que qualquer raciocínio fundado sobre as mesmas depende de uma análise crítica do seu contexto.[434]

Conseqüentemente, no seu entender, há substancial falência na tentativa de racionalizar os aspectos não-jurídicos do raciocínio judicial através do conceito de máxima de experiência.[435] Isso porque o seu fundamento careceria de uma forma lógica específica e de uma base cognoscitiva bem definida, pois nada poderia ser considerado verdadeiro ou moralmente aceitável só porque muitas pessoas assim entendem.[436]

Como se percebe, ao criticar a forma lógica específica da máxima de experiência, a doutrina de Michele Taruffo está baseada na concepção milliana que compreende o conhecimento inferencial como passagem do particular ao particular.[437] No entanto, conforme destacado quando do exame da natureza das máximas de experiência, a corrente filosófica defendia por Mill não prevalece porque essa passagem inferencial não é uma mera associação de representações, mas uma inferência própria e verdadeira, na medida em que é mediada pelo conceito de semelhança.[438]

Logo, a passagem do particular ao particular, através da mediação do conceito de semelhança, comporta, sim, a formação de uma regra geral,

---

[431] Michele Taruffo, *Senso comum, experiência e ciência no raciocínio do juiz*, p. 109.

[432] Ibid., p. 111.

[433] Michele Taruffo, *La prova dei fatti giuridici*, p. 308.

[434] Ibid., p. 398.

[435] Michele Taruffo, *Senso comum, experiência e ciência no raciocínio do juiz*, p. 113.

[436] Ibid., p. 113.

[437] Nicola Mannarino, *Le massime d'esperienza nel giudizio penale e il loro controllo in Cassazione*, p. 103.

[438] Ibid., p. 98.

dado que, de casos observados infere-se o que é verdade nos mesmos e isso também em casos similares ainda não observados (presentes, passados e futuros).[439]

Da mesma forma, Guido Calogero critica a categoria, ao desenvolver o seu notável estudo sobre a lógica.[440] Nessa obra, o jurista italiano reexamina toda a estrutura da sentença, opondo-se ao entendimento então dominante que concebia a sentença como um esquema silogístico. Para tanto, afirma a impossibilidade de resolver a argumentação do juiz em esquemas lógicos puramente abstratos. Ao examinar a natureza e as funções das máximas de experiência, ele entende que a categoria não reúne utilidade concreta à ciência processual, diferentemente do entendimento doutrinário dominante.[441]

Guido Calogero aponta, ainda, que a exaltação das máximas de experiência, realizada por Stein, representava, na verdade, uma concreta reação aos limites impostos pelo princípio dispositivo, dominante no processo civil da época. Era uma oposição, portanto, a qualquer idéia de juiz ignorante, limitado excessivamente no seu saber, não sendo admissível assimilá-lo a uma máquina.[442]

Mas isso não representa, no entender do processualista, a utilidade da categoria, porque qualquer reflexão ou decisão por parte do juiz, por mais elementar que seja, pressupõe máximas de experiência, razão pela qual a sua aplicação em um juízo fático não permite que se possa obter qualquer controle no âmbito de competência da jurisdição de cassação, por exemplo.[443]

Conforme se infere, as críticas às máximas de experiência são realizadas sobretudo pela doutrina italiana, o que é até compreensível segundo Walter, pois representam, no seu entender, um temor à reimplantação das provas legais.[444]

Além do mais, a autonomia das máximas de experiência é negada por uma determinada doutrina, que, ao refutar em geral a estrutura silogística do juízo jurisdicional, não reconhece a construção dedutiva do juízo de fato. Segundo essa posição doutrinária, a premissa maior seria inidônea para acrescentar algo àqueles conhecimentos constituídos pelo dado probatório, já que este possui em si o seu valor e contém um intrínseco sig-

---

[439] Nicola Mannarino, *Le massime d'esperienza nel giudizio penale e il loro controllo in Cassazione*, p. 98.

[440] Guido Calogero, *La logica del giudice e il suo controllo in cassazione*, p. 106-107.

[441] Ibid., p. 105.

[442] Ibid., p. 105-109.

[443] Guido Calogero, *La logica del giudice e il suo controllo in cassazione*, p. 105.

[444] Gerhard Walter, *La libre apreciación de la prueba*, p. 362.

nificado. Assim, as máximas de experiência seriam apenas uma arbitrária generalização.[445]

Desse modo, seria errôneo continuar a crer que a valoração do dado probatório se desenvolva sobre a base de um paradigma de todo externo e a ele pré-existente.[446]

Sob determinado aspecto, a crítica realizada por essa autorizada doutrina é procedente, pois certamente não é admissível que o juízo seja resumido a uma inferência de natureza dedutiva. Tampouco se pode admitir que as máximas de experiência atuam abstratamente como uma premissa maior independente do caso concreto,[447] como sustenta a doutrina clássica, principalmente Stein.[448] Da mesma forma, não se pode imaginar que a sua presença garante, por si só, a certeza de um juízo racionável, até porque a estrutura interna da regra de experiência decorre do método indutivo, com o qual o conceito de certeza é incompatível, podendo-se falar apenas de probabilidade estatística.[449]

É necessário, pois, reexaminar as máximas de experiência, de acordo com a evolução da concepção moderna de lógica judiciária, conforme advertem Massimo Nobili[450], Vicenzo Russo[451] e Raffaello Lupi[452], adequada a uma concepção probabilística das argumentações demonstrativas. De forma alguma as críticas não invalidam a importância e a utilidade da categoria em exame, principalmente na formulação do juízo sobre o fato.[453]

Por conseqüência, é inegável que as máximas de experiência desenvolvem ainda hoje uma insubstituível função, e que a sua noção pode ainda ser útil aos estudos processuais, não obstante ter havido uma mudança de clima cultural, devendo-se buscar uma harmonia com as mais recentes tendências que visam a conceber o processo como experiência do caso concreto.[454]

Em conclusão, infere-se que a doutrina que se opõe à autonomia e objetividade das máximas de experiência e também à sua efetividade na valoração das provas é infundada e inaceitável, visto que contrasta com a concreta experiência do juiz, sendo incompatível com a natureza humana,

---

[445] Cf. apontam Nicola Mannarino, *Le massime d'esperienza nel giudizio penale e il loro controllo in Cassazione*, p. 80 e Massimo Nobili, *Nuove polemiche sulle cosidette "massime di esperienza"*, p. 163.

[446] Nicola Mannarino, *op. cit.*, p. 80, e Massimo Nobili, *op. cit.*, p. 163.

[447] Massimo Nobili, *op. cit.*, p. 193.

[448] Ibid., p. 7, entendimento que é seguido por Nicola Mannarino, *op. cit.*, p. 109 *et seq.*

[449] Vicenzo Russo, *La prova indiziaria e il giusto processo*, p. 79.

[450] Massimo Nobili, *Nuove polemiche sulle cosidette "massime di esperienza"*, p. 167 *et seq.*

[451] Vicenzo Russo, *op. cit.*, p. 79 e 171.

[452] Raffaello Lupi, *Metodi induttivi e presunzioni nell'accertamento tributario*, p. 63.

[453] Gian Franco Ricci, *Prove e argumenti di prova*, p. 1.096 (nota 123).

[454] Massimo Nobili, *Nuove polemiche sulle cosidette "massime di esperienza"*, p. 126.

na medida em que é impossível valorar fatos e normas fora da experiência, até porque, enquanto fenômeno do pensamento, a lógica não é regulada por leis formais e jurídicas.[455]

2.7. Diferenças entre máximas de experiência e fatos notórios

É oportuno recordar que as máximas de experiência e os fatos notórios não estão inseridos propriamente no que se convencionou chamar de ciência privada do juiz. Portanto, são categorias que prescindem de prova para ingressarem no processo,[456] situando-se no patrimônio de noções comuns e pacificamente acolhidas em um determinado círculo social, o que pode ser denominado genericamente de cultura em sentido lato[457]. Nela estão compreendidas não apenas as noções que se aprendem na escola e que representam o resultado de um estudo científico mais ou menos aprofundado, mas também todo o complexo de conhecimentos empíricos extraídos da experiência ou da tradição, que qualquer homem vivente em sociedade possui em decorrência do fato de pertencer a um determinado círculo social.[458]

Sem embargo, há distinções possíveis, úteis e necessárias entre as duas categorias que precisam ser bem delineadas para que o exame não seja equívoco e incerto, delimitando-se os distintos tratamentos jurídicos.[459]

Inicialmente convém apontar, ao menos, a definição de fato notório, para que se possa partir para a análise de ambas as categorias, já que a noção de máximas de experiência já foi apresentada. Logicamente não se pretende apresentar uma noção definitiva, o que seria impossível neste trabalho, ainda mais quando a noção semântica de notoriedade apresenta-se tão discutida pela ciência processual.[460] Almejando uma simplicidade, pode-se dizer que o fato notório é aquele conhecido pela generalidade de uma determinada sociedade no momento e no lugar em que se desenvolve o processo.[461] O requisito essencial para determinar a notoriedade deve ser a possibilidade que qualquer um tenha de, utilizando os meios normais de

---

[455] Nicola Mannarino, *Le massime d'esperienza nel giudizio penale e il loro controllo in Cassazione*, p. 87; Elício de Cresci Sobrinho, *O juiz e as máximas da experiência*, p. 434; Valentin Silva Melero, *La prueba procesal*: teoría general, p. 59; Mariano Menna, *Logica e fenomenologia della prova*, p. 61; Carlos Alberto Alvaro de Oliveira, *Problemas atuais da livre apreciação da prova*, p. 49 e Ernane Fidelis dos Santos, *O ônus da prova no código do consumidor*, p. 275.

[456] Piero Calamandrei, *Per la definizione del fatto notorio*, p. 292.

[457] Ibid., p. 293.

[458] Piero Calamandrei, *Per la definizione del fatto notorio*, p. 293.

[459] Carlo Leone, *Contributo allo studio delle massime di esperienza e dei fatti notori*, p. 3 *et seq.*

[460] Hernando Devis Echandía expõe, resumidamente, as doutrinas alemã, italiana, espanhola, americana e sulamericana sobre o fato notório (*Teoría general de la prueba judicial*, t. 1, p. 211-217).

[461] Joan Picó i Junoy, *El derecho a la prueba en el proceso civil*, p. 50.

informação, chegar ao conhecimento do fato.[462] Portanto, são aqueles fatos da vida social, humana ou natural que, em determinadas condições de tempo e de lugar, são conhecidos ou passam a ser conhecidos por todos.[463]

A propósito, convém apontar que alguns autores, principalmente alemães, além da notoriedade geral referida anteriormente, reconhecem a chamada notoriedade judicial, noção que teve origem no direito comum alemão. Trata-se de fatos conhecidos pelo juiz ou tribunal como instituição, em razão de sua atividade oficial ou de processos anteriores de qualquer natureza.[464]

Ao dedicar-se ao tema, Stein chega a tratar de três categorias: "fatos notórios fora do processo", "o notório para o tribunal" e "o conhecimento especificamente judicial". A primeira categoria seria a notoriedade geral referida pela doutrina majoritária. É aquela peculiaridade que converte um fato em notório, em face da maneira como o fato aconteceu ou do modo como o fato foi divulgado, tendo como fatores determinantes o tempo e o lugar. Existiria a notoriedade fora do processo quando os fatos são tão generalizadamente percebidos ou divulgados, sem refutação e com uma generalidade tal, que um homem razoável e com experiência de vida pode declarar-se tão convencido deles como pode o juiz no processo. Já o "notório para o tribunal" representa aquilo que interessa ao processo. São os fatos do domínio público de cuja notoriedade pré-processual participam os juízes, na sua condição de privados, seja qual for a forma que tenha alcançado o seu conhecimento. Notório será aquele fato, pois, que é publicamente reconhecido como tal. Por fim, a terceira categoria, do "conhecimento especificamente judicial", assemelha-se à noção de notoriedade judicial, representando aquele conhecimento obtido pelos juízes no exercício de sua atividade. No entanto Stein procura estabelecer certos limites à admissão desse conhecimento específico, por temer que se possa excluir a prova sob o fundamento qualquer de que se trata de fatos judicialmente notórios. Assim, sustenta que são suscetíveis de conhecimento especificamente judicial aqueles fatos que consistem na própria atuação oficial do juiz, que os conhece ou oficialmente os tenha percebido se, ao mesmo tempo, possuem um caráter geral que os faça aptos a se converterem em fatos do conhecimento público, pressupondo-se sempre que o juiz os recorde de forma convincente.[465]

Entretanto a grande maioria dos processualistas não incluem, na noção de notoriedade, os fatos conhecidos pelo juiz em virtude de suas funções judiciais. Isso porque é muito difícil distinguir o conhecimento pessoal do juiz da chamada notoriedade judicial, na medida em que tais fatos não

---

[462] José Carlos Barbosa Moreira, *Prueba y motivación de la sentencia*, p. 113.

[463] Gennaro Roberto Pistolese, *La prova civile per presunzioni e le cosiddette massime di esperienza*, p. 62.

[464] Hernando Devis Echandía, *Teoría general de la prueba judicial*, t. 1, p. 220 e 221.

[465] Friedrich Stein, *El conocimiento privado del juez.*, p. 133-156.

são conhecidos pelas partes ou pelos seus procuradores, o que inviabiliza o debate inerente à ampla defesa e ao contraditório.[466]

Por conseguinte, uma vez estabelecida a noção de fatos notórios, cumpre examinar as diferenças entre essa categoria e as máximas de experiência. Sem dúvida alguma, a primeira diferença apontada pela doutrina decorre da constatação de que as máximas de experiência concernem a juízos abstratos, regras científicas, princípios que disciplinam alguns setores do pensamento humano, abstrações induzidas da experiência da vida e, portanto, constituem o resultado de um processo indutivo do qual o homem extrairá a regra para resolver problemas que sejam suscetíveis a tais juízos. Ao oposto, os fatos notórios constituem acontecimentos concretos, de caráter natural e humano, semelhantes em substância a todos os múltiplos acontecimentos que se realizam na vida.[467]

Trata-se, por conseguinte, de conceitos fundados sobre princípios diversos: o primeiro baseado sobre a experiência prática representada por aquilo que ordinariamente acontece, enquanto o segundo é fruto da consciência geral de um fato específico.[468]

Sob esse enfoque, Stein pôs em evidência a distinção entre as duas categorias, referindo as diferentes posições que as máximas de experiência e as afirmações sobre fatos notórios assumem na lógica judiciária. Por ser defensor do juízo como atividade meramente silogística, dada a concepção positivista do Direito reinante na época, o processualista alemão destaca que as máximas de experiência situam-se na premissa maior do silogismo, enquanto os fatos notórios formam a premissa menor como todas as afirmações sobre a existência de fatos singulares.[469]

A segunda diferença diz respeito ao caráter do conteúdo das duas categorias. As máximas de experiência, por seu elevado caráter de abstração e generalidade, são relativas, tendo em vista que estão condicionadas ao tempo e lugar de uma determinada sociedade. Já os fatos notórios são isentos dessa nota de relatividade quanto ao seu conteúdo, não podendo sofrer

---

[466] Hernando Devís Echandía, *Teoría general de la prueba judicial*, t. 1, p. 221.

[467] Carlo Leone, *Contributo allo studio delle massime di esperienza e dei fatti notori*, p. 6; Nicola Mannarino, *Le massime d'esperienza nel giudizio penale e il loro controllo in Cassazione*, p. 68; Luigi Lombardo, *Prova scientifica e osservanza del contraddittorio nel processo civile*, p. 1.085; UBERTIS, Giulio. *La logica del giudizio: il ragionamento inferenziale, i fatti notori e la scienza privata, le massime d'esperienza, il sillogismo giudiziale*. Disponível em: http://www.csm.it. Acesso em: 17 mar. 2003; Valentin Silva Melero, *La prueba procesal*: teoria general, p. 58; Gennaro Roberto Pistolese, *La prova civile per presunzioni e le cosiddette massime di esperienza*, p. 62 e Lorenzo Carnelli, *O fato notório*, p. 200.

[468] Gennaro Roberto Pistolese, *op. cit.*, p. 62.

[469] Friedrich Stein, *El conocimiento privado del juez*, p. 7-16, cujo entendimento é citado por Piero Calamandrei, *Per la definizione del fatto notorio*, p. 291; Massimo Nobili, *Nuove polemiche sulle cosidette "massime di esperienza*, p. 138 e Gerhard Walter, *La libre apreciación de la prueba*, p. 296. A propósito, esse entendimento é sustentado, inclusive, por aqueles que concebem que o processo é composto de uma série de silogismos e não apenas de um (ilustrativamente, Carlo Leone, *op. cit.*, p. 11).

modificações e, muito menos, ser cancelados, embora a notoriedade possua limites espaciais, temporais e sociais.[470]

A terceira distinção apontada pela doutrina refere-se à extensão das categorias em exame. Enquanto as máximas de experiência pertencem ao patrimônio cultural de um vasto círculo social, fruto do estudo do homem (p. ex., as regras da matemática e da física, reconhecidas universalmente), os fatos notórios pertencem a um círculo social mais restrito, representando a *communis opinio* sobre determinados acontecimentos da vida.[471]

Pode-se apontar ainda uma quarta diferença entre as duas categorias, decorrente da sua natureza. Por serem regras, a violação às máximas de experiência pode ensejar, em determinadas hipóteses, o controle do juízo de cassação ou revisão, diferentemente do que ocorre com os fatos notórios.[472]

Há, todavia, quem entenda que a diferenciação entre as duas categorias, embora possível teoricamente, não reveste importância prática, visto que ambas se inserem na mesma cultura média, como sustentam Calamandrei[473] e Allorio.[474]

No entanto, esses críticos não têm razão, porquanto a distinção tem importância, sobretudo para determinar os limites do controle desses dois institutos no âmbito das decisões judiciais, o que será devidamente examinado na terceira parte deste trabalho. Adiante-se, por ora, que as regras de experiência podem ser revisáveis pelos tribunais superiores, com base na unidade do Direito, ao passo que os fatos notórios não o podem.[475]

2.8. Diferenças entre máximas de experiência, presunções e indícios

Cumpre examinar, neste momento, essas três categorias do direito probatório, as quais são, freqüentemente, confundidas no dia-a-dia forense, confusão esta que se estende desde o plano legal até o doutrinário.[476]

---

[470] Carlo Leone, *op. cit.*, p. 8.

[471] Ibid., p. 8-11.

[472] PAVANINI, Giovani. Massime di esperienza e fatti notori in corte di cassazione. *Rev. Dir. Proc. Civ.*, v. 3, n. 1, p. 262. 1937 e Elio Fazzalari, *Il giudizio civile di cassazione*, p. 88-97.

[473] Piero Calamandrei, *Per la definizione del fatto notorio*, p. 293.

[474] Enrico Allorio, *Osservazioni sul fatto notorio*, p. 13.

[475] Gerhard Walter, *La libre apreciación de la prueba*, p. 314.

[476] Ilustrativamente, tanto na doutrina como em certas legislações, indícios e presunções foram expressões usadas como similares, integrando a mesma espécie denominada de prova indireta ou circunstancial (COELHO, Walter. *Prova indiciária em matéria criminal*. Porto Alegre: Sergio Antonio Fabris,

Tradicionalmente as presunções são divididas em duas espécies: as presunções legais (previamente estabelecidas pelo legislador), subdivididas, por sua vez, em relativas ou *iuris tantum* e absolutas ou *iuris et de iure*, e as presunções simples, também chamadas de *praesumptiones hominis*.[477]

Ambas comportam estrutura própria e perseguem diferentes valores. As presunções legais dizem respeito ao direito material, conquanto se conectem à teoria da prova. Porém não chegam a proporcionar elementos de prova, senão dispensam de prova aqueles em cujo benefício funcionam, dando por certos determinados fatos. Por serem previstas na lei, as presunções legais possuem um número mais restrito. Já as presunções simples dizem respeito ao direito probatório, visto que atuam no procedimento indutivo e na prova indireta. Por sua natureza, as presunções simples são potencialmente ilimitadas, dado que são vinculadas aos fatos humanos.[478]

Sinteticamente pode-se definir que as presunções legais relativas são normas jurídicas que, em consideração a certos valores, impõe-se ter por verdadeira uma determinada situação até que se prove em contrário, não proporcionando qualquer informação empírica. O exemplo corrente da doutrina é o princípio da inocência. Da mesma forma, as presunções legais absolutas também são normas jurídicas que, para proteção de determinados valores e em presença de certas circunstâncias, estabelecem a verdade sobre certos fatos. Todavia não admitem prova em contrário. Um exemplo clássico é a coisa julgada.[479]

Trata-se, portanto, de presunções estabelecidas pela lei, cuja diferença está no grau de verdade ou de certeza existente entre o fato conhecido e o fato desconhecido. Enquanto as absolutas possuem um caráter de verdade a ponto de sequer permitir a prova em contrário, as relativas apresentam uma forte probabilidade, suscetível de ser afastada por uma prova em contrário.[480]

Dado o objeto do trabalho, interessa-nos examinar tão-somente as presunções simples ou *hominis* e o papel que desempenham no procedimento probatório, para que sejam devidamente discernidas as categorias em exame e a sua funcionalidade, embora seja inegável que as presunções legais também tenham vinculação com as máximas de experiência. Isso porque a origem dessas presunções, muitas vezes, está na experiência que restou cristalizada ao longo do tempo a ponto de motivar o legislador a transfor-

---

1996. p. 17 e Isabella Rosoni, *Quae singula non prosunt, collecta iuvant; la teoria della prova indiziaria nell'età medievale e moderna*, p. 98).

[477] Marina Gascón Abellán, *Los hechos en el derecho*, p. 137 e Moacyr Amaral Santos, *Prova judiciária no cível e comercial*, v. 5, p. 351.

[478] Marina Gascón Abellán, *op. cit.*, p. 137; Isabella Rosoni, *Quae singula non prosunt, collecta iuvant; la teoria della prova indiziaria nell'età medievale e moderna*, p. 159-160 e Moacyr Amaral Santos, *op. cit.*, p. 471.

[479] Marina Gascón Abellán, *Los hechos en el derecho*, p. 138-151.

[480] Isabella Rosoni, *op. cit.*, p. 159.

mar regras até então de comum experiência em regras legais, buscando-se dispensar a prova daquilo que ordinariamente acontece, por razões sobretudo de efetividade e economia. E justamente por dispensar a atividade probatória nesses casos, absoluta ou relativamente, é que passarão a ser analisadas somente as presunções simples.

Em substância, as presunções simples são conseqüências, assunções ou ilações que o juiz extrai dos fatos da causa ou de suas circunstâncias, nos quais assenta a sua convicção quanto ao fato *probando*, atendendo à ordem natural das coisas.[481] Portanto, as presunções simples são o resultado de uma indução que parte de um fato conhecido para chegar a um fato desconhecido.[482] Conseqüentemente, resultam da inferência formulada pelo juiz, que chega a uma conclusão concernente ao fato a provar (o "fato ignorado"), movendo-se de um outro fato já conhecido ou provado (o "fato conhecido") que serve de premissa para o raciocínio, freqüentemente fundado sobre máximas de experiência, o que denota razoável probabilidade.[483]

A caracterização das presunções simples permite constatar que não se trata de um meio de prova, mas sim de uma atividade intelectual ou um procedimento de prova consistente em inferir, a partir de um fato provado (indício) e de uma regra de experiência, a existência de um fato desconhecido.[484]

Já o termo indício consiste no "fato conhecido", no "enunciado factual" ou no "fato base" do qual se parte para alcançar o "fato desconhecido".[485] Assim, o indício constitui aquilo em que se funda o raciocínio do juiz para chegar ao "fato probando",[486] ou a "fonte" que representa a premissa da inferência indutiva.[487] É indício, por conseguinte, qualquer coisa, circunstância ou comportamento que o juiz entende significativo enquanto possa derivar conclusões relativas ao fato a provar,[488] vale dizer, "rastro, vestígio, pegada, circunstância e, em geral, todo fato conhecido ou, de-

---

[481] Moacyr Amaral Santos, *Prova judiciária no cível e comercial*, v. 5, p. 435.

[482] Gennaro Roberto Pistolese, *La prova civile per presunzioni e le cosiddette massime di esperienza*, p. 42 e Marina Gascón Abellán, *Los hechos en el derecho*, p. 151.

[483] Michele Taruffo, *La prova dei fatti giuridici*, p. 444.

[484] Marina Gascón Abellán, *op. cit.*, p. 152; Manuel Maria Estrampes, *La minima actividad probatoria en el proceso penal*, p. 228; Cândido Rangel Dinamarco, *Instituições de direito processual civil*, p. 113 e 124-5, e Vicente Greco Filho, *Direito processual civil brasileiro*, p. 195.

[485] Raffaello Lupi, *Metodi induttivi e presunzioni nell'accertamento tributario*, p. 56 e Manuel Maria Estrampes, *La minima actividad probatoria en el proceso penal*, p. 227.

[486] Moacyr Amaral Santos, *Prova judiciária no cível e comercial*, v. 5, p. 352.

[487] A lei processual penal brasileira define, em termos concisos, o que é um indício: "Art. 239. Considera-se indício a circunstância conhecida e provada que, tendo relação com o fato, autorize, por indução, concluir-se a existência de outra ou outras circunstâncias", dispositivo que não tem igual previsão no Código de Processo Civil brasileiro.

[488] Michele Taruffo, *La prova dei fatti giuridici*, p. 452.

vidamente comprovado, suscetível de levar-nos, por via da inferência ao conhecimento de outros fatos desconhecidos".[489]

Note-se, por conseqüência, que o indício não é tampouco um meio de prova, senão um dado fático que deve ser objeto de demonstração através dos meios de prova previstos e admitidos (testemunhal, documental, pericial, inspeção judicial, etc.).[490]

Naturalmente a formação e a força probante da presunção dependem da qualidade dos indícios verificados, dado que consistem no fundamento dessas ilações, a fim de que possam formar a convicção judicial. A propósito dessa questão, discute-se se os indícios têm um mesmo valor probatório de uma prova, se é possível basear o convencimento com base em um único indício, etc. É no direito processual italiano, no entanto, que as bases dogmáticas dessa categoria começaram a ser assentadas, partindo-se do entendimento de que o juiz possa utilizá-los desde que sejam graves (quanto à intensidade do convencimento), precisos (inequívocos) e concordantes (pluralidade convergente para o mesmo objeto), nos termos do art. 192 do Código de Processo Penal italiano e art. 2.729 do Código Civil italiano.[491] Porém, muito ainda se discute a respeito, principalmente quanto ao procedimento de aquisição do indício e quanto às suas regras de exclusão.[492]

Em termos comparativos entre essas duas primeiras categorias, indício e presunção remetem sabidamente a dois núcleos lógicos diversos, ou, se preferirmos, a dois momentos diversos do mesmo processo lógico: o primeiro está vinculado diretamente ao fato a provar; o segundo possui, com o fato, um vínculo de tipo argumentativo. Assim, no raciocínio indutivo, o indício representa a causa, isto é, o "fato conhecido", e a presunção representa o efeito, isto é, o conhecimento do fato antes ignorado.[493]

Portanto, o indício não é equivalente à presunção senão que constituiu o seu "fato base", o seu ponto de apoio. Enquanto o indício é o elemento inicial de que parte a presunção, esta é a atividade intelectual do julgador, que, partindo do indício, afirma um fato distinto, porém relacionado logi-

---

[489] Dellepiane *apud* Walter Coelho, *Prova indiciária em matéria criminal*, p. 20.

[490] Manuel Maria Estrampes, *La minima actividad probatoria en el proceso penal*, p. 228.

[491] Isabella Rosoni, *Quae singula non prosunt, collecta iuvant; la teoria della prova indiziaria nell'età medievale e moderna*, p. 163; Raffaello Lupi, *Metodi induttivi e presunzioni nell'accertamento tributario*, p. 54-55 e Moacyr Amaral Santos, *Prova judiciária no cível e comercial*, v. 5, p. 442. A propósito, Moacyr Amaral Santos destaca que o Código Civil francês estabelece as mesmas exigências de caracteres dos indícios: "Art. 1.353. As presunções, que não são estabelecidas pela lei, são confiadas à ciência e prudência do magistrado, que só deve admitir presunções graves, precisas e concordes e somente nos casos em que a lei admite prova testemunhal" (*op. cit.*, p. 472-473). Flagrantemente, há uma imprecisão, pois "graves, precisas e concordes" não são as presunções senão os indícios. É um exemplo da confusão legal inicialmente apontada.

[492] Giovanni Verde, *La prova nel processo civile (profili di teoria generale)*, p. 14-18.

[493] Moacyr Amaral Santos, *Prova judiciária no cível e comercial*, v. 5, p. 353.

camente com o primeiro.[494] Desse modo, a presunção enquanto atividade intelectual nasce do indício que faz o juiz crer que os fatos tenham ocorrido de uma determinada maneira mediante um raciocínio ou conjectura.[495]

Conseqüentemente, nessa operação mental, parte-se do concreto ao abstrato. Como o próprio nome sugere ("index"), o indício está a indicar a direção da investigação probatória, apontando para o fato principal (fato *probando*).[496] Logo, a partir de um fato conhecido (indício), o juiz formula deduções sobre outro (fato desconhecido), para extrair do primeiro deles conclusões indutivas sobre o segundo (presunção simples).[497] Assim, o indício consiste num particular elemento de prova, enquanto a presunção representa o resultado da avaliação da prova.[498]

Apresentados os conceitos de presunção e indício, percebe-se que ambas as categorias estão intimamente vinculadas às máximas de experiência, porquanto atuam conjuntamente no método probatório da prova indireta, não obstante exerçam funções diversas.

Conforme se pôde constatar, nas presunções simples, parte-se de enunciado factual diverso daquele que se pretende demonstrar, mas a ele vinculado por uma posterior relação lógico-semântica.[499] O fundamento dessa ilação probatória consiste justamente nas máximas de experiência, seja de caráter técnico ou científico, seja de caráter comum (*id quod plerumque accidit*), as quais permitem a passagem lógica de um a outro enunciado de fato[500], à medida que a atividade de pensamento não se desenvolve desordenadamente. O fato conhecido (indício) se relaciona à regra geral (máxima de experiência). Com ambos, chega-se ao resultado deste processo lógico, isto é, ao fato desconhecido (presunção), como causa ou efeito.[501]

Por isso, o termo presunção remete sobretudo a uma idéia de provável, tendo em vista que se move sobre o terreno do senso comum, daquilo

---

[494] Manuel Maria Estrampes, *La minima actividad probatoria en el proceso penal*, p. 227-228.

[495] Isabella Rosoni, *Quae singula non prosunt, collecta iuvant; la teoria della prova indiziaria nell'età medievale e moderna*, p. 98-100 e p. 160; e Francesco Carrnelutti, *La prova civile*, p. 84-94.

[496] Isabella Rosoni, *op. cit.*, p. 110 e Alessandro Giuliani, *Il concetto di prova (contributo alla logica giuridica)*, p. 168.

[497] Walter Coelho, *Prova indiciária em matéria criminal*, p. 21.

[498] Moacyr Amaral Santos, *Prova judiciária no cível e comercial*, v. 5, p. 351.

[499] Raffaello Lupi, *Metodi induttivi e presunzioni nell'accertamento tributario*, p. 30.

[500] Michele Taruffo, *Senso comum, experiência e ciência no raciocínio do juiz*, p. 106; José Carlos Barbosa Moreira, *Regras de experiência e conceitos juridicamente indeterminados*, p. 14; Vicenzo Russo, *La prova indiziaria e il giusto processo*, p. 174; Gian Franco Ricci, *Le prove illecite nel processo civile*, p. 1.060-1.061; CHIOVENDA, Giuseppe. *Instituições de Direito Processual Civil*. Campinhas: Bookseller, 2000, v. 3, p. 165; Lorenzo Carnelli, *O fato notório*, p. 184-8 e Vicente Greco Filho, *Direito processual civil brasileiro*, p. 196.

[501] Moacyr Amaral Santos, *Prova judiciária no cível e comercial*, v. 5, p. 360.

que ordinariamente acontece.[502] Vale dizer, dessarte, que se trata de um princípio derivado da ordem natural das coisas, isto é, do que comumente acontece, permitindo a formação da convicção judicial.[503]

Dessa forma, verificam-se as diferenças entre as categorias em exame, principalmente quanto às distintas funções que exercem no procedimento lógico indutivo. Resumidamente, o indício representa o fato certo que, por inferência lógica baseada em uma máxima de experiência, permite chegar-se à demonstração de um fato incerto, o que representará uma presunção simples.[504]

2.9. Diferenças entre máximas de experiência e argumentos de prova

Os argumentos de prova têm despertado interesse da doutrina, especialmente dos processualistas italianos, sobretudo porque se trata de categoria prevista no art. 116, § 2º, do CPC italiano,[505] portanto, típica e disciplinada pela lei.

Enquanto categoria, esses argumentos representam uma série de eventos ou comportamentos, dos quais o juiz pode extrair argumentos de prova. Exemplificativamente pode-se obter argumento de prova por meio das respostas oferecidas pelas partes no interrogatório, da refutação injustificada a consentir com a inspeção judicial, da ausência injustificada da parte, etc. Em síntese, o comportamento das partes, de um modo geral, expressa o argumento de prova clássico e mais referido pela doutrina.[506]

O ponto de vista tradicional da doutrina concebe que esses eventos ou comportamentos servem para valorar as outras provas, na medida em que funcionam como critérios para essa valoração, não fornecendo elementos de conhecimento sobre os fatos a provar, diferentemente de outros fenômenos como as provas e as presunções, destinadas à demonstração do fato. Por conseqüência, em uma escala de valores probatórios, Michele Taruffo sustenta que os argumentos de prova, quanto à sua eficácia, situam-se em

---

[502] Isabella Rosoni, *Quae singula non prosunt, collecta iuvant; la teoria della prova indiziaria nell'età medievale e moderna*, p. 102 e Cândido Rangel Dinamarco, *Instituições de direito processual civil*, p. 115.

[503] Moacyr Amaral Santos, *op. cit.*, p. 363.

[504] Vicenzo Russo, *La prova indiziaria e il giusto processo*, p. 182.

[505] Art. 116 do CPC italiano: "Il giudice deve valutare le prove secondo il suo prudente apprezzamento, salvo che la legge disponga altrimenti. Il giudice può desumere argomenti di prova dalle risposte che le parti gli danno a consentire le ispezioni che egli ha ordinate e, in generale, dal contegno delle parti stesse nel processo".

[506] Michele Taruffo, *La prova dei fatti giuridici*, p. 453.

uma posição inferior às provas em sentido próprio. Conseqüentemente, não podem fornecer a prova de um fato, tendo função apenas acessória no contexto da valoração probatória.[507]

Defendendo posição divergente, Ricci afirma que a decisão do juiz pode basear-se somente sobre o comportamento processual das partes, na hipótese de haver significado unívoco e insuscetível de dúvida sobre o juízo de fato.[508] Da mesma forma, Cappelletti afirma que é inaceitável a tese de que os argumentos de prova não teriam plena eficácia probatória.[509]

Independentemente dessa discussão, é ao menos incontroverso na doutrina que os argumentos de prova servem de critérios para valoração das provas produzidas, tal como as máximas de experiência podem ser utilizadas. Outrossim, entende-se que os argumentos de prova têm a função de poderem unir-se às provas obtidas por outras vias, a fim de reforçar a íntima convicção do magistrado.[510]

Percebe-se, assim, que existem semelhanças entre os argumentos de prova e as máximas de experiência, o que restará evidenciado na terceira parte deste trabalho, ao ser analisada a função das máximas de experiência em relação às provas diretas e indiretas. Por ora, basta destacar que as máximas de experiência podem servir para o juiz avaliar a credibilidade das provas produzidas, quer sejam diretas, quer sejam indiretas, tal como o faz com base nos argumentos de prova. Ainda quanto às semelhanças dos institutos, poder-se-ia dizer que os argumentos de prova também podem decorrer da experiência comum.[511]

Dessas críticas se poderia concluir que, ou as duas categorias se confundem ou uma delas não tem razão de ser. No entanto as coisas não são assim, visto que há diferenças entre as duas categorias, as quais precisam ser destacadas, sob pena de incorrer-se em equívocos.

Ao estudarmos a definição e as características das máximas de experiência, percebemos que freqüentemente há uma série de hipóteses que não enunciam proposições aproximadas da generalidade dos casos, mas somente simples prevalências de comportamentos ou tendências. Ilustrativamente, "quem escapa é culpado", "quem se ruboriza está mentindo", etc. são postulados que não podem absolutamente dar a mesma segurança das máximas de experiência. Isso porque esses comportamentos ou eventos, embora

---

[507] Michele Taruffo, *La prova dei fatti giuridici*, p. 456-458.

[508] Gian Franco Ricci, *Prove e argomenti di prova*, p. 1.041-1.042.

[509] CAPPELLETTI, Mauro. *La testimonianza della parte nel sistema dell'oralità*. Milano: Giuffrè, 1962, v. 1, p. p. 92.

[510] Gian Franco Ricci, *op. cit.*, p. 1.101.

[511] Michele Taruffo, *La prova dei fatti giuridici*, p. 456.

extraídos da observação do que freqüentemente acontece, não decorrem daquilo que acontece sempre.[512]

A distinção é importante porque essas situações, geradas precipuamente por comportamentos humanos, não são tais a ponto de submeter o juiz àquele vínculo que existe para com as máximas de experiência. De fato, a veracidade sobre o comportamento do homem não se pode descobrir uma vez para todos, dado que ocorre em caso singular, não se podendo estender a outros ainda não verificados.[513]

Essencialmente as máximas de experiência expressam juízos de caráter geral, cujo valor cognitivo se estende a casos similares diversos daqueles observados. Ilustrativamente o juízo de que a chuva torna mais escorregadia a estrada é uma máxima de experiência extraída da experiência comum. Trata-se de uma constatação que pode ser aplicada em casos ainda não enfrentados.

Por seu turno, os argumentos de prova expressam eventos e acontecimentos que ocorrem concretamente no processo, os quais não podem ser aplicados, de forma abstrata e indistinta, a casos futuros, sob pena de incorrer-se em generalizações e arbitrariedades. Logo, não enunciam proposições referentes à generalidade, mas somente predicados referentes aos casos observados até um certo momento e, como tais, suscetíveis de serem sucessivamente desmentidos.[514] Por exemplo, a oposição da parte à apresentação de um documento pode representar um argumento de prova. No entanto esse comportamento está vinculado ao caso concreto e, portanto, às suas circunstâncias fáticas, não se podendo extrair desse comportamento humano uma regra geral aplicável a casos similares, pois a negativa de apresentação desse documento pode representar razões das mais variadas, o que impede a formação de um juízo abstrato e *a priori*.

Comparando-se as duas categorias, podem-se trazer à baila vários outros casos que evidenciam diferenças. Por exemplo, é uma máxima de experiência aquela em que uma longa marca de freio de pneu faz presumir uma elevada velocidade do automóvel. Trata-se de uma proposição que fornece um grau de suficiente certeza e que pode ser utilizada como parâmetro para uma análoga valoração em cada caso similar. O mesmo não se pode dizer da proposição "quem se ruboriza está mentindo", porque se pode ruborizar também por emotividade, tensão nervosa, etc. Por isso, esse comportamento poderá ter um preciso valor somente para o caso concreto.[515]

Por conseguinte, há uma diferença de eficácia entre as duas categorias. Enquanto os argumentos de prova possuem um valor probabilístico

---

[512] Gian Franco Ricci , *Prove e argomenti di prova*, p. 1.099.

[513] Ibid., p. 1.099.

[514] Massimo Nobili, *Nuove polemiche sulle cosidette "massime di esperienza"*, p. 186.

[515] Gian Franco Ricci , *Prove e argomenti di prova*, p. 1.100 (nota 134).

inferior, as máximas de experiência possuem uma força probatória superior, na medida em que tendem a um valor constante.[516] Nesse aspecto, corroborando a diferença de eficácias, a doutrina tradicional ressalta que as máximas de experiência podem determinar por si só a prova de um fato. Já os argumentos de prova não o podem, desempenhando uma função apenas acessória no contexto da valoração probatória.[517]

---

[516] Gian Franco Ricci , *Prove e argomenti di prova*, p. 1.100.
[517] Michele Taruffo, *La prova dei fatti giuridici*, p. 456.

3. O tratamento probatório das máximas de experiência, as funções exercidas pelas máximas de experiência e o seu controle

3.1. Tratamento probatório das máximas de experiência comum

Restou examinado, na primeira parte deste trabalho, que o juiz não pode, em regra, servir-se de seu conhecimento privado sobre os fatos que interessam ao processo, devendo as partes provar as suas afirmações com os meios previstos e não vedados pela lei.

Em todos os ordenamentos, com fórmulas e preceitos diversos, reconhece-se ao juiz o poder de valer-se de ofício das noções da comum experiência.[518] Assim, admite-se que o juiz, a fim de formular tanto o juízo de fato como o de direito, possa utilizar as regras de experiência, que, por sua função instrumental, podem ser postas pelo juiz independentemente da alegação das partes, visto que correspondem a conhecimentos que o juiz comumente possui, entendimento esse que é compartilhado por respeitáveis processualistas.[519]

Conseqüentemente, não há ônus de prova das máximas de experiência para que o juiz possa conhecê-las e aplicá-las na conformação do juízo fático. Por conseqüência lógica entende-se que o juiz pode valer-se de ofício dessas regras, estando autorizado a aplicá-las, mesmo que não hajam sido invocadas pelo litigante interessado. E isso se aplica tanto às chamadas

---

[518] Vittorio Denti, *Scientificità della prova e libera valutazione del giudice*, p. 421-422.

[519] Giovani Pavanini, *Massime di esperienza e fatti notori in corte di cassazione*, p. 248; Giuseppe Chiovenda, *Instituições de Direito Processual Civil*, p. 727; Enrico Allorio, *Osservazioni sul fatto notorio*, p. 13; Giuseppe Mazzarella, *Appunti sul fatto notorio*, p. 67; Gennaro Roberto Pistolese, *La prova civile per presunzioni e le cosiddette massime di esperienza*, p. 24 e Moacyr Amaral Santos, *Prova judiciária no cível e comercial*, 1970, p. 457.

regras da experiência comum como às chamadas regras da experiência técnica ou científica.[520]

Particularmente as máximas de experiência comum, quanto ao seu tratamento probatório, não geram maiores dificuldades, porquanto não dependem de prova, por consubstanciarem regras gerais da vida, cuja formação não implica recurso a leis da ciência ou da técnica, as quais são aplicadas livremente pelo juiz.[521] Desse modo, o juiz não é obrigado a valer-se dos meios ordinários de prova para verificação e aplicação das máximas de experiência. Pode valer-se de sua cultura geral e providenciar, pelos seus próprios recursos intelectuais, a observação dos casos singulares, para depois, pela indução, chegar ao princípio geral.[522] Esta é a posição tradicional da doutrina, adequada ao entendimento de que não se trata de aplicação da "ciência privada" por parte do juiz.[523]

Carnelutti já advertia que o uso da palavra prova para o conhecimento das regras de direito (e dentre elas as regras de experiência) é não somente impróprio como inoportuno.[524] Mais adiante em sua obra, ao tratar da "fonte de prova em sentido estrito", o ilustre processualista destaca que não são objeto de prova as entidades abstratas, como são as regras da experiência ou de direito.[525]

Por conseguinte, a prova não é necessária quando o juiz entende que a experiência prática da vida seja suficiente para formar o seu convencimento.[526] E não é necessária porque o juiz, ao utilizar uma máxima de experiência, não traz elemento de fato novo ao processo, visto que somente interpreta a questão controversa à luz da experiência. Por essa razão, é suficiente afirmar a sua existência, desde que seja efetivamente reconhecida, para que possa formar a sua convicção.[527]

O problema está na aplicação de uma falsa ou incorreta máxima de experiência comum. Conforme ressaltado, a transformação do saber científico em saber comum ocorre freqüentemente, processo este que pode ser submetido a manipulações ou arbitrárias simplificações generalizantes do

---

[520] Enrico Allorio, *Osservazioni sul fatto notorio*, p. 13 *et seq.*; Giuseppe Mazzarella, *Appunti sul fatto notorio*, p. 66 *et seq.*; Moacyr Amaral Santos, p. 459 e Vicente Greco Filho, *Direito processual civil*, p. 196.

[521] Elício de Cresci Sobrinho, *O juiz e as máximas da experiência*, p. 432; Moacyr Amaral Santos, *Comentários ao Código de Processo Civil*. 3.ed. Rio de Janeiro: Forense, 1982, p. 43; Luigi Lombardo, *Prova scientifica e osservanza del contraddittorio nel processo civile*, p. 1.105 e J. Montero Aroca, *La prueba en el proceso civil*, p. 51.

[522] Giuseppe Mazzarella, *op. cit.*, p. 66-67.

[523] Massimo Nobili, *Nuove polemiche sulle cosidette "massime di esperienza"*, p. 145 e Gennaro Roberto Pistolese, *La prova civile per presunzioni e le cosiddette massime di esperienza*, p. 29.

[524] Francesco Carnelutti, *La prova civile*, p. 47.

[525] Ibid., p. 94-95.

[526] Valentín.Silva Melero, *La prueba procesal*: teoría general, p. 58.

[527] Gennaro Roberto Pistolese, *op. cit.*, p. 31-32.

que venha a se entender por senso comum. Outrossim, é grande o risco de que uma "pseudo-ciência" venha a ser assimilada ao patrimônio da cultura média.[528]

É importante, por isso, que o juiz exerça um atento controle sobre o conteúdo e os limites do patrimônio cultural do homem médio, conforme restará examinado posteriormente. Cada vez que haja motivo para duvidar da real consistência e fundamento de uma regra de origem técnico-científica, o juiz tem o dever de verificar se ela corresponde efetivamente ao conteúdo da ciência ou se essa correspondência, por sua origem, decorre do progresso das descobertas científicas. Logicamente, em caso negativo, o juiz deverá afastar a pretensa regra de experiência do papel das noções de senso comum, das quais pode fazer uso livremente no processo.[529]

3.2. Tratamento probatório das máximas de experiência técnica ou científica

O tratamento probatório das máximas de experiência técnica ou científica suscita maiores dúvidas em relação ao tratamento probatório das máximas de experiência comum, porque o recurso de parte do juiz às leis científicas, na formulação do juízo de fato, coloca problemas peculiares e diversos que não se lhe apresentam quando faz uso das simples regras da experiência comum.

Em razão dessa realidade, a doutrina chegou a advertir a necessidade de configurar um autônomo tipo de prova, a prova científica, diversa e distinta da prova comum.[530] Fala-se de prova científica quando o juiz, a fim de verificar os fatos a provar, socorre-se de conhecimentos de natureza técnico-científica, isto é, conhecimentos que transcendem as regras da experiência comum, indo além do patrimônio cultural do homem médio.[531]

Por se tratar de conhecimento técnico ou científico, esse tipo de máxima de experiência gera dúvida quanto à necessidade de prova, principalmente a pericial, problema que, muitas vezes, não é facilmente resolvido.

Naturalmente o juiz não pode conhecer todas as regras da experiência[532], sobretudo aquelas decorrentes da técnica ou da ciência que são próprias de grupos especializados. Por essa razão, historicamente, para consentir ao juiz a utilização de regras técnico-científicas, exige-se, no pro-

---

[528] Luigi Lombardo, *Prova scientifica e osservanza del contraddittorio nel processo civile*, p. 1.092.

[529] Ibid., p. 1.093.

[530] Ibid., p. 1.092.

[531] Ibid., p. 1.090.

[532] Massimo Nobili, *Nuove polemiche sulle cosidette "massime di esperienza"*, p. 145.

cesso civil, a prova pericial. Isso significa que, em matérias que requerem competências técnicas, científicas ou artísticas específicas, o juiz deve confiar nas pessoas que têm conhecimento especializado naquela determinada matéria.[533] Trata-se de uma regra que exalta ao máximo o princípio do contraditório na formação da prova científica, permitindo que as partes possam participar e aportar sua contribuição.[534]

Assim, cada vez que o juiz deva realizar uma valoração eminentemente técnica de um elemento de prova, necessita fazer uso da prova pericial, a fim de que as leis da técnica e da ciência não sejam impostas pelo magistrado, senão individuadas, verificadas e aplicadas no âmbito da dialética processual, com a contribuição das partes e dos seus assistentes técnicos, o que expressa, em essência, a razão da proibição da "ciência privada" do juiz, garantindo-se o contraditório e a defesa.[535]

A questão a saber é se a aplicação de todo e qualquer elemento técnico ou científico exige a produção de prova, quer seja a pericial, quer seja aquela por outros meios.

Para responder essa questão, deve-se ter presente que, para se tratar de uma verdadeira máxima de experiência, mesmo que seja técnica ou científica, é necessário que se trate de um juízo de caráter geral, dada a natureza da categoria.[536] Além disso, é indispensável que a regra se insira na cultura média, mesmo que o seu conteúdo corresponda a conhecimentos de ordem técnica ou científica. Ora, se a regra técnica ou científica a ser aplicada apresenta-se de tal forma complexa a ponto de extrapolar o que razoavelmente se entende por cultura média, não estaremos diante de uma própria máxima de experiência, senão de uma regra especializada cujo valor cognitivo não se presta à aplicação abstrata a casos ainda não observados, independentemente de prova.[537]

Nesse caso, o juiz não estará em condições de alcançar, com os meios próprios extraprocessuais, a certeza de uma regra, porque esta faz parte de um ramo do saber que requer uma profunda especialização técnica para o seu conhecimento, tornando-se necessário e indispensável o recurso à prova.[538]

Adverte-se que, mesmo que o juiz tenha conhecimentos mais especializados (de contabilidade, física, engenharia, etc.), tratando-se de matéria de maior profundidade, a realização de prova é indispensável, porque, sem ela, "as partes ficariam privadas da participação em contraditório e os tribunais não contariam com as demonstrações objetivas a serem feitas". Logicamente é impossível "traçar *a priori* uma nítida linha divisória entre a autorização a

---

[533] Paolo Tonini, *A prova no processo penal italiano*, p. 57.

[534] Luigi Lombardo, p. 1.093.

[535] Ibid., p. 1.115.

[536] Valentín.Silva Melero, *La prueba procesal*: teoría general, p. 60.

[537] Cândido Rangel Dinamarco, *Instituições de direito processual civil*, p. 123.

[538] Valentín.Silva Melero, *op. cit.*, p. 58 e Giuseppe Mazzarella, *Appunti sul fatto notorio*, p. 67.

valer-se de conhecimentos mais especializados próprios e a exigência de convocar peritos", por exemplo.[539] Cabe avaliar, em cada caso, o grau de complexidade da regra a ser aplicada, a fim de que os raciocínios técnico-científicos sejam adequados e não representem violação ao devido processo legal.

Infere-se, por conseguinte, que a definição quanto à necessidade de prova decorre da complexidade da regra técnico-científica a ser aplicada, na medida em que se deve obedecer a certo limite. E esse limite é dado pela pertença da regra ao patrimônio da cultura média e, portanto, da possibilidade do seu controle sem recorrer-se a um conhecimento especializado.[540] Isso significa que, quando se tratar de regra técnica que se incorporou à cultura média, estaremos diante da aplicação de uma máxima que estará dispensada de prova. Por outro lado, quando se tratar de conhecimento técnico-específico que transcenda esse limite, exigir-se-á a prova pericial, ou outros meios probatórios.[541]

Pode-se concluir, portanto, que, mesmo quando se trate de máxima de experiência técnica ou científica, não se exige a produção de prova para que o juiz possa conhecê-la e aplicá-la. A prova somente será necessária quando se tratar de regra técnica ou científica que não seja do domínio da cultura média, quer pela sua complexidade, quer pela sua novidade.

É natural que a diferença de tratamento probatório entre as duas espécies de máximas de experiência determine resultados diferenciados. Disso resulta uma diferença de grau de probabilidade, pois as regras de experiência comum possuem uma generalidade bem menor que aquela referente às regras de experiência científica, fundadas sobre observações com resultados constantes.[542]

Por isso, é importante que o juiz trace, com segurança, os limites entre o saber comum e o saber científico. Como representante e intérprete do homem médio, o juiz pode valer-se livremente da cultura média, o que sofre limitações diante da prova científica, conforme restou demonstrado.[543]

3.3. Função das máximas de experiência quanto à prova direta ou representativa

As máximas de experiência podem reunir funções diversas no processo, podendo atuar tanto na valoração da prova como na aplicação e interpre-

---

[539] Cândido Rangel Dinamarco, *op. cit.*, p. 124.

[540] Vittorio Denti, *Scientificità della prova e libera valutazione del giudice*, p. 422.

[541] Elício de Cresci Sobrinho, *O juiz e as máximas da experiência*, p. 433.

[542] Nicola Mannarino, *Le massime d'esperienza nel giudizio penale e il loro controllo in Cassazione*, p. 72.

[543] Luigi Lombardo, *Prova scientifica e osservanza del contraddittorio nel processo civile*, p. 1.093.

tação do direito. Por conseguinte, podem servir para valorar os resultados das provas ou para interpretar o significado de uma declaração de vontade emitida pela parte. Ou podem ser adotadas pelo juiz como meio para interpretar o resultado técnico de certas expressões normativas ou para melhor estabelecer as relações que existem entre a norma e o fato.[544]

No que se refere à atuação das máximas de experiência sobre o procedimento probatório, naturalmente o juiz serve-se de juízos gerais extraídos da experiência comum ou do patrimônio científico, fruto de sua cultura, ao proceder a reconstrução histórica dos fatos relevantes para sua decisão.[545] Não poderia ser diferente, como homem médio que é, vivente em uma certa sociedade e em um dado momento histórico, pois é essencialmente com base na experiência que o juiz apóia suas valorações.[546] Nesse caso, as máximas de experiência integram a valoração da prova e representam um dos componentes determinantes do convencimento judicial, juntamente com outros, como, p. ex., as afirmações das partes sobre os fatos controvertidos e os elementos constantes dos autos.

Conforme restou examinado, a atividade probatória das partes tem por finalidade convencer o juiz sobre a existência ou inexistência de fatos históricos dos quais a parte pretende extrair uma conseqüência jurídica e, conseqüentemente, uma sentença favorável. Essa reconstrução histórica pode ocorrer mediante procedimentos lógicos diferentes, razão pela qual se deve examinar separadamente o papel desempenhado pelas máximas de experiência nas duas modalidades fundamentais de prova, isto é, na prova direta ou representativa e na prova indireta ou indiciária, porquanto elas desempenham funções peculiares em cada uma dessas espécies.

Para apontar a função das máximas de experiência quanto à prova direta ou representativa, observemos o seguinte exemplo: suponhamos uma demanda indenizatória em virtude de acidente de trânsito no qual uma determinada testemunha presenciou o choque dos veículos.

Nesse exemplo, há evidente referência à prova direta. No caso, ao realizar a verificação do fato, o juiz compreende o significado das declarações prestadas pela testemunha, controlando a sua credibilidade, com base em casos semelhantes já enfrentados.[547] Por conseguinte, no caso da prova representativa, o juiz aplica as regras da experiência no momento em que

---

[544] Piero Calamandrei, *Massime di esperienza in cassazione. Rigetto del ricorso a favore del ricorrente*, p. 128; Carlo Leone, *Contributo allo studio delle massime di esperienza e dei fatti notori*, p. 11-12 e J. Montero Aroca, *La prueba en el proceso civil*, p. 50.

[545] Moacyr Amaral Santos, *Prova judiciária no cível e comercial*, v. 1, p. 177.

[546] Michele Taruffo, *Senso comum, experiência e ciência no raciocínio do juiz*, p. 105.

[547] Nicola Mannarino, *Le massime d'esperienza nel giudizio penale e il loro controllo in Cassazione*, p. 59.

valora a credibilidade da fonte e dos meios probatórios, utilizando parâmetros de caráter geral obtidos da ciência ou da experiência comum.[548]

Ressalta-se que, nesse exemplo, embora a lei disponha geralmente quando se deve considerar suspeita ou impedida a testemunha, não abrange todas as possibilidades em que a mesma é tida por inidônea, fornecendo as máximas de experiência subsídios valiosos com base nos ensinamentos do que ordinariamente acontece.[549]

Essas regras de experiência podem autorizar o juiz a rechaçar as afirmações das testemunhas, a confissão da parte, o relatado em um documento, ou até as conclusões de um perito, caso esses elementos probatórios venham a contraditá-las.[550] Dessarte, pode-se dizer que uma declaração por si só não é atendível ou inatendível, verossímil ou inverossímil, mas pode tornar-se, por efeito da valoração que o juiz realiza de acordo com a sua pregressa experiência e de específicos elementos cognitivos de que disponha.[551] Nesse caso, o juiz pode avaliar se determinada testemunha disse ou não a verdade.

Afora permitirem analisar a credibilidade da prova direta, as máximas de experiência também desempenham importante papel na interpretação e valoração dos fatos alegados, servindo de parâmetro para análise. Freqüentemente, na prática forense, o juiz utiliza-se das regras da experiência para formar o seu convencimento, conforme restará demonstrado na quarta parte deste trabalho, ao ser analisada a práxis brasileira.

Portanto, nas provas diretas, as máximas de experiência servem para apreciar ou determinar o valor do elemento probatório que existe no processo, garantindo a sua credibilidade, na conformação do juízo de fato.[552] Assim, por exemplo, ao examinar a prova de uma circunstância de fato, o juiz vale-se do princípio da dilatação dos corpos por efeito do calor ou do princípio da lei da gravidade, etc., os quais, em seu conjunto, inserem-se no âmbito das máximas de experiência.[553]

Por conseguinte, como qualquer homem na vida cotidiana, o juiz vale-se de regras de experiência para valorar os dados probatórios obtidos e

---

[548] Vicenzo Russo, *La prova indiziaria e il giusto processo*, p. 56; Luigi Lombardo, *Prova scientifica e osservanza del contraddittorio nel processo civile*, p. 1.105; Giovani Pavanini, *Massime di esperienza e fatti notori in corte di cassazione*, p. 258; Hernando Devis Echandía, *Teoría general de la prueba judicial*, t. 1, p. 169; Michele Taruffo, *Senso comum, experiência e ciência no raciocínio do juiz*, p. 104 e José Carlos Barbosa Moreira, *Regras de experiência e conceitos juridicamente indeterminados*, p. 14.

[549] Moacyr Amaral Santos, *Prova judiciária no cível e comercial*, v. 1, p. 441.

[550] Hernando Devis Echandía, *op. cit.*, p. 283.

[551] Nicola Mannarino, *op. cit.*, p. 82.

[552] Nicola Mannarino, *op. cit.*, p. 60; Hernando Devis Echandía, *Teoría general de la prueba judicial*, t. 1, p. 169 e Salvatore Patti, *Libero convincimento e valutazione delle prove*, p. 499.

[553] Carlo Leone, *Contributo allo studio delle massime di esperienza e dei fatti notori*, p. 13.

proceder, assim, à reconstrução dos fatos relevantes[554], quer seja da sua própria experiência de vida, quer seja do conhecimento geral dos homens.[555] Desse modo, as máximas de experiência desempenham uma insubstituível e importante mediação cognitiva de reportar experiência passada à experiência presente, sendo impossível prescindir dessas regras na valoração da prova judicial.[556]

3.4. Função das máximas de experiência quanto à prova indireta ou indiciária

Da mesma forma quanto à prova direta ou representativa, as máximas de experiência auxiliam na avaliação da credibilidade da prova indireta. Nesse aspecto, não há diferença de função das regras da experiência nessas duas modalidades de prova, na medida em que, em ambas, a experiência serve de base para analisar a aceitabilidade do elemento probatório.[557]

Há peculiaridades, entretanto, na função exercida pelas máximas de experiência na prova indireta ou indiciária, as quais precisam ser apontadas, pois não raro é inviável a prova direta do fato principal, obrigando a parte a fazer prova de fatos circunstanciais, que são os indícios, dos quais se infere a existência e modo de ser do fato principal.[558] De certa forma, na segunda parte deste trabalho, ao serem apontadas as diferenças entre a categoria em exame, as presunções e os indícios, destacou-se essa função específica, que agora precisa ser assentada.

Para tanto, tal como apresentado no tópico anterior, a fim de facilitar a compreensão dessa questão eminentemente pragmática, tomemos o seguinte exemplo: a hipótese de uma demanda de investigação de paternidade, na qual restou provado que a mãe, nove meses antes do parto, havia tido relações sexuais com Tício.[559]

Vislumbra-se, nesse exemplo, evidente prova indireta. Da mesma forma, o juiz deve examinar, antes de tudo, a credibilidade dos elementos probatórios, tal como realizado na prova direta ou representativa. Além dis-

---

[554] Nicola Mannarino, *op. cit.*, p. 61.

[555] Hernando Devis Echandía, *op. cit.*, p. 284.

[556] Massimo Nobili, *Nuove polemiche sulle cosidette "massime di esperienza"*, p. 193 e Hernando Devis Echandía, *op. cit.*, p. 282.

[557] Nicola Mannarino, *op. cit.*, p. 57-61; Vicenzo Russo, *La prova indiziaria e il giusto processo*, p. 31 e Hernando Devis Echandía, *op. cit.*, p. 170.

[558] Vicente Creco Filho, *Direito processual civil brasileiro*, p. 194.

[559] Esse exemplo é citado por José Carlos Barbosa Moreira, *Regras de experiência e conceitos juridicamente indeterminados*, p. 14.

so, o juiz deve proceder a uma posterior avaliação dos dados indiciários, partindo do fato conhecido (relação sexuais entre a mãe e Tício) até chegar ao fato desconhecido (pai da criança), mediante o emprego de uma máxima de experiência que vincula os dois fatos (é de nove meses o período de gestação do ser humano).[560]

Como se percebe, nesses casos, as máximas de experiência são chamadas a desempenhar uma função instrumental lógica; não representam o fato conhecido (indício), nem são o fato a provar (objeto da presunção); constituem, isto sim, o meio necessário do qual o juiz se serve para coordenar esses dois fatos. Conseqüentemente, a presunção equivale a uma convicção fundada sobre a ordem natural das coisas.[561]

Portanto, as máximas de experiência, na prova indireta, são usadas para formular inferências e valorações no âmbito do juízo de fato. Assim, tornam possível especialmente a inferência entre o *factum probandum* (fato desconhecido) e o dado probatório (fato conhecido), de modo a permitir tornar possível o conhecimento indireto dos singulares eventos acontecidos.[562]

Desse modo, as máximas de experiência enunciam uma conexão entre dois diferentes tipos de fatos, segundo uma relação de normal coexistência ou sucessão, de modo que, verificada a presença de um fato que reconduz a outro, seja possível afirmar em termos de probabilidade a existência de um fato ainda não conhecido. Dessarte, as máximas de experiência podem ser expressas na forma lógica de um enunciado condicional (se *A*, então *B*), na qual tanto o antecedente (*A*) como o conseqüente (*B*) representam uma classe ou tipo de fato.[563]

Destaca-se que essa função instrumental lógica exercida pelas máximas de experiência, em relação à prova indireta ou indiciária, é a função mais reconhecida pela doutrina, inclusive por quem critica a categoria em exame.[564]

---

[560] Nicola Mannarino, *Le massime d'esperienza nel giudizio penale e il loro controllo in Cassazione*, p. 60; Vicenzo Russo, *La prova indiziaria e il giusto processo*, p. 56; Salvatore Patti, *Libero convincimento e valutazione delle prove*, p. 259; Manuel Maria Estrampes, *La minima actividad probatoria en el proceso penal*, p. 243-244 e Giuseppe Chiovenda, *Instituições de Direito Processual Civil*, p. 165.

[561] Giovani Pavanini, *Massime di esperienza e fatti notori in corte di cassazione*, p. 249 e Giuseppe Chiovenda, *op. cit.*, p. 165.

[562] Nicola Mannarino, *Le massime d'esperienza nel giudizio penale e il loro controllo in Cassazione*, p. 60; Baldassare Pastore, *Giudizio, prova, ragion pratica*: un approccio ermeneutico, p. 174 e Moacyr Amaral Santos, *Prova judiciária no cível e comercial*, v. 5, p. 360-363.

[563] Nicola Mannarino, *op. cit.*, p. 75.

[564] É o caso de Michele Taruffo, para quem a única função que hoje se poderia reconhecer às máximas de experiência seria de fornecer elementos de confirmação da conclusão da inferência de natureza indutiva (*Studi sulla rilevanza della prova* , p. 235)

Direito Probatório – as máximas de experiência em juízo

3.5. Função das máximas de experiência quanto à prova *prima facie*

As máximas de experiência estão também vinculadas com a chamada prova *prima facie* ou de primeira aparência, que não representa propriamente um meio de prova, senão um método de prova, a qual facilita a formação do convencimento judicial, permitindo extrair a prova necessária dos princípios práticos da vida e da experiência, daquilo que geralmente acontece de acordo com o normal andamento das coisas.[565]

Essa espécie de prova surgiu na Alemanha, no início do século passado, a partir do estudo de Rümelin, que dedicou um exame completo da categoria em relação ao processo de ressarcimento de danos, baseando a presunção de culpabilidade no que a experiência da vida indica como resultado danoso de uma determinada conduta. Isso se deu em especial pela sensível dificuldade de provar circunstâncias que, embora sendo evidentes, fugiam, por sua natureza, de um controle probatório.[566]

Paulatinamente a prova *prima facie* foi incorporada no direito probatório germânico, tendo repercutido na Itália, a partir da excelente monografia de Pistolese, ao tempo ainda da vigência da lei processual italiana de 1865.[567] Da mesma forma, a prova *prima facie* foi contemplada pelo direito anglo-saxão, que a definiu como "prima facie evidence", cujos princípios permitem a formação de uma prova sobre bases de circunstância evidentes e, em geral, facilmente a todos perceptíveis.[568]

Há quem entenda, porém, que o conceito da prova *prima facie* seja ambíguo, supérfluo e inútil, o que o torna de difícil utilização.[569] Independentemente da adesão ou não a essa crítica quanto à relevância ou adequação desse instituto, é imperioso ter presente que esses críticos re-

---

[565] Gennaro Roberto Pistolese, *La prova civile per presunzioni e le cosiddette massime di esperienza*, p. 11 e Valentín Silva Melero, *La prueba procesal*: teoría general, p. 58.

[566] Gennaro Roberto Pistolese, *op. cit.*, p. 11-12 e Valentín Silva Melero, *op. cit.*, p.59.

[567] Gennaro Roberto Pistolese , *op. cit.*, p. 11.

[568] Ibid., p. 11 e Valentín.Silva Melero, *op. cit.*, p. 58. Cumpre ressaltar, a propósito, que a doutrina diferencia a prova "prima facie" das chamadas aparências de direito, visto que ambos os institutos possuem natureza jurídica e conceitos informadores próprios. Em síntese, a aparência não tem o escopo de acertamento do fato, razão pela qual não tem o condão de formar o convencimento judicial. Ela justifica somente o comportamento de terceiros, que, baseando-se sobre essa situação jurídica, justificam a sua atividade. Portanto, não possui valor probatório. Já a prova "prima facie", ao contrário, visa a fornecer elemento cognitivo à decisão judicial, gerando a presunção de um fato desconhecido. Outrossim, a doutrina aponta comumente a diferença entre a prova "prima facie" e a ficção jurídica: naquela o magistrado presume a existência de um elemento probatório com base em um juízo de probabilidade, enquanto nesta o magistrado, ao invés, considera existente uma circunstância ficta, mesmo que saiba da sua inexistência, desde que provada uma determinada circunstância de fato. Ademais, há uma diferença de fonte: a prova "prima facie" é criação do homem, enquanto a ficção é criação do legislador (Gennaro Roberto Pistolese, *op. cit.*, p. 58-61 e 63-64).

[569] Michele Taruffo, *La prova dei fatti giuridici*, p. 484.

conhecem que as máximas de experiência exercem uma função específica ante a prova *prima facie*,[570] o que torna indispensável o seu exame.

Feito esse registro, destaca-se que, na sua origem, no direito germânico, a prova *prima facie* teve aplicação quase exclusiva nos processos de ressarcimento de danos por culpa extracontratual, tais como em demandas de responsabilidade civil contra profissionais liberais e em demandas por acidente de trabalho. Nessas ações, não raro, depara-se o autor com sérias dificuldades de provar o nexo causal entre o evento danoso e a culpa, não obstante a experiência da vida faça crer que esse elemento subjetivo caiba todo ao réu.[571]

Por exemplo, um indivíduo caiu num poço descoberto e à flor da terra. A ordem natural das coisas está a dizer que o acidente se verificou por culpa do dono do terreno em que se encontra o poço, por não ter sido cauteloso bastante para mantê-lo sempre coberto. Ainda, imagina-se a hipótese de alguém que, caminhando por uma rua, é atingido por um tijolo desprendido de um edifício em construção. Pelo que a experiência ensina, fatos dessa natureza ocorrem por culpa do construtor, que não teria mantido as cautelas necessárias. Ou ainda a hipótese de que, brincando num jardim, uma criança é alçada e ferida por um pedaço de muro, que se despencou. Tudo indica que esse muro estaria em ruína, culpando-se o proprietário por deixá-lo nesse estado.[572]

Em qualquer desses casos, o autor da demanda indenizatória poderá encontrar-se em séria dificuldade de produzir prova do nexo causal entre o evento danoso e a culpa do réu. Ressalta-se que não se trata de mera dificuldade, mas sim de uma quase-impossibilidade, em razão da natureza do fato. Enfrentando casos dessa natureza, apoiando-se nas regras que lhe fornece a experiência da vida, o juiz poderá considerar provado *prima facie* o nexo causal.[573]

Sem embargo, a aplicação da prova *prima facie* se estendeu a outros tipos de demandas, permitindo que o juiz formasse a sua convicção com base na experiência, nas hipóteses em que se tornava difícil a produção de normais meios instrutórios. Ilustrativamente, na interpretação de contratos, o juiz pode avaliar a vontade dos contratantes através da experiência prática da vida, que indica *prima facie* qual pode ser a exata interpretação daquilo que foi declarado, dado que as palavras, vale dizer, os sinais com que manifestam as partes a vontade, nem sempre, por ignorância ou descuido, são empregadas com a necessária precisão. Deste modo, partindo do elemento

---

[570] Michele Taruffo, *La prova dei fatti giuridici*, p. 484.

[571] Moacyr Amaral Santos, *Prova judiciária no cível e comercial*, v. 5, p. 450.

[572] Esses três exemplos foram colhidos da obra de Moacyr Amaral Santos, *Prova judiciária no cível e comercial*, v. 5, p. 450 e Lorenzo Carnelli, *O fato notório*, p. 196-7.

[573] Moacyr Amaral Santos, *op. cit.*, p. 451-463.

objetivo da declaração, o intérprete poderá chegar a conhecer a vontade das partes, pondo-o em confronto com as máximas ditadas pela experiência de outros muitíssimos atos jurídicos idênticos ou análogos.[574]

Isso se verifica em outros casos nos quais o juiz vale-se da prova dita *prima facie* para realizar um procedimento indutivo, tendo por objeto alegações de fato que, não tendo uma cognição imediata, dificilmente podem aparecer evidentes, fazendo-se necessário recorrer à experiência, que indica o critério a seguir para chegar-se ao resultado mais próximo possível da verdade.[575]

Neste tipo de prova, as máximas de experiência têm a função específica de fornecer a base à sua aplicação, representando aquilo que ocorre na vida, segundo o normal desenvolvimento das coisas.[576] Desse modo, a regularidade de acontecimentos, considerados à luz de adequadas máximas de experiência, permite trazer conclusões em torno do específico fato que se pretende provar.[577]

A prova *prima facie* tem, por conseguinte, a estrutura de uma presunção fundada numa experiência da vida, mas dela se distingue.[578] De acordo com Gennaro Roberto Pistolese, as máximas de experiência estão para a prova *prima facie* tal como os indícios estão para a presunção simples. Conseqüentemente, há uma distinção em razão da fonte sobre a qual repousam. Na primeira hipótese, o juiz não se vale de elementos concretos do caso, senão se socorre da experiência genérica e abstrata, que faz presumir a existência de um fato desconhecido, na ausência de prova contrária. Diferentemente, na segunda hipótese, o magistrado obtém a sua convicção diretamente das circunstâncias do caso concreto, quando esses indícios se apresentam graves, precisos e concordantes.[579]

Dessa forma, constata-se que, na prova *prima facie*, faltam esses elementos concretos (indícios), obrigando o juiz a valer-se, em determinadas circunstâncias, das máximas de experiência à espécie *decidendi*, as quais apontam, na generalidade dos casos, uma determinada explicação a um certo acontecimento, o que se apresenta com uma fundada probabilidade.[580]

Infere-se, assim, que a prova *prima facie* mantém uma relação de estreita dependência com a experiência, porquanto é com base nela que será

---

[574] Moacyr Amaral Santos, *op. cit.*, p. 491.

[575] Gennaro Roberto Pistolese, *La prova civile per presunzioni e le cosiddette massime di esperienza*, p. 83-85.

[576] Valentín Silva Melero, *La prueba procesal*: teoría general, p. 59 e Eduardo J. Couture, *Fundamentos del derecho procesal civil*, p. 229.

[577] Michele Taruffo, *La prova dei fatti giuridici*, p. 484 e Hernando Devis Echandía, *Teoría general de la prueba judicial*, t. 1, p. 170.

[578] Moacyr Amaral Santos, *op. cit.*, p. 451.

[579] Gennaro Roberto Pistolese, *op. cit.*, p. 42 e 74.

[580] Ibid., p. 75.

possível chegar-se a um fato desconhecido. É por essa razão que a doutrina alemã chegou a considerar que a prova *prima facie* representa uma espécie de presunção causal.[581]

Como ensina Gennaro Roberto Pistolese, as máximas de experiência atuam na formação da prova *prima facie* não como prova dos fatos a que se aplicam, senão que "servem de critério e guia para solução de caso especial", contribuindo de tal modo para o estabelecimento da persuasão racional, ao permitir emitir juízos de probabilidade com referência à possibilidade ou impossibilidade de um fato.[582]

Note-se que isso não representa uma porta aberta ao arbítrio, como se poderia imaginar, devido à generalidade das regras da experiência, porque a prova *prima facie* sempre admitirá outra em contrário. Jamais o juiz, no caso, poderá recusar a prova contrária, "exatamente porque o seu convencimento é formado apenas 'prima facie', não sendo fundado numa prova específica da controvérsia, mas numa norma geral, que não exclui a possibilidade do contrário".[583] Por outro lado, a utilização dessa espécie de prova requer o máximo de cautela, mesmo nas hipóteses aconselháveis, uma vez que o juiz, dela servindo-se, atua segundo a sua experiência na arte de julgar, a sua sensibilidade, o seu conhecimento dos homens e das coisas, apegando-se a regras de experiência e não a fatos concretos e provados.[584]

Depreende-se do exposto que as máximas de experiência exercem, outrossim, função instrumental em face da prova *prima facie*, que será extraída da experiência da vida, à vista de um fato e do que comumente ocorre segundo a ordem natural das coisas, da qual pode o juiz utilizar-se quando se tornar difícil o emprego dos meios probatórios normais.[585]

3.6. Função das máximas de experiência quanto às normas jurídicas

As máximas de experiência podem desempenhar funções variadas em relação às regras jurídicas, pois o seu campo de atuação não está limitado ao direito probatório enquanto instrumentos de apuração e valoração de fatos. Elas atuam, outrossim, na interpretação e aplicação de normas que constituem o fundamento jurídico da decisão, na medida em que o raciocí-

---

[581] Gennaro Roberto Pistolese, *La prova civile per presunzioni e le cosiddette massime di esperienza*, p. 15 e 44.

[582] Ibid., p. 24.

[583] Ibid., p. 28-30.

[584] Moacyr Amaral Santos, *Prova judiciária no cível e comercial*, v. 5, p. 469.

[585] Ibid., p. 451.

Direito Probatório – as máximas de experiência em juízo

nio do juiz é inevitavelmente imerso no senso comum, que compõe, juntamente com o direito, o seu contexto inafastável.[586]

Por um lado, o senso comum pode fornecer material semântico e *standards* de individuação das acepções dos enunciados normativos, não somente quando expressos em linguagem ordinária, mas também quando formulados em linguagem técnico-jurídica.[587] Isso ocorre naturalmente, pois o legislador, ao redigir normas, não emprega somente expressões de cunho técnico-jurídico, tampouco se preocupa em definir todas as noções de que se serve. "Ele espera ser entendido na medida em que confia na existência de um acervo de conhecimentos comuns à generalidade das pessoas que terão de lidar com as normas".[588] Por isso, o julgador deve valer-se da sua experiência para interpretar acepções do tipo "muro", "edifício", "estabelecimento", etc., ao aplicar a norma ao caso concreto.

Nesse caso, as máximas de experiência representam o ponto de partida para a hermenêutica da norma jurídica, visto que, freqüentemente, a interpretação de determinadas expressões se realiza mediante a aplicação de regras de experiência, quer sejam de natureza comum, quer sejam de natureza técnico-científica.[589]

Pode-se dizer, inclusive, que o senso comum, neste aspecto, equivale ao conceito de "tradição" na teoria de Gadamer, isto é, "o conjunto de noções, conhecimentos, lugares-comuns, componentes ou condutas culturais que integram o substrato ou fundamento inicial do intérprete no momento em que se põe ante o texto a interpretar".[590]

Por outro lado, as máximas de experiência adquirem relevância na integração de cláusulas gerais ou conceitos jurídicos indeterminados, cada vez que reclamem um preceito da experiência ordinária ou da experiência técnica para sua incidência. Como se sabe, a cláusula geral e o conceito indeterminado têm conteúdo e extensão incertos[591], exigindo do julgador atividade integrativa que pode ser realizada mediante a aplicação de uma

---

[586] Michele Taruffo, *La prova dei fatti giuridici*, p. 102-103.

[587] Ibid., p. 103-104.

[588] José Carlos Barbosa Moreira, *Regras de experiência e conceitos juridicamente indeterminados*, p. 14.

[589] Giovani Pavanini, *Massime di esperienza e fatti notori in corte di cassazione*, p. 247; Michele Taruffo, *Senso comum, experiência e ciência no raciocínio do juiz*, p. 104 e Gennaro Roberto Pistolese, *La prova civile per presunzioni e le cosiddette massime di esperienza*, p. 118.

[590] Hans-Georg Gadamer, *Verdade e método*, p. 264 *et seq.*

[591] Há quem entenda não haver diferença no plano analítico e funcional entre as cláusulas gerais e os conceitos jurídicos indeterminados. Em ambos aponta-se existir "alto grau de vagueza semântica" e "reenvio a *standards* valorativos extra-sistemáticos". Entretanto, Judith Martins-Costa destaca que há diferenças que precisam ser apontadas. Enquanto as cláusulas gerais exigem que o juiz concorra ativamente para a formulação da norma, nos conceitos jurídicos indeterminados o juiz se limita a reportar ao fato concreto o elemento (vago) indicado na *fattispecie*, havendo diferença, portanto, no grau de complexidade da operação intelectiva do juiz (MARTINS-COSTA, Judith. *A boa-fé no direito privado*. São Paulo: RT, 1999, p. 324-329).

regra da experiência que passa a ser assimilada pela regra jurídica então indeterminada.[592] O exemplo mais claro disso é quando o juiz deve preencher ou concretizar cláusulas gerais como a "boa-fé", a "normal prudência" ou a "gravidade" do dano, etc.[593]

Naturalmente ao realizar essa operação concretizadora, o juiz disporá de certa liberdade. Não se deve, todavia, confundir esse fenômeno com o da discricionariedade, visto que não se está falando de poder de escolha dentro de certos limites, da providência que se adotará mediante a consideração da oportunidade e conveniência. A particularidade do fenômeno das máximas de experiência não está na determinação dos efeitos jurídicos, como ocorre com a discricionariedade, senão na determinação do suporte fático. Disso resulta que a liberdade é muito mais restrita, limitando-se à fixação da premissa de cuja adequação dependerá a correição da inferência a ser realizada.[594]

Conseqüentemente, essa responsabilidade que incumbe ao juiz na formulação da premissa maior não há de entender-se como um sinal de "soberania" individual. O juiz tem de decidir sempre tal como o faria qualquer outro juiz. Ademais, tem a obrigação de fundamentar a decisão, analisando os interesses envolvidos e as concepções divergentes, de tal maneira que essa decisão resulte reexaminável e obtenha o assentimento da comunidade jurídica, pois na confiança dela se baseia a sua função jurisdicional.[595]

É oportuno mencionar que, cada vez mais, essa função das máximas de experiência cresce em importância, dado que a legislação vem apresentando um número significativo de cláusulas gerais e conceitos jurídicos indeterminados, o que exige do julgador uma atividade mais criativa e integrativa na aplicação do direito.[596] Não é por outra razão que encontramos, na jurisprudência, uma série de decisões, nas quais o julgador se reporta às máximas de experiência para realizar essa tarefa, conforme será abordado posteriormente, ao ser examinada a *praxis* brasileira.

Sem dúvida, essa atividade de integração ou concreção da norma jurídica representa confiança na atividade julgadora, convertendo o juiz em "representante da comunidade jurídica", com a missão de medir os costumes com padrões éticos bem entendidos, de exercer, mediante as suas sentenças, uma influência educativa sobre as relações do tráfico social e

---

[592] Hernando Devis Echandía, *Teoría general de la prueba judicial*, t. 1, p. 171.

[593] Michele Taruffo, *Senso comum, experiência e ciência no raciocínio do juiz*, p. 104.

[594] José Carlos Barbosa Moreira, *Regras de experiência e conceitos juridicamente indeterminados*, p. 15.

[595] Horst-Eberhard Henke, *La cuestion de hecho*, p. 96-97.

[596] COUTO E SILVA, Clóvis do. O direito civil brasileiro em perspectiva histórica e visão de futuro, *Rev. AJURIS*, v. 40, 1987, p. 128.

comprovar se os interesses dos distintos grupos são compatíveis com os interesses da generalidade.[597]

Nessa perspectiva, as máximas de experiência são inegáveis meios auxiliares na aplicação do direito, fornecendo os rumos à concreção da norma[598], a fim de se obter a individuação do critério regulador do caso concreto, o que representa efetiva criação judicial à hipótese fática em questão, atividade essa que reforça o dever de fundamentação racional e, conseqüentemente, a responsabilidade do magistrado.[599]

Em síntese, infere-se que as máximas de experiência desempenham também importante papel na interpretação das normas jurídicas, ao fornecerem material semântico e *standards* de individuação das acepções dos enunciados normativos, quer da linguagem comum, quer da linguagem jurídica, tornando inteligíveis essas expressões. Outrossim, desempenham papel fundamental na determinação do suporte fático de cláusulas gerais ou conceitos jurídicos indeterminados cada vez que reclamem um preceito da experiência ordinária ou da experiência técnica à sua incidência.[600]

3.7. Controle das máximas de experiência

Ao criticar as máximas de experiência, Michele Taruffo estava certo ao preocupar-se com o controle da categoria, o que, por certo, não a invalida. Muito antes pelo contrário, ressalta a sua importância, porquanto a correta aplicação da regra de experiência repercute na adequação do convencimento judicial.[601]

Por isso, o juiz deve escolher as noções comuns e técnicas geralmente aceitas que se mostrem efetivamente dotadas de confiabilidade e de um grau adequado de aceitação e de consenso difuso. Logo, o primeiro controle acerca das máximas de experiência diz respeito ao conteúdo da regra geral a ser aplicada: "o juiz deve submeter a um controle crítico as noções que a experiência e o senso comum lhe oferecem, para verificar o fundamento da sua aceitabilidade". Surgindo dúvida a respeito, "o juiz deverá aprofundar sua indagação, indo em busca de noções mais confiáveis e mais solidamen-

---

[597] Horst-Eberhard Henke, p. 94-95.

[598] Ibid., p. 96.

[599] MENKE, Fabiano. A interpretação das cláusulas gerais: a subsunção e a concreção dos conceitos. *Rev. Dir. Consumidor.* São Paulo, n. 50, abr./jun., 2004, p. 9-35.

[600] Carlo Leone, *Contributo allo studio delle massime di esperienza e dei fatti notori,* p. 12-13 e Friedrich Stein, *El conocimiento privado del juez,* p. 42-43.

[601] Michele Taruffo, *Senso comum, experiência e ciência no raciocínio do juiz,* p. 113.

te *anchored* na cultura que representa o contexto em que a decisão deva ser inserida".[602]

Conforme reiteradamente destacado, o papel das máximas de experiência é essencial, pois a validade da inferência probatória ou da adequada aplicação da norma depende inegavelmente da correição das máximas de experiência usadas. Quanto maior a segurança oferecida pelas máximas de experiência, maior será a segurança quanto à exatidão do resultado.[603]

Para tanto, o juiz deve selecionar as máximas de experiência com critérios racionais, não se devendo basear sobre demasiados juízos pessoais de valor, tampouco sobre escolhas arbitrárias e, enquanto tais, não controláveis externamente. É importante, ainda, subordinar a sua escolha ao prévio contraditório entre as partes, devendo expô-la devidamente na motivação da sua decisão.[604] Não se pode olvidar que, embora o juiz possa aplicá-las de ofício, as partes têm interesse em desenvolver atividade dialética de argumentação sobre tais regras, o que é próprio da colaboração.[605]

Esta é uma questão de fundamental importância, considerando que, segundo destacado quando do exame das características das máximas de experiência, há sempre um componente valorativo nesses juízos, mesmo que tendam a ser objetivos. Por isso, o julgador deve explicitá-lo na fundamentação de suas decisões, para que as partes possam, através do exercício do contraditório, verificar que se trata efetivamente de uma máxima de experiência, e que sua aplicação ao caso concreto está correta.

Impende registrar que essa problemática não se refere apenas ao interesse das partes, mas se vincula sobremaneira com o próprio interesse público, "na medida em que qualquer surpresa, qualquer acontecimento inesperado, só faz diminuir a fé do cidadão na administração da Justiça".[606]

Superada essa fase, o segundo plano de controle diz respeito a qual das máximas de experiência, entre as possíveis, aplicar ao caso concreto, levando em conta as circunstâncias que o caracterizam. Em outras palavras, o juiz deve aplicar a regra que melhor se ajusta à espécie.[607] Mas não é só. O juiz deve servir-se da regra de experiência que milita com suficiente probabilidade, permitindo fundar o seu convencimento adequadamente.[608]

---

[602] Michele Taruffo, *Senso comum, experiência e ciência no raciocínio do juiz*, p. 113. No mesmo sentido, Paolo Tonini aponta que "o juiz deve formular as regras com base na melhor experiência e não com fundamento em escolhas pessoais e arbitrárias" (*A prova no processo penal italiano*, p. 56).

[603] Marina Gascón Abellán, *Los hechos en el derecho*, p. 153.

[604] Antonio Carrata, *Funzione dimostrativa della prova: (verità del fatto nel processo e sistema probatorio)*, p. 95 e 98.

[605] Carlos Alberto Alvaro de Oliveira, *A garantia do contraditório*, p. 113, e Vicente Grego Filho, *Direito processual civil brasileiro*, p. 196-197.

[606] Carlos Alberto Alvaro de Oliveira, *op. cit.*, p. 114.

[607] Paolo Tonini, *A prova no processo penal italiano*, p. 56.

[608] Gennaro Roberto Pistolese, *La prova civile per presunzioni e le cosiddette massime di esperienza*, p. 47.

Isso porque, na prática forense, é comum o juiz deparar-se com um conflito de máximas de experiência, que, embora de conteúdo diverso, podem ser congruentes com os fatos concretos da causa, mas cuja aplicação conduz a soluções contrastantes. Por exemplo, vejamos um caso em que duas testemunhas do mesmo acidente de trânsito refiram coisas diversas sobre a dinâmica do acidente: a primeira – que se encontrava a 50 metros do local do acidente – conta, logo após, que Tício, ao dobrar à direita, não sinalizou preventivamente; a segunda, que se encontrava a 20 metros, depois de algum tempo, refere que Tício havia preventivamente sinalizado ao dobrar à direita. Evidentemente os dois testemunhos são contraditórios, podendo o caso ser resolvido de maneira diversa com base em diferentes máximas de experiência. De acordo com o seu ponto de vista, o juiz pode decidir aplicar a máxima de que a recordação é mais viva e real após o imediato acontecimento, sendo preferível o primeiro testemunho. Ao invés disso, entendendo-se preferível a máxima pela qual quem está mais próximo ao acontecido tem possibilidade de ver melhor, deverá preferir o segundo testemunho.[609]

Nas duas hipóteses do exemplo referido, as máximas de experiência atuam sobre a prova direta, mas a aplicação de uma em detrimento da outra já não está no plano da sua função, mas sim do convencimento judicial. É necessário, portanto, para adequação da decisão, que o juiz permita o exercício do prévio contraditório pelas partes, valore a contraposição dos elementos probatórios e fundamente a sua escolha com base em critérios lógicos e racionais. Somente assim, os destinatários da decisão terão condições de compreender e controlar o *iter* lógico seguido pelo julgador.[610]

Por conseguinte, torna-se indispensável realizar "um controle da validade intersubjetiva das noções a utilizar", a fim de se buscar um nível considerável de razoabilidade, evitando-se "grave arbítrio subjetivo mascarado de recurso à experiência comum".[611] Isso porque a experiência confirma o conhecimento do caso singular e assume uma validade objetiva cuja observação permite eliminar aquelas soluções que contrastam com a representação objetiva das coisas como ordinariamente acontecem.[612]

Note-se que, uma vez definida a regra a aplicar, é essencial que o juiz aponte as noções utilizadas e o raciocínio desenvolvido sobre as mesmas, o que deverá constar na motivação da sua decisão.[613] E mais, o juiz tem o dever de observar as máximas de experiência na verificação dos fatos da causa, dever esse que não se circunscreve ao seu uso, senão à aplicação

---

[609] Antonio Carrata, *Funzione dimostrativa della prova: (verità del fatto nel processo e sistema probatorio)*, p. 97.

[610] Ibid., p. 98-99.

[611] Michele Taruffo, *Senso comum, experiência e ciência no raciocínio do juiz*, p. 113.

[612] Vicenzo Russo, *La prova indiziaria e il giusto processo*, p. 65.

[613] Raffaello Lupi, *Metodi induttivi e presunzioni nell'accertamento tributario*, p. 64.

correta das regras em questão, sob pena de caracterizar vício no raciocínio que será base da sua motivação.[614]

Esses planos de controle devem ser observados, sobretudo pelos juízos de primeiro e segundo graus de jurisdição, para os quais, como se sabe, não há limitação quanto à cognição fática, quer no exame das provas diretas, quer no exame das provas indiretas e das provas *prima facie*. Da mesma forma, esses controles quanto ao conteúdo das máximas de experiência também devem ser observados em relação às normas jurídicas cuja análise, todavia, possui particularidades que precisam ser apontadas.

Previamente é preciso assinalar que a atividade exercida pelo juiz singular, no controle e na verificação do fato, não requer maiores problemas, uma vez comparada com a atividade exercida pelo juiz de segundo grau e, principalmente, pelo juiz dos tribunais superiores em que os limites se impõem. Em síntese, cabe ao juiz singular apreciar livremente a prova com base nos fatos e nas circunstâncias constantes dos autos, fundamentando a sua decisão com os motivos que lhe formaram o convencimento, contexto em que se inserem as máximas de experiência, conforme examinado na primeira parte deste trabalho.

Já o juiz de segundo grau tem a possibilidade de reexaminar amplamente os fatos trazidos ao processo, desde que respeitados os limites dos recursos interpostos, o que é decorrência do efeito devolutivo comum a todos os recursos.[615] Particularmente a *praxis* aponta que, no segundo grau de jurisdição, o exame da questão fática na qual se inserem também as máximas de experiência, orienta-se pela renovação ou repetição do juízo de fato, reavaliando a prova como um todo. O mecanismo de verificação e controle da convicção judicial acaba reduzindo-se à sua própria renovação. Não se costuma analisar o *iter* lógico, a congruência narrativa, a consistência lógico-argumentativa do juízo de fato como uma questão autônoma e relevante. Portanto, urge que o controle exercido pelos tribunais de segundo grau, quanto aos fatos, não se reduza meramente à sua repetição. Deve-se avançar para um exame objetivo da convicção judicial, enfrentando os fatos não somente no plano de contagem, peso e medida, sabidamente de caráter

---

[614] Giovani Pavanini, *Massime di esperienza e fatti notori in corte di cassazione*, p. 255-257 e Moacyr Amaral Santos, *Comentários ao Código de Processo Civil*, p. 43.

[615] Em segundo grau de jurisdição, o efeito devolutivo é a manifestação do princípio dispositivo e não mera técnica de processo, sendo determinante para fixar a matéria impugnada e sujeita ao reexame (NERY JUNIOR, Nelson. *Princípios fundamentais*: teoria geral dos recursos. 5. ed.. São Paulo: Rev. Tribunais, 2000, p. 368). Em termos dogmáticos, a exata configuração do efeito devolutivo deve ser examinada em dois planos: o primeiro quanto à *extensão* do efeito, tido também por horizontal, e o segundo quanto à sua *profundidade*, tido também por vertical. Precisar a *extensão* do efeito devolutivo é delimitar o seu objeto, ou seja, é definir o que se submete, por força do recurso, ao julgamento do órgão *ad quem*. Em outras palavras, é identificar o provimento judicial sujeito a recurso. Já quanto à profundidade do efeito devolutivo, têm-se em vista os fundamentos da decisão, isto é, determinar com que material há de trabalhar o órgão *ad quem* para julgar (BARBOSA MOREIRA, José Carlos. *Comentários ao Código de Processo Civil*. 2. ed. Rio de Janeiro: Forense, 1976, v. 5, p. 403).

subjetivo, a fim de ser enfrentada a congruência narrativa e a consistência lógico-argumentativa do juízo de fato como uma questão autônoma e relevante.[616]

Por seu turno, os tribunais superiores visam a manter inviolada a lei, quer seja constitucional, quer seja infraconstitucional, para que a interpretação jurídica seja exata e uniforme. Desse modo, os juízes dos tribunais superiores, ao examinarem os recursos extraordinários *latu sensu*, estão limitados às chamadas questões de direito decorrentes de interpretação incorreta da norma, porquanto o controle das questões de fato tende a ser excluído completamente da sua cognição.[617] Parte-se da premissa de que erros relativos à questão de direito são mais relevantes, pois contagiam os demais juízes, sendo mais perniciosos, ao passo que os erros de fato têm os seus efeitos indesejáveis circunscritos às causas em que se produziram.[618]

Por essa razão, a doutrina é unânime ao afirmar que os recursos extraordinários *latu sensu* não configuram uma terceira instância ou um terceiro grau de jurisdição.[619] No entanto, a experiência revela que esta limitação contém aparente simplicidade, visto que a atividade forense releva, invariavelmente, que a determinação das questões cassacionais/revisionais e não cassacionais/revisionais é tarefa das mais tormentosas.[620]

---

[616] Danilo Knijnik aponta que há uma carência doutrinária em estabelecer controles e instrumentos capazes de reduzir a discricionariedade judicial, inclusive em relação à aplicação das máximas de experiência, a fim de evitar o arbítrio e possibilitar o diálogo mais amplo, franco e consistente no terreno do juízo de fato, superando a mera substituição de uma convicção – a do juiz – por outra – a do Tribunal (*Os standards do convencimento judicial: paradigmas para o seu possível controle*, p. 17).

[617] Teresa Wambier aponta que, pelo exame de direito comparado, Itália, França, Alemanha, Espanha e Estados Unidos, incluindo o Brasil, consagram o postulado: não se reexaminam os fatos na "instância especial", o que é compreensível, porque se procura atender à segurança e à igualdade jurídica. A processualista ressalta, ainda, citando Arruda Alvim, que "a função dos mais altos tribunais da maioria dos países deve ser eminentemente exemplar, e os casos que julgam devem ser paradigmáticos. Devem ser capazes de significar orientação para os demais tribunais e refungir da grande rotina da judicatura. Assim, rigorosamente, não se pode dizer que esses tribunais tenham a função de controlar todo o tipo e toda a espécie de ilegalidade. É necessário que a questão tenha outras qualidades ou atributos" (WAMBIER, Teresa Arruda Alvim. Distinção entre questão de fato e questão de direito para fins de cabimento de recurso especial. *Rev. AJURIS*, n. 74, nov. 1998, p. 277).

[618] PÁDUA RIBEIRO, Antônio de. Do recurso especial para o Superior Tribunal de Justiça. *Rev. Informação Legislativa*, n. 105, jan./mar. 1990, p. 75.

[619] TEIXEIRA, Sálvio de Figueiredo. O recurso especial e o Superior Tribunal de Justiça. *Rev. Informação Legislativa*, n. 107, jul./set. 1990, p. 149.

[620] Na Europa, os tribunais tidos por superiores dividem-se em dois tipos preponderantes: o Tribunal de Cassação e o Tribunal de Revisão. Daí por que se falar de questões cassacionais/revisionais. O primeiro Tribunal foi adotado pela Itália, Bélgica, Holanda, Luxemburgo, Espanha e Grécia. O segundo Tribunal pela Alemanha, Áustria, Suíça e Portugal (Alfredo Buzaid, *Estudos de Direito*, p. 127). Dada a impossibilidade de estudar cada tipo particular, entendemos acertado indicar as suas características básicas, segundo o seu modelo referencial. De acordo com Piero Calamandrei, autor de obra clássica a respeito da matéria, a Corte de Cassação apenas anula a decisão, procedendo ao reenvio da causa para outra Corte, à qual compete o julgamento de fundo da matéria, tendo a preocupação de assegurar a unidade do direito contra os "devaneios" oriundos de decisões locais. Desse modo, o controle do juízo fático pelo Tribunal de Cassação busca desconstituir a decisão de juízes inferiores, sem substituir diretamente a de-

O grande desafio está na busca de elementos dogmáticos que possam apontar ao aplicador do direito as questões sujeitas, ou não, ao exame dos tribunais superiores[621], contexto em que se discute se as máximas de experi-

cisão anulada por uma nova decisão positiva. Quanto à sua origem, o processualista italiano destaca que o Tribunal de Cassação é produto de fatores históricos e doutrinários. Entre os fatores históricos, aponta que a idéia fundamental do instituto deriva do *Conseil des parties* francês, da necessidade de impedir as invasões no campo legislativo cometidas sob ao *Ancien Régime* pelos Parlamentos e da necessidade de limitar o poder de interpretação dos juízes. Quanto aos fatores doutrinários, ele refere a doutrina do Contrato Social de Rousseau e a teoria de divisão dos poderes de Montesquieu (in *La Casación Civil*, Tomo I, Volume 2, trad. de Santiago Sentís Melendo, Buenos Aires, Editorial Bibliográfica Argentina, 1945, p. 17 a 34 e 369 e 370). Por sua vez, o Tribunal de Revisão, embora tenha origem no modelo de cassação, foi desenvolvido pelos alemães. Nesse caso, o Tribunal, situado no ápice da organização judiciária, pode julgar novamente a causa, atuando positivamente, como faria qualquer outro Tribunal, embora não fosse considerado uma terceira instância. Desse modo, o juízo de revisão não se limita a anular a decisão recorrida, sendo permitido analisar o mérito e julgar a controvérsia (Calamandrei, in *La Casación Civil*, p. 375). No contexto brasileiro, o Supremo Tribunal Federal e o Superior Tribunal de Justiça têm caráter híbrido: os recursos especial e extraordinário aproximam-se da revisão, principalmente aquele, mas podem também operar como uma verdadeira cassação. Nesse caso, os tribunais superiores anulam a decisão e a reenviam ao Tribunal *a quo*. Deste modo, há forte influência européia, mas também se verifica uma importante inspiração norte-americana, principalmente no que se refere ao controle de constitucionalidade exercido pelo Supremo Tribunal Federal (Alfredo Buzaid, *op. cit.*, p. 181-185).

[621] No direito comparado, colhem-se de Horst-Eberhard Henke ensinamentos e critérios relevantes para determinação das questões cassacionais e não-cassionais, podendo-se distingui-las segundo três métodos: método lógico, método das possibilidades de obrar e método teleológico. O método lógico é fruto da doutrina tradicional, que entende existir uma diferença lógica entre a constatação dos fatos e a aplicação do direito. O critério diferenciador está na natureza dos conceitos que o juiz aplica em cada caso: se se subsume a um conceito jurídico, trata-se de uma questão jurídica cassacionável. Em contrapartida, caso se sirva de um conceito natural (pré-jurídico), sua conclusão pertencerá ao campo da questão de fato. Já o método das possibilidades de obrar tem raiz penal. Tem como definição o questionamento acerca de quais conclusões está o tribunal em condições de examinar sem efetuar um novo debate principal sobre a questão de fato. Segundo esse método, são cassacionáveis todas as constatações, sejam jurídicas, sejam fáticas, que o tribunal de cassação está em condições de reexaminar sem uma nova instrução da prova. Incassacionáveis, portanto, seriam aquelas hipóteses cuja verificação requereria uma instrução nova. Por fim, o método teleológico está estruturado sobre a tese de que, na ordem lógica, a constatação dos fatos e a aplicação do direito são inseparáveis. Por conseguinte, o critério diferenciador, a fim de determinar o objeto de análise do Tribunal de Cassação, será a finalidade do recurso (Horst-Eberhard Henke, *La cuestion de hecho: el concepto indeterminado en el derecho civil y su casacionabilidad*, p. 15-21). Sobre o enfoque teleológico, existem duas correntes doutrinárias alemãs que procuram explicar o método do direito de cassação, a saber: a Teoria de Schwinge e a Teoria de Kuchinke. Schwinge invoca a teoria do conhecimento, a fim de demonstrar que a questão de fato e a questão de direito estão indissoluvelmente conectadas. Isso porque, quando o juiz examina o material processual e separa os fatos juridicamente relevantes dos juridicamente irrelevantes, deixa-se guiar por normas jurídicas que previsivelmente corresponderia aplicar. Assim, o ponto de partida para separação das questões cassacionáveis e não cassacionáveis seria a finalidade do recurso, que corresponde à função primordial de garantir a uniformidade de jurisprudência, estando o interesse do recorrente, em ver reformada a decisão, em segundo plano (Horst-Eberhard Henke, *op. cit.*, p. 21-22). Em que pese o avanço doutrinário proporcionado, a Teoria de Schwinge não deixou de sofrer críticas. As principais delas residem no fato de ter superestimado as possibilidades de criação casuística de pautas, e de ter subestimado, em contrapartida, a importância que tem o resultado concreto das pautas de formulação indeterminada. Nesse contexto, Kuchinke desenvolveu uma nova teoria teleológica da cassação. Tal como Schwinge, Kuchinke parte do pressuposto de que a "questão de fato" e a "questão de direito" são inseparáveis desde o ponto de vista lógico-conceitual. O contributo dessa teoria à equivalência de Schwinge é a valorização da questão que tem relevância para o futuro, restringindo ainda mais a dupla questão do caso singular/questão de princípio (Horst-Eberhard Henke, *op. cit.*, p. 42-45). Por fim, ainda quanto aos métodos do direito de cassação, destaca-se que Danilo Knijnik, em tese de doutorado defen-

Direito Probatório – as máximas de experiência em juízo

ência estariam ou não sujeitas ao controle de revisão ou cassação. Trata-se, sem dúvida, de tema de alta complexidade porque remete ao controle de legitimidade sobre o juízo de fato e sobre o juízo de direito.[622]

Inaugura-se, assim, um terceiro plano de controle das máximas de experiência, no qual se discute a possibilidade, ou não, de revisão ou cassação, pelos tribunais superiores, da aplicação dessas regras pelo juízo de segundo grau de jurisdição. Nesse plano há duas correntes doutrinárias bem definidas.

A primeira corrente é sustentada por Chiovenda, para quem, tanto o juízo de fato como o juízo de direito podem ser censurados pelos tribunais superiores, caso as suas premissas gerais sejam constituídas de máxima de experiência.[623] Trata-se da corrente minoritária e extensiva quanto à possibilidade de revisão.

---

dida perante a Universidade de São Paulo, propõe uma categoria própria, que encerra as questões de fato e de direito em um regime jurídico unitário. Seriam as chamadas questões mistas (de fato e de direito), cujo sentido contém elevada carga de indeterminação ou polissemia (ex.: conceitos jurídicos indeterminados, cláusulas gerais, *standards*, etc). Seriam eminentemente transitórias, estando, assim, inseridas no âmbito de uma nomofilaquia tendencial, visto que se transformam, uma vez examinadas, enfrentadas e catalogadas, em questões de direito. Essas questões poderiam ou não ser objeto de reexame em recurso especial. Dependeriam, concretamente, de dois requisitos: 1º) que se tenha dúvida objetiva a respeito das "margens da decisão"; e 2º) que seja possível ao Superior Tribunal de Justiça realizar um desenvolvimento posterior do direito (obra ainda não publicada).

[622] Gian Franco Ricci, *Prove e argomenti di prova*, p. 1.095 (nota 123).

[623] Giuseppe Chiovenda sustenta que "Constitui questão de fato, *mas sujeita a censura da Corte de Cassação*, toda questão que se possa resolver com aplicação das 'máximas de experiência'. São juízos *gerais*, e não próprios de cada relação jurídica, fundados na observação do que ordinariamente acontece, e como tais se podem elaborar em abstrato por qualquer pessoa de mentalidade sadia e de cultura média. Toda norma pressupõe, para sua aplicabilidade, certo número desses juízos *gerais* de fato; e todo juízo de fato contrário a uma máxima de experiência, desde que emitido à vista da aplicação de uma norma, resolve-se numa falsa aplicação de lei e é censurável por via de cassação. Dessa forma, é censurável o juízo de que a causa de um contrato é contrária aos *bons costumes* ou à *ordem pública*. À luz desse princípio compreende-se como e em que limites pode constituir objeto de censura por via de cassação a *interpretação* dos negócios jurídicos pelo juiz de mérito. Enquanto o juiz afirma que uma declaração de vontade, em confronto com as circunstâncias próprias do caso concreto, encerra um sentido em vez de outro, sua convicção não é passível de censura, nem sequer a título de 'falseamento'; se, porém, o juiz infere uma afirmação de máximas gerais de experiência aplicadas ao caso concreto, o próprio juízo de fato é censurável naquelas premissas gerais. Conclui-se, ainda, que, se as circunstâncias, afirmadas pelo juiz como próprias de certa relação jurídica, se apresentam como *impossíveis*, é censurável por via de cassação o juízo de fato a elas concernente, autorizando-se a todos, e muito mais à Corte Suprema, julgar se um fato em dadas circunstâncias poderá ou não ter acontecido; e, desse modo, seria censurável a decisão que admitisse um meio instrutório para verificar uma coisa impossível, ou uma coisa possível em si, mas impossível de verificar. Em sentido contrário, seria também digna de censura uma sentença que recusasse meios de prova destinados a verificar fatos considerados impossíveis, desde que se afigurem possíveis à 'experiência' da Corte Suprema (observo, a este propósito, que segundo invariável jurisprudência da Suprema Corte, a pretensa inverossimilhança de um fato não importa em razão para negar-lhe a prova: o que é inverossímil, pode ser possível)... " (Giuseppe Chiovenda, *Instituições de Direito Processual Civil*, p. 356-357). Da mesma forma, Chiovenda reitera esse seu entendimento na obra *Principii di diritto processuale civile*, p. 1.208. No âmbito da doutrina italiana, essa corrente é também sustentada por Aldo Piras, que entende que as máximas de experiência podem ser sempre revisadas, independentemente de se referirem a questões somente fáticas ou jurídicas, caso tenha ocorrido insuficiência de motivação (*Le massime d'esperienza e la motivazione insuficiente*, p. 118-121). Na doutrina brasileira, Alfredo Buzaid compartilha do mesmo entendimento. Sustenta que "as máximas

Já a segunda corrente doutrinária – majoritária, portanto –, defendida por Calamandrei, entende que a máxima de experiência somente pode ser censurada pelos tribunais superiores quando se referir à adequada aplicação de uma norma jurídica.[624] Assim, caso o juiz venha a assentar premissas maiores incorretas com base nas regras da experiência, estará violando o preceito da norma jurídica em branco. Em tal caso, um erro quanto à máxima de experiência equivale a um erro de direito, diferentemente do que ocorre quando as máximas de experiência são aplicadas em relação às provas produzidas, hipótese em que se entende que há erro de fato.[625]

Nessa hipótese, entende-se que os tribunais de cassação, nos limites apontados, possam exercer o controle sobre a escolha da máxima de experiência realizada pelo juízo de mérito, permitindo-se uma sindicância sobre os elementos de convicção adotados. Isso ocorre, logicamente, porque a experiência não pertence somente aos juízes de primeiro e segundo graus, mas também a quem os controla, no âmbito de determinada investigação.[626]

Por conseguinte, para essa corrente majoritária, a inobservância de uma máxima de experiência relacionada à questão fática não constitui motivo de cassação. Ilustrativamente, se o juiz, ao avaliar as respostas contraditórias de diversas testemunhas de diferentes idades, afirmar que os velhos estão menos sujeitos do que os jovens ao enfraquecimento da memória, estará, assim, cometendo um erro contra a comum experiência, que se pode qualificar até de defeito de motivação, mas não será certamente um daqueles *errores in iudicando* que possam ensejar o controle realizado pelos tribunais superiores.[627]

Por outro lado, se o juiz erra ao aplicar uma máxima de experiência, seja de caráter precipuamente técnico, seja de uso comum, a qual deveria servir para integração de uma norma jurídica, entende-se que se trata de um

---

de experiência servem para apreciação jurídica dos fatos, especialmente quando ela depende de juízo de valor; integram por isso as normas jurídicas sempre que estas reclamam um preceito da experiência do que ordinariamente ocorre. Assim as máximas de experiência se tornam a própria norma jurídica. Assemelhada à regra jurídica a máxima de experiência, esta ocupa, no silogismo da sentença, o lugar de premissa maior. Estabelecida, pois, a equiparação entre máxima de experiência e norma jurídica, daí resulta que a violação daquela pode consitituir fundamento de recurso extraordinário" (*Estudos de Direito*, p. 195).

[624] Piero Calamandrei, *Massime di esperienza in cassazione. Rigetto del ricorso a favore del ricorrente*, p. 127.

[625] Essa corrente majoritária é observada tanto na Itália (Gennaro Roberto Pistolese, *La prova civile per presunzioni e le cosiddette massime di esperienza,* p. 118-119) como na Alemanha (Henke Horst-Eberhard, *La cuestion de hecho: el concepto indeterminado en el derecho civil y su casacionabilidad,* p. 97). A propósito, Alfredo Buzaid destaca que, entre os juristas alemães que seguem esta doutrina majoritária, inserem-se Rosenberg e Schwab (Alfredo Buzaid, *"Máximas de experiência". Ensaios e pareceres de direito processual civil*, p. 136).

[626] Elio Fazzalari, *Il giudizio civile di cassazione,* p. 90-94.

[627] Piero Calamandrei, *Massime di esperienza in cassazione. Rigetto del ricorso a favore del ricorrente*, p. 128-129.

erro de direito, passível de controle pelos tribunais superiores.[628] Por exemplo, em uma demanda de desapropriação, se houver um erro técnico quanto à avaliação do "justo preço", estaremos diante de uma violação de direito, passível de cassação ou de revisão.

Desse modo, a doutrina majoritária entende que um erro contra a experiência se assemelha a um erro de direito toda vez que o juiz tenha errado ao determinar, em concreto, o significado daquelas expressões vagas ou elásticas que as leis não raro adotam para designar conceitos, cujo conteúdo concreto – sujeito a variações com o desenvolvimento da sociedade – é determinado pelo intérprete, segundo as idéias prevalentes ao tempo do julgamento.[629]

Cumpre ressaltar que a errônea aplicação de uma máxima de experiência, naqueles conceitos jurídicos tornados concretos, não pode deixar de ser submetida ao controle dos tribunais superiores, pois há necessidade prática de obter a igualdade e certeza do direito através da uniformização jurisprudencial, permitindo que se tenha maior segurança jurídica e também orientação aos juízes de primeiro e segundo graus. É o que se denomina atualmente de "nomofilaquia tendencial ou dialética" que consiste na transcendência, oriunda da certeza e estabilidade jurídicas que devem derivar das decisões proferidas pelos tribunais superiores, fazendo com que se fixe, em tese, o verdadeiro sentido da questão de direito objetivo posta em julgamento. Assim, o juízo de cassação/revisão acaba por controlar a criação "normativa" do Poder Judiciário, uniformizando-a, com vistas à aplicação futura.[630]

Conseqüentemente, percebe-se que os recursos extraordinários "lato sensu" não respondem simplesmente ao interesse do litigante vencido em ver reformada a decisão que o desfavoreceu, mas, sobretudo, ao interesse público para assegurar a "inteireza positiva", a "autoridade", a "validade" e a "uniformidade de interpretação".[631] Nesse caso, o interesse privado se põe a serviço do interesse público, sendo o interesse da parte, para a justa decisão do caso concreto, a força motriz para a defesa do direito objetivo e para a unificação da jurisprudência.[632]

Atendo-se à questão do controle das máximas de experiência pelos tribunais superiores, é preciso que se diga que a solução preconizada pela doutrina majoritária – autorizar o reexame da regra da experiência somente quando atuar sobre as regras jurídicas – está longe de conferir a seguran-

---

[628] Piero Calamandrei, *op. cit.*, p. 129 e Giovani Pavanini, *Massime di esperienza e fatti notori in corte di cassazione*, p. 247.

[629] Ibid., p. 129.

[630] Piero Calamandrei, *La Casación Civil*, t. 2, p. 41-117.

[631] Antônio de Pádua Ribeiro, *Do recurso especial para o Superior Tribunal de Justiça*, p. 75.

[632] Piero Calamandrei, *op. cit.*, t. 1, v. 1, p. 353-356.

ça jurídica necessária, havendo ainda uma grande incerteza na doutrina.[633] Isso ocorre sobretudo diante dos avanços da metodologia e hermenêutica jurídicas, que apontam a superação da vetusta dicotomia "questão de fato" e "questão de direito", conforme exposto alhures. Logicamente, devido à complexidade do tema e aos limites desta investigação, não se tem a pretensão de esboçar a solução de tão intrincada questão nos limites desta investigação científica.

É oportuno registrar, no entanto, que a doutrina acabou desenvolvendo, na busca de um possível controle da valoração da prova e, conseqüentemente, do convencimento judicial, certos *standards* jurídicos ou modelos de constatação,[634] os quais operam semelhantemente aos princípios jurídicos, tendo, portanto, abertura, polissemia, alta flexibilidade, sendo que eventual conflito se resolve mediante juízos de ponderações ou balanceamentos, diferentemente das regras jurídicas cujo conflito se resolve ou por antinomia (conflito aparente de normas), ou pela lógica do tudo ou nada.[635]

Esses modelos permitem criar um controle lógico do convencimento judicial, ao serem analisadas as inferências e conclusões, atuando na esfera dos "errores in cogitando", categoria nova que se soma aos tradicionais "errores in judicando" e "errores in procedendo". Não permitem, dessarte, um controle perceptivo quanto ao peso, medida e constatação da prova, mas permitem exercer um possível controle sobre a fundamentação judicial, sobre a qual impera atualmente o princípio do livre convencimento racional, demonstrando, assim, que a liberdade judicial sofre limites racionais e lógicos. Visam a tornar objetiva a análise do convencimento judicial à luz da razão prática, da lógica do discurso, da teoria da argumentação.[636]

É preciso ter presente que, quando se examina a atividade probatória, há dois níveis de trabalho ao ser examinada a questão de fato: o primeiro é subjetivo, de peso, contagem, medida; o segundo é de caráter lógico, inferencial, indutivo. No juízo de fato há, portanto, um aspecto que corresponde à imediação do órgão jurisdicional com respeito aos meios de prova praticados pela decisão e, de outro lado, o raciocínio inferencial, que permite a justificação da decisão.[637]

---

[633] Giovani Pavanini consigna que reina a maior incerteza na doutrina sobre a censurabilidade em cassação das máximas de experiência. As tentativas realizadas até agora para justificar a sua verificação não se podem reputar satisfatórias (*Massime di esperienza e fatti notori in corte di cassazione*, p. 249-253).

[634] Danilo Knijnik, *Os standards do convencimento judicial: paradigmas para o seu possível controle*, p. 27.

[635] ALEXY, Robert. *Teoria de los derechos fundamentales* (trad. Ernesto G. Valdez). Madrid: Centro de Estudios Constitucionales, 1993, p. 81-115.

[636] Danilo Knijnik, *Os standards do convencimento judicial: paradigmas para o seu possível controle*, passim.

[637] GUASCH FERNÁNDEZ, Sergi. *El hecho y el derecho em la casación civil*. Bosch: Barcelona, 1997, p. 433.

Os *standards* entram em cena principalmente no reexame e valoração fáticas e jurídicas realizadas pelos tribunais de segundo grau e de cassação e revisão. No dizer de Danilo Knijnik, "os *standards* podem colaborar na *denúncia* de desvios lógico-inferenciais, no sentido de *indicar* a ocorrência de erros, subjetivismos, arbitrariedades, a partir do exame lógico do 'como', do 'por que meios', do 'por que maneira', etc., atingiu-se uma certa convicção".[638]

Entre esses modelos, destaca-se a "doutrina do absurdo" ou da "arbitrariedade", contexto em que especialmente podem estar inseridas as máximas de experiência. Trata-se de uma doutrina que impede a desconsideração do material probatório sob pena de violação constitucional da garantia constitucional do acesso ao Poder Judiciário, visto que se parte do pressuposto de que a análise seja ponderada e efetiva da prova judiciária. Nessas circunstâncias, a sentença será arbitrária ou absurda.[639] Segundo Casemiro Varela, "El absurdo en la interpretación de la Corte se configura cuando se produce un desvío notorio del razonamiento del juzgador o el establecimiento de conclusiones en abierta contradicción con fehacientes constancias de la causa". Quanto à arbitrariedade na apreciação da prova, aponta o processualista argentino, que existem duas hipótese de configuração: "La primera de ellas atañe a una deficiente labor intelectual desarrollada en la sentencia, con relación a los preceptos legales que gobiernan la valoración de las pruebas y, la segunda, cuando se prescinde de pruebas essenciales".[640]

Percebe-se, por conseguinte, que se trata de importantes modelos de constatação, cuja aplicação tornaria inteligível, por exemplo, o debate sobre a adequada aplicação de uma determinada máxima de experiência, inclusive no âmbito dos tribunais superiores, na busca do equilíbrio entre a convicção pessoal do julgador e a exteriorização dos fundamentos que conduziram à sua decisão, com base nos elementos probatórios constantes dos autos do processo.

---

[638] *Op. cit.*, p. 29. Após realizar profunda pesquisa no Direito comparado, Danilo Knijnik destaca os principais *standards* jurídicos existentes para o controle lógico da convicção judicial: 1) *evidence beyond a reasonable doubt* (prova acima da dúvida razoável) e *preference of evidence* (preponderância de prova, ou grande peso de prova); 2) mínima atividade probatória; 3) suficiência; 4) "doutrina do absurdo" ou da "arbitrariedade"; 5) congruência narrativa; 6) "controle da motivação", que se subdivide em três importantes *standards*: a) *défaut de motifs* (falta ou carência de motivos); b) *défault de base légal* (falta de base legal); e c) *dénaturation de l'ecrit* (desnaturação ou, mais livremente, deturpação de um escrito); e 7) modelos probabilístico-matemáticos.

[639] Danilo Knijnik, *Os standards do convencimento judicial: paradigmas para o seu possível controle*, p. 39 e 40.

[640] Casemiro A. Varela, *Valoración de la prueba*, p. 108 e 109.

4. As máximas de experiência na *práxis* brasileira

4.1. Tratamento legal e doutrinário (arts. 131 e 335 do CPC)

O sistema brasileiro de valoração da prova é o da persuasão racional, no qual predomina a conveniência da livre convicção e a necessidade de segurança contra o arbítrio.[641]

Conforme ressaltado na primeira parte deste trabalho, ao ser analisada a valoração da prova, o sistema da persuasão racional, tal como adotado no Direito brasileiro, de acordo com o art. 118 do CPC de 1939[642] e o art. 131 do CPC vigente[643], caracteriza-se por ser um sistema intermediário entre os sistemas da prova legal e da íntima convicção, no qual prevalece o critério racional de análise das provas, baseado em regras de lógica e experiência, a fim de evitar decisões absurdas e arbitrárias.

Cumpre ressaltar, a propósito, que a vigente legislação processual brasileira, especialmente no que concerne à apreciação das provas, sofreu significativa influência dos códigos alemão e italiano, que perfilharam o sistema da livre convicção, cuja liberdade não é absoluta, senão vinculada a certos limites, conforme antes demonstrado.[644] No entanto, é importante que se diga que a influência européia não é irrestrita, haja vista que a área

---

[641] Moacyr Amaral Santos, *Prova judiciária no cível e comercial*, v. 1, p. 416-442; THEODORO JÚNIOR, Humberto. *Curso de direito processual civil*. Rio de Janeiro: Forense, 1994, p. 416-417, v.1 e Carlos Alberto Alvaro de Oliveira, *Problemas atuais da livre apreciação da prova*, p. 46-51.

[642] Art. 118 do CPC de 1939: "Art. 118. Na apreciação da prova, o juiz formará livremente o seu convencimento, atendendo aos fatos e circunstâncias constantes dos autos, ainda que não alegados pela parte. Mas, quando a lei considerar determinada forma como da substância do ato, o juiz não lhe admitirá a prova por outro meio. Parágrafo único. O juiz indicará na sentença ou despacho os fatos e circunstâncias que motivaram o seu convencimento".

[643] Art. 131 do CPC de 1973: "O juiz apreciará livremente a prova, atendendo aos fatos e circunstâncias constantes dos autos, ainda que não alegados pelas partes; mas deverá indicar, na sentença, os motivos que lhe formaram o convencimento".

[644] Moacyr Amaral Santos, *Prova judiciária no cível e comercial*, v. 1, p. 416-420.

de atuação do juiz brasileiro é bem maior em relação aos seus colegas da Europa continental. Isso porque o processo civil brasileiro não se limita à realização da ordem jurídica privada como ocorre no Direito italiano e no Direito alemão, estendendo-se também à tutela do direito público, sendo admitida, inclusive, a possibilidade de controle dos atos da administração pública pela justiça comum estadual, tendo em vista que a ordem político-constitucional brasileira teve sabida inspiração no modelo norte-americano e não nos da Europa continental.[645]

Examinando-se os termos do art. 131 do CPC, infere-se que o juiz tem o poder de formar livremente a sua convicção, mas está obrigado a formá-la segundo "os fatos e circunstâncias dos autos, ainda que não alegados pelas partes", quer tenham sido trazidos ao processo por iniciativa das partes, quer tenham sido aportados por iniciativa do juiz. É uma referência expressa à limitação do convencimento do juiz decorrente do princípio dispositivo, o que implica, outrossim, a vedação ao uso da ciência privada do julgador.[646]

Além dessas limitações, registra-se que o livre convencimento, estatuído no referido dispositivo do CPC brasileiro, sofre também limitações em face das regras de admissibilidade das provas, da lógica, da racionalidade, da experiência, do contraditório e do dever de motivação,[647] conforme ressaltado na primeira parte deste trabalho.

No que se refere à fonte cognitiva dos fatos, veda-se ao juiz a utilização de seu conhecimento privado sobre os fatos que interessam ao processo. Em contrapartida, admite-se que o juiz esteja legitimado a utilizar as regras de experiência, a fim de formular, mormente, o juízo de fato. Isso porque não se trata de ciência privada, na medida em que essas regras empíricas representam aqueles componentes da cultura média da sociedade,

---

[645] As particularidades do ordenamento jurídico brasileiro, frente ao direito comparado, são expostas magistralmente por LACERDA, Galeno. *Comentários ao Código de Processo Civil.* 4. ed. Rio de Janeiro: Forense, 1992. v. 8, t. 1, p. 94-5 e OLIVEIRA, Carlos Alberto Alvaro de. Jurisdição e Administração: notas de direito brasileiro e comparado. *Rev. Informação Legislativa,* Brasília. n. 30, v. 119, jul./set. 1993, p. 217-232. Ambos juristas ressaltam que o direito romano tinha uma reconhecida inaptidão para o direito público, o que explica o fato de que, durante séculos, o direito privado ter sido o único direito do continente europeu. Particularmente, o sistema alemão compreende o processo civil como aquele perante o Tribunal da jurisdição ordinária das lides civis, cabendo aos Tribunais administrativos os litígios de direitos públicos, entre cidadão e administração. Da mesma forma, o sistema italiano estabelece essa divisão de jurisdição, mas com a particularidade de estabelecer o critério com base na distinção entre a tutela dos direitos subjetivos e a tutela dos interesses legítimos, a primeira atribuída aos órgãos da jurisdição civil e a segunda à jurisdição dos órgãos da justiça administrativa. Embora haja particularidades, ambos sistemas (alemão e italiano) impedem que os órgãos da jurisdição civil exerçam algum poder cautelar de suspensão do ato administrativo e de anulação do ato administrativo, mesmo se declarado lesivo a um direito fundamental, devendo-se limitar à condenação da administração ao ressarcimento dos danos.

[646] Moacyr Amaral Santos, *op. cit.,* p. 176 e 427.

[647] O dever de motivação, além do disposto no art. 131, está estatuído nos arts. 165 e 458, II, todos do CPC de 1973, tendo sido elevado a cânone constitucional na Constituição Federal de 1988, no art. 93, IX, 1ª parte.

não podendo ser tidas como informes levados ao conhecimento privado do juiz. Por isso, admite-se que as mesmas sejam adotadas, primeiro, para que seja preservada a lógica do pensamento e, segundo, por manifestação da economia processual (o que o juiz já sabe, não precisa ser provado), o que não representa violação à imparcialidade do juiz, conforme examinado anteriormente.

Tão expressiva é a importância das regras de experiência que o direito brasileiro contemplou, expressamente, as máximas de experiência no art. 335 do CPC vigente,[648] nos termos do projeto elaborado por Buzaid, que exaltara esta inovação na exposição de motivos da vigente lei processual. Sabidamente a origem desse dispositivo decorre do art. 78 do *codice di procedura civile dello Stato della Città del Vaticano,*[649] cuja redação, inegavelmente, é mais precisa.[650]

Com efeito, no CPC de 1939, não havia dispositivo semelhante ao art. 335 do diploma vigente[651], tratando da experiência da vida, inovação essa que foi saudada por Pontes de Miranda.[652] Desse modo, o legislador brasileiro de 1973 acabou incorporando à terminologia legal uma expressão que, até então, pertencia exclusivamente à linguagem doutrinária.[653]

A propósito, Barbosa Moreira destaca que, até então, não se tinha conhecimento de qualquer outra lei processual que tivesse empregado a expressão "regras da experiência", embora o Código italiano de 1940 tenha concedido ao juiz autorização expressa para, "senza bisogno di prova, porre a fondamento della decisione le nozioni di fatto che rientrano nella comune esperienza" (art. 115), abstendo-se, porém, de utilizar a locução precisa.[654]

---

[648] "Art. 335. Em falta de normas particulares, o juiz aplicará as regras de experiência comum subministradas pela observação do que ordinariamente acontece e ainda as regras da experiência técnica, ressalvado, quanto a esta, o exame pericial."

[649] Art. 78 do Código do Estado do Vaticano: "Il giudice, nei casi cui non siano statuite norme giuridiche particolari per la deduzione del fatto da provare dal fatto percepito, applica le regole di esperienza comune, date dall`osservazione di quanto comunemente avviene, e le regole di esperienza tecnica, salva, in questo ultimo caso, la facoltà di cui all'art. 121" ("O juiz, nos casos em que não tenham sido estabelecidas normas jurídicas particulares para deduzir do fato a provar o fato percebido, aplica as regras de experiência comum, dadas pela observação do que comumente ocorre e as regras de experiência técnica, salvo, neste último caso, a faculdade de que trata o art. 121").

[650] José Carlos Barbosa Moreira, *Prueba y motivación de la sentencia*, p. 114. Da mesma forma, Alfredo Buzaid destaca esta origem do dispositivo legal (*"Máximas de experiência". Ensaios e pareceres de direito processual civil*, p. 133).

[651] Ressalta-se que o Regulamento n. 737, de 25 de novembro de 1850, editado para o processamento das causas comerciais, cuidou das presunções simples, considerando-as "... aquelas que a lei não estabelece, mas se fundam n`aquilo que ordinariamente acontece", nos termos do art. 187. Completava-se esse preceito com a seguinte afirmação: "Estas presunções devem ser deduzidas pelo juiz, conforme as regras de direito, e com prudência e discernimento". Portanto, já se revelava timidamente a orientação pela contemplação das regras da experiência no direito brasileiro, com base no que "ordinariamente acontece".

[652] Pontes de Miranda, *Comentários ao código de processo civil*, p. 237.

[653] José Carlos Barbosa Moreira, *Regras de experiência e conceitos juridicamente indeterminados*, p. 13.

[654] Ibid., p. 13.

Posteriormente o Código de Defesa do Consumidor, introduzido no sistema legislativo brasileiro pela Lei nº 8.078, de 11.09.1990, trouxe algumas disposições de ordem processual, especialmente no que se refere à prova. Entre elas, proibiu-se a inversão contratual do ônus em prejuízo do consumidor (art. 51, VI) e se consignou expressamente a possibilidade de o juiz invertê-lo a seu favor, quando ocorre verossimilhança das alegações ou hipossuficiência, conforme a orientação de regras ordinárias de experiência (art. 6º, VIII). Há, portanto, nova menção expressa às regras de experiência, o que denota o reconhecimento da importância funcional da categoria pelo legislador, não apenas no âmbito da apuração do fato como da integração da norma.

Feito esse registro, é oportuno mencionar que o dispositivo do art. 335 do CPC não representa exceção à exigência de julgar segundo os autos, nos termos do art. 131 do CPC, pois aquele dispositivo atua em campo diferente deste, porque não diz respeito às fontes a serem consideradas no julgamento, mas principalmente aos raciocínios a serem desenvolvidos pelo julgador.[655]

Examinando-se o art. 335 do CPC, constata-se que a legislação processual brasileira tratou dos dois tipos de máximas de experiência, tanto a comum – ao referir-se às regras subministradas pela observação do que ordinariamente acontece – como a técnico-científica.[656] Embora esse artigo tenha sido um avanço, o legislador não chegou a disciplinar o tratamento probatório das máximas de experiência, tendo apenas abordado uma função específica que as mesmas podem desempenhar.

Poder-se-ia pensar que, pelo fato de o art. 335 do CPC ter sido inserido no capítulo do Código referente às provas (Livro I, Título VIII, Capítulo VI, Seção primeira), a utilidade das regras da experiência seria apenas enquanto instrumentos da apuração dos fatos. Todavia, o papel da categoria não se esgota no terreno da prova, podendo-se aplicá-la em relação às normas jurídicas, tanto que o legislador, na primeira parte desse artigo, dispõe que são aplicáveis "em falta de normas jurídicas particulares", o que conduz à conclusão de que até lhe possam fazer as vezes[657], na sua ausência ou na sua insuficiência, como ocorre no caso de cláusulas gerais e conceitos jurídicos indeterminados.

A propósito, compartilhamos o entendimento de Greco Filho, para quem não é correta "a interpretação de que esse dispositivo é uma variação de regra consagrada no direito brasileiro sobre a aplicação da lei, analogia,

---

[655] Cândido Rangel Dinamarco, *Instituições de direito processual civil*, p. 106.

[656] Ibid., p. 122 e Ernane Fidelis dos Santos, *O ônus da prova no código do consumidor*, p. 272.

[657] José Carlos Barbosa Moreira, *Regras de experiência e conceitos juridicamente indeterminados*, p. 17.

costumes e princípios gerais do direito (art. 126)[658]". As "normas jurídicas particulares", no art. 335, "não são as normas que o juiz deve aplicar para dizer se o pedido do autor deve ser procedente ou improcedente", mas sim as normas sobre presunções legais e regras de prova legal.[659] Isso porque se sabe que a presunção legal tem por fundamento justamente uma norma. Naturalmente, na ausência desta, o juiz não está impedido de raciocinar por meio de presunções, pois está autorizado a valer-se da sua experiência comum ou técnica para chegar ao fato principal, quando dispõe de apenas indícios, como ocorre freqüentemente em se tratando de presunções simples ou *hominis*. É o sentido que se pode abstrair da norma em comento, que veda ao juiz valer-se das máximas de experiência em face das presunções legais, mas o autoriza a delas valer-se em face do indício, para extrair uma presunção simples.[660] Por essa razão, percebe-se que o artigo em questão aponta para a função exercida pelas máximas de experiência em relação à prova indireta, o que não afasta as outras funções desempenhadas pela categoria no direito brasileiro, conforme restou examinado na terceira parte deste trabalho.

Além do mais, o art. 335 do CPC estabeleceu uma limitação que precisa ser destacada, qual seja, diante da necessidade de aplicar uma regra técnica, o juiz deve observar o exame pericial. A extensão dessa regra precisa ser bem compreendida.

A bem da verdade, o texto do art. 335 do CPC não é claro suficiente quanto a essa limitação, conforme advertiu Barbosa Moreira.[661] Lendo-o superficialmente, não se sabe ao certo se, diante de uma regra técnica, o juiz está sempre obrigado a observar a prova pericial ou se deve observá-la em determinadas circunstâncias.

De acordo com o exame realizado na terceira parte deste trabalho ("do tratamento probatório das máximas de experiência técnica ou científica"), deve-se ter presente que, para se tratar de uma verdadeira máxima de experiência, mesmo que seja técnica ou científica, é necessário que se trate de um juízo de caráter geral, dada a natureza da categoria. Além disso, é indispensável que a regra se insira na cultura média, mesmo que o seu conteúdo corresponda a conhecimentos especializados.

Por conseguinte, se a regra técnica ou científica a ser aplicada se apresenta de tal forma complexa, a ponto de extrapolar o que razoavelmente se entende por cultura média, não estaremos diante de uma própria máxima de

---

[658] Art. 126 do CPC de 1973: "Art. 126. O juiz não se exime de sentenciar ou despachar alegando lacuna ou obscuridade da lei. No julgamento da lide caber-lhe-á aplicar as normas legais; não as havendo, recorrerá à analogia, aos costumes e aos princípios gerais de direito".

[659] Vicente Greco Filho, *Direito processual civil brasileiro,* p. 198.

[660] Alfredo Buzaid, *"Máximas de experiência". Ensaios e pareceres de direito processual civil,* p. 141-142 e Moacyr Amaral Santos, *Comentários ao Código de Processo Civil,* p. 42-43.

[661] José Carlos Barbosa Moreira, *Prueba y motivación de la sentencia,* p. 114.

experiência, senão de uma regra especializada cujo valor cognitivo não se presta à aplicação abstrata a casos ainda não observados, independentemente de prova. Nesse caso, o juiz não estará em condições de alcançar, com os meios próprios extraprocessuais, a certeza de uma regra, porque esta faz parte de um ramo do saber que requer uma profunda especialização para o seu conhecimento, tornando-se indispensável o recurso à prova, especialmente a pericial.

Logo, a interpretação que se deve fazer do art. 335 do CPC é no sentido de que, no sistema processual brasileiro de tipo inquisitório, o juiz não somente pode como deve recorrer de ofício às máximas de experiência, sejam comuns, sejam técnico-científicas, com exceção daquelas regras complexas que transcendem a cultura média, cuja cognição depende de atividade probatória.

Por fim, no que se refere ao tratamento doutrinário, o tema relativo às máximas de experiência não tem despertado o devido interesse dos processualistas brasileiros[662], talvez porque essas regras, muitas vezes, sejam taxadas de inconsistentes, conforme críticas tecidas à categoria. Sem embargo é inegável que sejam conceitos importantes, que fornecem indispensáveis subsídios tanto para a interpretação do fato como do direito, razão pela qual não se pode ignorá-los. E de fato, o tema não tem sido ignorado pela jurisprudência pátria, embora os tribunais nem sempre tenham dispensado um tratamento dogmático adequado à categoria, o que pode ser até compreensível em virtude do desinteresse doutrinário apontado.

4.2. Tratamento jurisprudencial

a) Na prova direta

Restou demonstrado, na terceira parte do trabalho, que as máximas de experiência podem funcionar para avaliar a credibilidade da prova direta e para interpretar a prova colhida, a fim de que seja formado o convencimento judicial acerca da questão fática.

Analisando-se a jurisprudência pátria, encontram-se inúmeros arestos nos quais são aplicadas as máximas de experiência nessas hipóteses, sendo destacados apenas dois ilustrativamente:

---

[662] A exceção se dá por conta de Moacyr Amaral Santos, *Prova judiciária no cível e comercial*, v. 1, e Id., v. 5; Alfredo Buzaid, *Estudos de Direito*, p. 194 e Id., *"Máximas de experiência". Ensaios e pareceres de direito processual civil*, p. 133-143; José Carlos Barbosa Moreira, *Regras de experiência e conceitos juridicamente indeterminados*, p. 13-19; Elício de Cresci Sobrinho, *O juiz e as máximas da experiência*, p. 430-436; Vicente Greco Filho, *Direito processual civil brasileiro*, p. 194-8; Cândido Rangel Dinamarco, *Instituições de direito processual civil*, p. 106-125 e Ernane Fidelis dos Santos, *O ônus da prova no código do consumidor*, p. 269-279. De forma concisa, também trataram do tema: Pontes de Miranda, *Comentários ao código de processo civil*, p. 237-246 e Carlos Alberto Alvaro de Oliveira, *Problemas atuais da livre apreciação da prova*, p. 48-49.

Ação anulatória de negócio jurídico. Dolo. Indícios. Ação procedente. O dolo do agente pode ser comprovado por todos os meios legais e moralmente legítimos, inclusive por indícios e circunstâncias, podendo o juiz, inclusive, se valer das máximas de experiência para formar a sua convicção. Comprovada a prática de artifícios que induziram a vítima a emitir declaração de vontade, esta fica maculada, impondo-se a anulação do negócio jurídico. Ação procedente. Apelo improvido.
(Apelação nº 575.593-00, Juiz Relator Pereira Calças, 5ª Câmara, Segundo Tribunal de Alçada Cível do Estado de São Paulo, julgado em 12/04/2000)[663]

Ressalta-se o seguinte excerto do voto do Relator, *in verbis*:

[...]
E, ao analisar as provas produzidas, "o juiz não pode desprezar as *regras da experiência* comum ao proferir a sentença. Vale dizer, o juiz deve valorizar e apreciar as provas dos autos, mas ao fazê-lo pode e deve servir-se de sua experiência e do que comumente acontece (JTA 121/391).
Por isso, ao se aferir o conjunto probatório produzido nos autos em que se busca anular negócio jurídico sob a alegação da prática de dolo, são extremamente importantes os indícios detectados pelo julgador, a normalidade das coisas na ordem natural dos negócios, o modo como agem as pessoas, haja vista que, ao atuar dolosamente, aquele que assim procede, procura, por todos os meios, dar a aparência autêntica, lícita e ética do negócio jurídico realizado.
Assim, correta a análise da prova realizada pelo eminente sentenciante que, com precisão, concluiu que houve dolo por parte do apelante e, por isso, anulou o ato jurídico impugnado. [...] (grifo nosso)

Responsabilidade civil – Ressarcimento – Sub-rogação – Acidente automobilístico em cruzamento sinalizado por semáforo – Versão antagônica das partes, corroboradas pelas testemunhas que arrolaram – Avaliação da prova pelo juiz acatando uma das versões – Impossibilidade – Recurso de apelação e recurso adesivo parcialmente providos – Agravo retido não conhecido.
Na apreciação da prova, o livre convencimento do juiz é limitado, já que deve atentar aos fatos e circunstâncias constantes dos autos, consoante, aliás, a melhor doutrina, pois a "liberdade na formação do convencimento não pode, entretanto, ser confundida com poder discricionário do juiz. Não se trata de convicção formada discricionariamente, ilimitadamente, mas de convicção que a lei ordena seja feita atendendo aos fatos e circunstâncias constantes dos autos. E não só a convicção está condicionada aos fatos e circunstâncias dos autos, como também a regras jurídicas e *máximas de experiência*, que não dizem respeito ao valor probante da prova em si mesma, mas ao modo do juiz apreciá-la e mostrar as razões de seu convencimento".
(Apelação Cível nº 0192476-1, Relator Juiz Luiz Lopes, Nona Câmara Cível, Tribunal de Alçada do Paraná, julgado em 16/08/2002, publicado no DJ em 30/08/2002 – grifo nosso)

Do voto do Relator destaca-se, *in verbis*:

[...] É verdade que para conhecer-se o real valor dos testemunhos, estes deverão ser examinados, pesados e confrontados, quanto a sua forma e conteúdo.
No caso em apreço, ainda que se pudesse opor uma ou outra restrição ao conteúdo dos esclarecimentos prestados por todas as testemunhas, como articulam as próprias partes, o certo é que, nem lá, nem cá, há uma preponderância relevante, quer de elementos, quer de

---

[663] É comum encontrar arestos aplicando as máximas de experiência na avaliação e interpretação da prova direta nos casos envolvendo vício de vontade em negócio jurídico (ilustrativamente, Apelação nº 645.528-00, Juiz Relator Francisco Thomaz, 5ª Câmara, Segundo Tribunal de Alçada Cível do Estado de São Paulo, julgado em 05/02/2003).

confiabilidade, a permitir a aceitação ou exclusão de uma das versões apresentadas pelos demandantes.

Na apreciação da prova, o livre convencimento do juiz é limitado, já que deve atentar aos fatos e circunstâncias constantes dos autos, consoante, aliás, a melhor doutrina, senão vejamos: A liberdade na formação do convencimento não pode, entretanto, ser confundida com poder discricionário do juiz. Não se trata de convicção formada discricionariamente, ilimitadamente, mas de convicção que a lei ordena seja feita atendendo aos fatos e circunstâncias constantes dos autos. E não só a convicção está condicionada aos fatos e circunstâncias dos autos, como também a regras jurídicas e *máximas de experiência*, que não dizem respeito ao valor probante da prova em si mesma, mas ao modo do juiz apreciá-la e mostrar as razões de seu convencimento.

(In *Prova Judiciária no Cível e Comercial* – Moacyr Amaral Santos, Vol. III, Ed. Max Limonad, pág. 524)

Essa, data vênia, não foi a orientação que seguiu a sentença objurgada, ao fazer referência que a prova produzida pelos autores, estaria a prevalecer àquela produzida pelos réus, já que uma das testemunhas destes, não teria lembrança de certos detalhes do momento anterior a colisão, e que por ser músico, é de lembrar que não raro, o envolvimento com a arte é de tal sorte e profundidade nessa privilegiada profissão que por vezes, apresentam um certo "desligamento" em relação aos fatos em redor (sentença fl. 321).

Veja-se que o acidente ocorreu em 28 de abril de l.996, e as inquirições foram feitas 19 de abril de l.999, donde, perfeitamente plausível que, não só os testigos, como os próprios condutores, como ocorreu, não lembrassem de certos detalhes da ocorrência, como a sincronização de semáforos da via pública; a presença de outros veículos circulando, etc.

O fato de uma testemunha dos réus afirmar que o veículo Voyage era branco, como o era, e que o Del Rey era, ao que lhe parecia, verde ou esverdeado, quando era dourado, não pode lhe trazer a pecha de indigna de fé.

A convicção do magistrado deve ser motivada, e in casu, as provas produzidas, indubitavelmente, não permitem que se estabeleça qual dos condutores foi culpado pelo acidente, não se desincumbindo, nenhuma das partes, do ônus probatório que lhes competia.

Ex positis, o voto é no sentido de dar provimento parcial a apelação dos réus, para o fim de julgar improcedente, também, a ação, e tendo em conta o caráter dúplice da demanda, face o pedido contraposto formulado na peça contestatória, bem como dar parcial provimento ao recurso adesivo dos autores, devendo cada parte arcar com os honorários do profissional que contratou, e as custas, de 50% para cada uma, deverão observar o disposto no artigo 12, da Lei da 1.060/50, e em não conhecer do agravo retido. (grifo nosso)

Constata-se, nesses dois casos, que as máximas de experiência atuaram na avaliação da credibilidade da prova direta e para interpretar a prova colhida, a fim de que fosse formado o convencimento judicial acerca da questão fática. Há inúmeros outros casos que também poderiam ser destacados, embora nem sempre as máximas de experiência sejam referidas expressamente, o que é plenamente compreensível, pois não se pode imaginar que o juiz possa formar a sua convicção sem o auxílio da sua própria experiência.[664]

---

[664] Destacam-se os seguintes arestos em que as máximas de experiências foram referidas expressamente e aplicadas no exame da prova direta ou representativa: (Apelação nº 567.898-00, Juiz Relator Soares Levada, 10ª Câmara, Segundo Tribunal de Alçada Cível do Estado de São Paulo, julgado em 27/01/2000; e Apelação Cível nº 130.312-4/2, Relator Ênio Santarelli Zuliani, 3ª Câmara de Direito Privado, Tribunal de Justiça do Estado de São Paulo, julgada em 11/02/2003).

Especificamente no primeiro aresto transcrito, observou-se que o relator aduziu que, quando se busca anular negócio jurídico sob a alegação da prática de dolo, são importantes os indícios detectados pelo julgador, a normalidade das coisas na ordem natural dos negócios, o modo como agem as pessoas, etc. No entanto chama atenção que, em momento algum, tenham sido exposto a aceitação e o consenso difuso da máxima de experiência em questão, tampouco tenham sido analisados os elementos concretos do caso. A assertiva de que aquele que procede dolosamente procura, por todos os meios, dar a aparência autêntica, lícita e ética do negócio jurídico realizado, necessita, primeiro, da demonstração de que essa máxima de experiência é realmente verdadeira, com base em critérios racionais e não meros juízos pessoais de valor e, segundo, da demonstração das circunstâncias concretas dos autos que levaram o juiz a aplicá-la.

Já no segundo aresto transcrito, não há aplicação de uma máxima de experiência específica. Todavia observa-se que o exame probatório realizado revela uma maior profundidade, tendo sido analisados os limites do livre convencimento, como os estabelecidos pela experiência e pela lógica, permitindo-se o controle e a verificação do conjunto sintético, coerente e concludente dos elementos probatórios.

b) Na prova indireta

As máximas de experiência, na prova indireta, desempenham uma função instrumental específica, constituindo o meio ou o instrumento necessário para que o juiz possa chegar ao *factum probandum* (fato desconhecido), a partir de inferências sobre o dado probatório (fato conhecido).

Vejamos alguns acórdãos em que as máximas de experiência são aplicadas na prova indireta:

> Ação de reparação de danos materiais e morais. Arrombamento de cofre de aluguel em banco. Responsabilidade objetiva por inadimplemento contratual. Prova do conteúdo. Aplicação das *regras de experiência*. Exame do conjunto probatório. Pedido de ressarcimento de danos morais acolhido. Provimento do apelo dos autores.
> (Apelação Cível nº 70001464676, Relator Des. Osvaldo Stefanello, Sexta Câmara Cível, Tribunal de Justiça do Estado do Rio Grande do Sul, julgado em 21/11/2001 – grifo nosso)

Este caso é um dos mais interessantes e envolve matéria concernente ao arrombamento de cofres de segurança locados a terceiros em instituição financeira. O fato relativo ao arrombamento restou incontroverso, discutindo-se tão-somente o prejuízo sofrido. O voto do relator apontou a responsabilidade da instituição financeira em face do risco da atividade, mas acrescentou que era ônus do autor comprovar a existência do efetivo prejuízo (por exemplo, através da declaração de rendimentos feita à Receita Federal), o que não restou devidamente demonstrado, tendo em vista que, nos autos, foram apenas aportadas provas indiciárias. Dessarte, como conclusão de seu voto, o relator aduziu que "não conseguiram, os autores, demonstrar sua razão jurídica ao pretenderem reparação de prejuízos que afirmam ter sofrido por conduta da ré. Impõe-se, assim, o provimento do apelo, com a conseqüente improcedência da ação".

Atuando como revisor, o então Des. Carlos Alberto Alvaro de Oliveira votou em sentido contrário, valendo-se das máximas de experiência, quer para avaliar a credibilidade dos elementos probatórios, quer para extrair uma presunção, conforme se infere, *in litteris*:

[...]

A observação mostra-se importante, porquanto o direito brasileiro admite, de modo expresso, que na falta de normas jurídicas particulares, aplique o juiz as *regras de experiência* comum subministradas pela observação do que ordinariamente acontece (art. 335, 1ª parte, do CPC).

Também entre nós a doutrina tem admitido a verossimilhança e a aplicação das *regras de experiência comum* na apreciação da prova relativa ao conteúdo do cofre. Assim, Rodolfo de Camargo Mancuso (Responsabilidade Civil do Banco em Caso de Subtração Fraudulenta do Conteúdo do Cofre Locado a Particular, RT, 616/24) aplaude magnífica decisão monocrática, que consagrou o princípio da ampla liberdade probatória e da presunção de boa-fé nessa matéria, com aplicação do art. 335 do CPC, ponderando que "da leitura do decisório exsurge a convicção de que o julgador pautou-se pelo *quod plerumque fit*, elegendo o primado da justiça no caso concreto, mais do que a preocupação com o só tecnicismo jurídico, o que, de resto, se afina com o alerta do *summum jus, summa injuria*"...

[...] As *regras de experiência comum* induzem à conclusão de que os demandantes não se aventuraram numa demanda judicial estimulados apenas pela impossibilidade de lucro fácil, falseando a verdade para atingir esse lamentável objetivo.

O cofre, como se verifica da cópia do registro de abertura de f. 13, fornecida pelo Banco, era constantemente utilizado pelo casal. As jóias nele guardadas foram minuciosamente descritas, com desenho explicativo (f. 16-21) e algumas encontradas e devolvidas aos autores (f. 34), o que só demonstra a lisura destes e reforça a credibilidade em suas declarações. Pela lógica do razoável, se nessa parte a relação é verdadeira, não há porque duvidar de que não o seja no restante, evidenciada como ficou a boa-fé dos autores.

Acresce notar que, em 27.5.1994, os autores, juntamente com familiares, prometeram vender imóvel de elevado valor, a *omissis* (f. 35-40). Posteriormente foi firmada a escritura pública de compra e venda (f.. 41) [...]

Nada mais razoável, portanto, que o valor recebido fosse convertido em dólares e depositado no cofre arrombado, ainda mais em época em que ainda não se havia estabilizado o valor da moeda brasileira...

Entendo, outrossim, que o fato de a maioria das testemunhas ser amiga íntima do casal, uma até sendo irmão do autor, não lhe retira a credibilidade, porquanto pelas *regras da experiência* só os integrantes do círculo íntimo é que têm acesso a esse tipo de informação, e o juiz, quando estritamente necessário, atribuirá ao depoimento dessas pessoas o valor que possam merecer (art. 405, § 4º, do CPC)...

[...]

Entendo, assim, como o julgador de 1º grau e de conformidade com as coordenadas acima estabelecidas, que esta prova se mostra suficiente para formar um juízo de verossimilhança a respeito das alegações formuladas na inicial, propiciando o acolhimento dos pedidos ali alinhados.

[...] (grifo nosso)

Desse modo, a partir de indícios constatados (descrição das jóias, compra e venda realizada, testemunhos prestados, etc.), com base nas regras da experiência comum, o Des. Carlos Alberto Alvaro de Oliveira formulou uma presunção quanto ao conteúdo do cofre e, portanto, quanto ao prejuízo sofrido, conforme aduzido pelos demandantes na petição inicial. Destaca-se que esse entendimento foi compartilhado pelo vogal, Des. Cacildo de Andrade Xavier, tendo sido confirmado em sede de embargos infringentes.

Vejamos outro aresto sobre prova indireta:

Sentença. Nulidade inexistente. Caso em que o funcionário público militar sofreu graves danos pessoais decorrentes da má conservação de arma de fogo.
A capitulação feita pela sentença, quanto à determinado fundamento legal, não vincula o segundo grau. *Iura novit curia.* Se o disparo da arma de fogo decorreu da sua má conservação, sendo a responsabilidade do serviço público, é claro que se está diante de ilícito absoluto, na modalidade da chamada culpa aquiliana, nada tendo a ver a hipótese com o art.7°, inc. XXVIII, CF/88.
[...]
Prova escorreita da falha do serviço.
É da *experiência comum* que o disparo de arma de fogo, sem ser acionada, somente se explica pela defeituosa manutenção, cabendo aquele contra quem funciona a presunção hominis demonstrar em contrário.
[...]
(Apelação Cível nº 599030053, Relator Des. Armínio José Abreu Lima da Rosa, Primeira Câmara de Férias Cível, Tribunal de Justiça do Estado do Rio Grande do Sul, julgado em 04/05/1999) (grifo nosso)

Do voto do Relator extrai-se o seguinte excerto, *in verbis*:

[...]
Ora, a má manutenção do revólver, que vem a disparar sem causa arrazoada para tal, implica em fornecimento ao funcionário policial militar de equipamento com elevada condição de dano, tal qual terminou por se verificar.
[...]
Depois, se a arma disparou sem causa, é da *experiência comum* que apresentava defeito. Não é possível que, sem ser acionado o gatilho, venha revólver a desfechar disparo. A queda de revólver, per se, não leva a que este venha a deflagrar disparo. Evidente que tinha defeito e assim foi entregue ao autor. Ou seja, tal qual dito e redito na sentença apelada, falhou o serviço. E falhou culposamente. Não há outra solução.
Agora sim: somente o que aberra ao comum poderia explicar disparo de revólver que não foi acionado, diante de tombo. E o incomum, aquilo que vai contra presunção *hominis* reclama prova porque se afasta da normalidade.
[...] (grifo nosso)

Infere-se desse caso que, a partir de um indício (disparo involuntário de arma de fogo), associado a uma regra da experiência que o explica (defeituosa manutenção), chega-se a uma presunção *hominis* de responsabilidade. Em termos lógicos, a decisão está corretamente estruturada. Entretanto, também nesse caso, não se verifica um controle maior sobre o conteúdo da regra de experiência aplicada, referente à defeituosa manutenção, o que im-

Direito Probatório – as máximas de experiência em juízo

pede o exame da sua correição, na medida em que não foram explicitados os fundamentos de sua aceitabilidade.

Aponta-se outro aresto sobre o tema:

Responsabilidade civil. Acidente de trânsito. Ação de indenização. Colisão na traseira. I. Age com culpa o motorista do caminhão que, não tomando as cautelas necessárias, abalroa na traseira o automóvel da autora, o qual estava parado na estrada em razão de acidente que havia acontecido no local, obstaculizando o tráfego dos demais veículos. Presunção de culpa de quem bate na traseira não afastada pela prova. Afastamento da culpa concorrente da autora.
[...]
(Apelação Cível n. 70003941168, Décima Primeira Câmara Cível, Tribunal de Justiça do Estado do Rio Grande do Sul, Relator Des. Jorge André Pereira Gailhard, julgado em 27/08/2003)

Essa é uma hipótese muita conhecida de presunção *hominis* de culpa do motorista que colide com outro veículo por trás. Conforme destaca Dinamarco, "segundo o conhecimento das pessoas em geral, ordinariamente esse modo de colidir é o resultado da desatenção do motorista de trás ou má conservação de freios ou pneus (negligência), ou de sua incapacidade de deter o veículo a tempo (imperícia), ou de condutas inaceitáveis, como a excessiva velocidade ou aproximação ao veículo da frente (imprudência)".[665] Constata-se, assim, que não se trata de presunção legal *iuris tantum*, como muitos chegam a pensar equivocadamente, visto que o seu fundamento não está na norma jurídica de direito material, que impusesse ter-se por verdadeira uma determinada situação até que se prove em contrário. O fundamento dessa presunção está, isto sim, na experiência comum, com base naquilo que ordinariamente acontece. Recorrendo a essa experiência, tem o julgador condições, a partir de fatos ou circunstâncias conhecidas (indícios), de chegar à conclusão não de um fato desconhecido propriamente, senão à conclusão acerca da responsabilidade.

Destacam-se, ainda, outros dois casos em que seguidamente o Superior Tribunal de Justiça aplica as máximas de experiência em relação à prova indireta:

REsp – Constitucional – Anistia – A anistia visa a superar fatos anteriores, podendo, inclusive, desconsiderá-los normativamente. Instituto de interpretação ampla, encontra restrições registradas pela própria lei que a concede. Não afronta, porém, o princípio da isonomia, a ponto de gerar desigualdade jurídica. No caso de retorno do funcionário ao serviço público, urge estabelecer o paralelo da situação funcional do interessado com a vida também funcional dos colegas. E de considerar-se, raciocinando com as *máximas da experiência*, que o impetrante teria obtido a mesma movimentação na carreira. Inadequado, porém, contemplá-lo com posição inatingida pelos colegas.[666]

---

[665] Cândido Rangel Dinamarco, *Instituições de direito processual civil*, p. 123.

[666] STJ, MS 1827/DF, Relator Ministro Luiz Vicente Cernicchiaro, Órgão Julgador Terceira Seção, data do julgamento 15/10/1992, data da publicação DJ 08.03.1993, p. 03088; e STF, RE 333637/RJ, Relator Min. Néri da Silveira, data do julgamento 14/12/2001, data da publicação DJ 04/02/2002, p. 00191.

(Recurso Especial nº 196681/RJ, Relator Ministro Luiz Vicente Cernicchiaro, Sexta Turma, Superior Tribunal de Justiça, data do Julgamento: 16/03/1999, data da publicação DJ 19.04.1999 p.00190 – grifo nosso)

REsp – Previdenciário – Trabalhador rural – Rurícola – Esposa – Economia familiar – Há de se reconhecer comprovada a condição de rurícola mulher de lavrador, conforme prova documental constante dos autos. As *máximas da experiência* demonstram, mulher de rurícola, rurícola é.
(Recurso Especial nº 210935/SP, Relator Ministro Luiz Vicente Cernicchiaro, Sexta Turma, Superior Tribunal de Justiça, julgado em 30/06/1999, publicado em DJ 23.08.1999 p. 00175, grifo nosso)

Nesses casos que envolvem anistia de funcionário público, parte-se do indício (situação funcional dos colegas) para se chegar a um fato desconhecido (situação funcional em que estaria enquadrado o anistiado), fazendo-se uso das regras da experiência, baseando-se no que ordinariamente acontece. Em relação ao segundo caso, o Superior Tribunal de Justiça, repetidamente, aplica uma máxima de experiência para resolver uma questão fática no âmbito do direito previdenciário. Nesses casos, a Corte exige a comprovação do casamento mediante respectiva certidão (indício), para que, servindo-se do senso comum de que "mulher de rurícola, rurícola é" (máxima de experiência), chega-se à conclusão de que a esposa exerce a mesma profissão, dada a condição comum de campesinos (fato desconhecido).[667]

A propósito desses casos, é estreme de dúvida que as regras em questão atuam sobre a prova indiciária. O que é novamente questionável são o fundamento e a extensão da regra de experiência empregada. Da mesma forma como já destacado, não se verifica um controle maior sobre o conteúdo da regra de experiência aplicada, impedindo-se o exame da sua correição, tendo em vista que não foram explicitados os fundamentos de sua aceitabilidade.

c) Na prova "prima facie"

As máximas de experiência, na prova *prima facie*, servem de fundamento à sua aplicação, representando aquilo que ordinariamente acontece. Assim, as máximas de experiência possuem, outrossim, função instrumental, tal como ocorre em relação à prova indireta. A diferença é que, nesta, o fundamento está no indício (elemento concreto), enquanto naquela o fundamento é extraído da experiência da vida, à vista de um fato e do que comumente ocorre segundo a ordem natural das coisas.

Na jurisprudência pátria, as máximas de experiência não são aplicadas com freqüência na prova *prima facie*, até porque o direito brasileiro

---

[667] Apontam-se outros arestos semelhantes: Embargos de Declaração no REsp. n. 162.783, Relator Min. Luiz Vicente Cernicchiaro, Sexta Turma, julgado em 28/05/1998; e EREsp. n. 113.119/SP, Relator Ministro José Arnaldo, 3ª Seção, julgado em 26/11/1997.

Direito Probatório – as máximas de experiência em juízo

pouco se aprofundou no estudo desse tipo de prova[668], o que leva os tribunais, inclusive, a cometer imprecisões técnicas, conforme se pode constar ilustrativamente:

Ambiental – Ação Civil Pública – Vazamento de óleo – Responsabilidade objetiva – Indenização devida – Aplicabilidade de trabalho elaborado pela cetesb para apuração do *quantum debeatur* à falta de melhor critério para fixação do valor devido – Princípio da razoabilidade que deve, em qualquer caso, ser observado.

I – A indenização decorrente de dano ao meio ambiente é devida independentemente da existência de culpa (art. 14, § 1º, Lei nº 6.938/81).

II – O laudo pericial é categórico ao atestar a lesividade do evento ocorrido. Ademais, milita em favor da tese da ocorrência do dano um presunção *hominis*, porquanto pareça mais razoável face às *máximas de experiência* acreditar-se que um vazamento de meia centena de litros de óleo provoque algum tipo de lesão ao ecossistema atingido do que se imaginar que tamanha quantidade de substância nociva seja despercebidamente assimilada pela fauna e flora local.

III – A prévia degradação do local atingido não afasta a responsabilidade, sob pena de se subtrair por completo a eficácia da norma constitucional de tutela do meio ambiente. Tampouco a pequena proporção da lesão tem esse condão, já que a única diferença relevante que há entre as grandes e as pequenas agressões ao meio ambiente está na quantificação da punição a ser imposta ao agressor.

IV – A indenização a ser arbitrada deve obedecer ao princípio da razoabilidade, sempre com vistas a desestimular a transgressão das normas ambientais.

V – À mingua de melhor critério, nada impede que o juiz adote critérios estabelecidos em trabalho realizado pela CETESB relativo a derramamento de petróleo e derivados, desde que atentando para o princípio da razoabilidade. A fixação de indenizações desmesuradas ao pretexto de defesa do meio ambiente configura intolerável deturpação da *mens legis*, não podendo no caso em tela o Estado valer-se do silêncio da lei para espoliar o poluidor a ponto de tornar inviável o seu empreendimento.

VI – Apelação parcialmente provida.

(Apelação Cível nº 98.03.067546-0 – SP, Rela. Desa. Fed. Cecília Marcondes, 3ª Turma, TRF 3ª Região, DJU 29.01.2003, Revista Síntese de Direito Civil e Processual Civil nº 23, maio-junho de 2003, pp. 89-94 – grifo nosso)

Extrai-se o seguinte excerto do voto da Relatora, *in verbis*:

[...]

Fixados esses pontos, entendo ter agido corretamente o Juiz *a quo*, pois também vislumbro no caso em tela a ocorrência de dano ambiental passível de ser indenizado. O trabalho elaborado pelo perito judicial está fundamentado, assim como claras estão as razões e o método empregados que o levaram a concluir pela efetiva danosidade e periculosidade do evento ocorrido. Não bastasse a conclusão pericial, é de se frisar que milita em favor da tese da ocorrência de dano uma presunção *hominis* porquanto parece mais razoável face às *máximas de experiência* acreditar-se que um vazamento de cinqüenta litros de óleo combustível provoque algum tipo de lesão ao ecossistema atingido do que se imaginar o posto, isto é, que tamanha quantidade de substância nociva seria despercebidamente assimilada pelas populações de seres vivos do local atingido.

---

[668] No direito brasileiro, Moacyr Amaral Santos tratou sucintamente da prova "prima facie" (*Prova judiciária no cível e comercial*, v. 5, p. 489-494), com base nos ensinamentos de Gennaro Roberto Pistolese (*La prova civile per presunzioni e le cosiddette massime di esperianza*). Recentemente, Ernane Fidelis dos Santos tratou dessa espécie de prova (*O ônus da prova no código do consumidor*, p. 269-279), baseando-se, sobretudo, na referida obra de Moacyr Amaral Santos.

Nem se procure elidir a responsabilidade sob a alegação de que tal evento se revela de pequena monta se comparado ao grau de degradação do ecossistema local. Admitir-se-á essa escusa equivaleria à adoção do princípio da bagatela ou da insignificância da norma constitucional que prevê expressamente o dever de manutenção de um meio ambiente sadio e harmônico. Salienta-se ainda que pequenas lesões reiteradas têm o mesmo ou maior poder destrutivo que um grande desastre ecológico, não havendo diferenças substanciais entre uns e outros senão na quantificação da punição a ser imposta ao causador.

[...] (grifo nosso)

Constata-se, nesse caso, que se trata de típica hipótese de aplicação das máximas de experiência para embasar a prova *prima facie* e não, para embasar uma presunção *hominis*, tal como constou no v. acórdão. Isso porque o fundamento da inferência não é um indício (elemento concreto extraído da prova dos autos), senão é a própria experiência comum, que faz crer que um vazamento de substância nociva causa dano ao meio ambiente, passível, portanto, de ser indenizado.

d) Na interpretação, aplicação e integração das normas jurídicas

As máximas de experiência podem também atuar na interpretação das normas jurídicas, ao fornecerem material semântico e *standards* de individuação das acepções dos enunciados normativos, quer da linguagem comum, quer da linguagem jurídica, tornando inteligíveis essas expressões. Outrossim desempenham papel fundamental na determinação do suporte fático de cláusulas gerais ou conceitos jurídicos indeterminados, cada vez que reclamem um preceito da experiência ordinária ou da experiência técnica para sua incidência.

Senão vejamos alguns arestos em que as máximas de experiência atuam na interpretação e aplicação das normas jurídicas:

REsp – Comercial – Locação predial – *Shopping center* – Fundo de comércio – O fundo de comércio, instituto judicial no Direito Comercial, representa o produto da atividade do comerciante, que com o passar do tempo, atrai para o local, onde são praticados atos de mercancia, expressão econômica; com isso, o – ponto – para usar *nomem iuris* nascido informalmente nas relações do comércio, confere valor próprio ao local. Evidente, ingressa no patrimônio do comerciante. Aliás, mostram as *máximas da experiência*, a locação e o valor de venda sofrem alterações conforme a respectiva expressão. Daí, como se repete, há locais nobres e locais de menor expressão econômica. Em regra não sofre exceção quando se passa nas locações em Shopping Center. Sem dúvida, a proximidade do estabelecimento com outro, conforme a vizinhança, repercutirá no respectivo valor. [669]

(Recurso Especial nº 189380/SP, Relator Ministro Luiz Vicente Cernicchiaro, Sexta Turma, Superior Tribunal de Justiça, julgado em 20/05/1999, publicado no DJ em 02.08.1999 p.00228, JSTJ vol. 09, p.00442, RTJE vol. 176, p.00328, grifo nosso)

---

[669] Essa decisão foi adotada como razão de decidir pelo Tribunal de Justiça do Estado do Rio de Janeiro, na Apelação Cível n. 2002.001.10890, Décima Terceira Câmara Cível, Relator Des. Ademir Pimentel, julgado em 04/12/2002.

Visivelmente, nesse caso concreto, o Superior Tribunal de Justiça valeu-se das máximas da experiência comum para concluir que a locação e o valor de venda sofrem alterações conforme a respectiva expressão. Trata-se, portanto, de hipótese de aplicação das regras de experiência para interpretação do suporte fático das normas que conferem proteção ao fundo de comércio.

Ainda, aponta-se outro aresto do Superior Tribunal de Justiça:

REsp – Civil – Locação – Despejo – Uso próprio –Locador – Propriedade – Normalmente, o locador é o proprietário do prédio. Pode, entretanto, não sê-lo. Um e outro tem legitimidade para desconstituir a relação locatícia. Ainda que o seja para uso próprio da coisa alugada. Cumpre raciocinar com as *máximas da experiência*. Se alguém aluga, em nome próprio, imóvel de terceiro, presumir-se-á cessão de direito (ainda que informalmente), cujo feixe compreende o uso.
(Recurso Especial nº 38678/RS, Relator Ministro Luiz Vicente Cernicchiaro, Sexta Turma, Superior Tribunal de Justiça, julgado em 23/11/1993, publicado no DJ em 21.02.1994, p. 02189, grifo nosso)

Nesse caso, o Superior Tribunal de Justiça aplicou uma máxima de experiência para interpretação de uma regra da antiga Lei de Locações. A questão em discussão consistia em saber se o proprietário "non domino" teria legitimidade ativa para propor ação de despejo para uso próprio, nos termos do inciso X do art. 52 da Lei nº 6.649/79. O acórdão recorrido, do Tribunal de Alçada do Rio Grande do Sul, entendeu que não, porquanto a prova da propriedade seria requisito para a retomada do imóvel para uso próprio, tal como também é exigido pela vigente Lei nº 8.245/91, no art. 47, § 2º. Ao enfrentar a questão, o Ministro Relator decidiu pela legitimidade ativa da recorrente para propor ação de despejo. Para tanto, invocou expressamente as máximas de experiência, para concluir que, se alguém aluga em nome próprio imóvel de terceiro, presumir-se-á cessão de direito (ainda que informalmente) do proprietário do respectivo direito.

Outrossim as máximas de experiência são freqüentemente utilizadas na integração de normas jurídicas, conforme se pode constatar ilustrativamente:

Processual Civil. Gratuidade judiciaria. Pessoa juridica. Empresa musical.
Segundo as *máximas da experiência*, ditadas pelo que ordinariamente acontece, o exercício de atividade artística não faz presumir patrimônio e lucro.
Sentença reformada. Apelacao provida.
(Apelação Cível nº 70003945581, Relatora Desa. Mara Larsen Chechi, Nona Câmara Cível, Tribunal de Justiça do Estado do Rio Grande do Sul, julgado em 21/08/2002 – grifo nosso)

Infere-se que, para decidir acerca da concessão do benefício da assistência judiciária gratuita, aplicou-se uma máxima de experiência para integração do art. 4º da Lei nº 1.060/50. Nesse caso, a empresa autora explorava a atividade artístico-musical que, segundo as máximas de experiência comum baseadas no que ordinariamente acontece, não induzem a capacidade financeira, conforme entenderam os julgadores. Todavia, também nesse caso não se verifica um controle maior sobre o conteúdo da regra de experiência aplicada. Em princípio, a assertiva de que a atividade artístico-musical não induz capacidade econômica pode ser até verdadeira, desde que sejam explicitados os fundamentos da sua aceitabilidade, considerando que existem diferentes patamares de remuneração nessa atividade. O que se deve evitar são juízos essencialmente pessoais, dos quais não se pode extrair uma regra.

Semelhantes a esses acórdãos há outros em que se aplicam as máximas de experiência para avaliar a hipossuficiência do consumidor ou a verossimilhança de sua alegação, hipótese em que o Código de Defesa do Consumidor permite a inversão do ônus da prova em favor do consumidor, nos termos do art. art. 6º, VIII.[670]

Por derradeiro, vejamos o seguinte caso enfrentado pelo Supremo Tribunal Federal, no qual não se discute apenas a possibilidade de as máximas de experiência atuarem ante as normas jurídicas, mas também quanto à possibilidade de servirem de objeto de controle pelos tribunais superiores:

> Responsabilidade civil – Dano estético oriundo de amputação da perna.
> 1) A jurisprudência do S.T.F. admite a reparação do chamado dano estético ou morfológico.
> 2) As *máximas da experiência* integram-se na norma jurídica e a completam na apreciação do recurso extraordinário, mormente quando diagnosticam vício lógico do julgado.
> (Recurso Extraordinário nº 75675/SP, Relator Min. Aliomar Baleeiro, Primeira Turma, Supremo Tribunal Federal, julgado em 17/06/1974, publicado no DJ e 13.12.1976, grifo nosso).

O julgamento desse caso é muito interessante e, por isso, merece ser destacado. Trata-se de uma ação de indenização por danos sofridos em virtude de atropelamento provocado por um ônibus, resultando na amputação da perna à altura da coxa da vítima. A questão jurídica de fundo, em última análise, envolve a possibilidade, ou não, de indenização do dano moral puro, do qual não há, portanto, repercussão de ordem econômica. O caso é emblemático porque representou o começo de uma discussão que hoje já se encontra totalmente superada, qual seja, a possibilidade de o juiz arbitrar indenização por dano moral com base no art. 1.553 do Código Civil de 1916, discussão em que as máximas de experiência foram adotadas para integração do conceito de dano indenizável por ato ilícito com base no art. 159 do mesmo diploma legal.

Senão vejamos excerto do voto condutor do Ministro Aliomar Baleeiro, *in verbis*:

---

[670] Ilustrativamente, destacam-se os seguintes arestos: Agravo de Instrumento nº 185956300, Juiz Manasses de Albuquerque, Oitava Câmara Cível, Tribunal de Alçada do Paraná, julgado em 10/12/2001, publicado no DJ de 01/02/2002; Agravo de Instrumento – 173612500 – Juiz Robson Marques Cury – Oitava Câmara Cível, julgado em 13/08/2001, publicado no DJ de 31/08/2001; e Agravo de Instrumento nº 358.151-5, Relatora Juíza Beatriz Pinheiro Caíres, Sexta Câmara Civil, Tribunal de Alçada de Minas Gerais, julgado em 28/02/2002.

[...]

II. Objeta a recorrida que o v. Acórdão teria decidido apenas pela prova. Alude ao tópico segundo o qual "não se comprovou que a deformidade trouxesse reflexos prejudiciais à economia do ofendido, justificasse cirurgia reparadora ou clínica de recuperação". O importante é que o v. Acórdão reconheceu a existência duma deformidade grave, não contestada pela Recorrida e demonstrada à saciedade nos autos. A vítima é um artesão que, num veículo, por ele dirigido, vende materiais de construção e contrata aplicações dele, fazendo pessoalmente seu comércio. É da própria natureza das coisas que uma deformidade, ou mesmo a simples claudicação, representa um handicap a todas as atividades humanas, tornando em muitos casos, impossível o exercício de várias delas...

Tratando de recurso extraordinário, pondera Alfredo Buzaid: "As *máximas de experiência* servem para apreciação jurídica dos fatos, especialmente quando ela depende de juízo de valor; integram por isso as normas jurídicas sempre que estas reclamam um preceito da experiência do que ordinariamente ocorre. Assim as *máximas de experiência* se tornam a própria norma jurídica. Assemelhada à regra jurídica a *máxima de experiência*, esta ocupa, no silogismo da sentença, o lugar da premissa maior. Estabelecida, pois, a equiparação entre máxima de experiência e norma jurídica, daí resulta que a violação daquela pode constituir fundamento de recurso extraordinário". (BUZAID, Estudos de Direito, Saraiva, 1972, I, p. 194-5).

São expressivas as lições de Calamandrei e Carnelutti, invocadas pelo ilustre jurista patrício, a respeito do erro lógico dos acórdãos, resultando dele a qualificação jurídica errada ou a falsa aplicação da lei.

Não há necessidade de repetir-se o truísmo de que a decisão judicial deve constituir perfeito silogismo.

Data venia, há defeito de racionalidade do venerando Acórdão ao reconhecer a existência da deformidade grave – amputação duma perna – e pretender que, à falta de prova dos efeitos, ela seja benéfica ou indiferente às atividades da vítima. A meu ver, nem se pode admitir que o responsável pelo dano possa pretender provar a inocuidade da mutilação para quem a suporta.

Não há necessidade de recordar que a presunção se integra no elenco das provas de nosso Direito.

III. Conheço, pois, do recurso pela letra "d", dou-lhe provimento para restabelecer integralmente a r. sentença de f. 40. A deformidade, pelo seu caráter permanente, visível, irreparável, não raro humilhante ou depressiva, está expressamente considerada nos Códigos Civil e Penal e há de ser objeto de indenização por meio do que deve ser reparado cabalmente, possibilitando ao paciente possibilidade de alívios ortopédicos, reeducacionais ou outros que minorem sua incapacidade ou sua inferioridade na luta pela vida. (grifo nosso)

Sustentando posição divergente, o Min. Rodrigues Alckmin negou provimento ao recurso, entendendo que o dano estético, de natureza moral, não poderia ser arbitrado com base no art. 1.553 do Código Civil de 1916. Em passagem do seu voto, ressaltou o Ministro, *in verbis*:

[...]

Invocou, o eminente Relator, as chamadas "*máximas de experiência*". Mas estas dizem com a apreciação da prova. E aqui, embora indisputável a amputação do membro inferior esquerdo, na altura do terço inferior da coxa; embora indisputável que todas as repercussões econômicas daí decorrentes devem ser indenizadas; o que o julgado entendeu foi que a lesão estética, apresentada como tal, não encontra possibilidade de pagamento, consoante nosso direito positivo.

[...] (grifo nosso)

Posteriormente ao voto do Ministro Rodrigues Alckmin, o Ministro Aliomar Baleeiro confirmou seu voto, de acordo com o seguinte excerto, *in verbis*:

O Sr. Ministro Aliomar Baleeiro (Relator): – 1. Divergimos, – o em. Ministro Alckmin e eu – acerca do cabimento de reparação pelo chamado "dano estético" ou "morfológico" no caso dum homem que teve a perna amputada à altura da coxa em conseqüência de atropelamento produzido por *ônibus* da Recorrida. O Juiz Edwilson Loureiro a concedeu, mas o eg. Tribunal a denegou, "porque não se comprovou que a deformidade trouxesse reflexos prejudiciais à economia do ofendido...

Meu voto restaurava a sentença porque a jurisprudência do Supremo Tribunal Federal tem aceitado a ressarcibilidade do dano estético ou morfológico e porque as *máximas de experiência* se integram na regra jurídica e a completam, segundo lição de BUZAID. Negá-lo seria vício lógico do julgador. "Direito é experiência", ensinou Holmes no frontespício de seu "Common Law".

Meu eminente colega dissente, considerando que o Acórdão contemplou as conseqüências econômicas oriundas da deformidade do ponto de vista da redução da capacidade de trabalho, não cabendo adicionar a isso o dano estético, – o que já constituiria arbítrio. E entendeu que as *máximas de experiência* só aproveitam à apreciação da prova.

2. Relevem S. Exa. e os doutos Juízes a insistência, porque reputo imprescindível a função construtora do Supremo Tribunal Federal para imprimir atualidade e juventude ao nosso Código Civil, promulgado há quase 60 anos e elaborado segundo as correntes de pensamento do século anterior. Os tribunais mais prestigiados do mundo, a começar pela corte de cassação da França, continuam a trabalhar incessantemente na vasta casuística oferecida pela responsabilidade civil, pondo-a ao nível das circunstâncias e idéias de nosso tempo. [...]

Relevem-me os nobre juízes o tempo que lhes tomei. A perspectiva de um recuo nessa jurisprudência, que, para mim, é um passo à frente de nosso Direito Civil, afligiu-me o espírito e não me deixou ser breve. (grifo nosso)

Finalmente, no julgamento do recurso, o Ministro Djaci Falcão acompanhou o relator, Ministro Aliomar Baleeiro, embora tenha acolhido o recurso não por violação a uma máxima de experiência, mas porque vislumbrava dissídio jurisprudencial que reconhecia a possibilidade de indenizar o dano estético, na acepção do dano moral puro, sem reflexos econômicos.

Independentemente da questão de mérito tratada nesse acórdão, o julgamento é muito interessante e aborda questão fundamental inerente às máximas de experiência, isto é, quanto à possibilidade de controle pelos tribunais superiores em virtude de violação de lei, hipótese em que a regra da experiência atua como integradora da norma. Explicitamente o Ministro Aliomar Baleeiro mostrou-se favorável ao controle da máxima de experiência quando atua na aplicação do direito, diferentemente do entendimento restritivo do Ministro Rodrigues Alckmin, que somente reconhece a função da categoria em face do direito probatório.

Conforme se pôde depreender na terceira parte deste trabalho, não reconhecer a função das máximas de experiência na interpretação e integração da norma representa negativa à função criadora da jurisprudência, incompatível com a natureza dinâmica do Direito. Por isso, é tão significativo esse precedente que, infelizmente, não se consolidou em orientação para outros casos.

Apresentadas essas considerações quanto à jurisprudência pátria, pode-se concluir que os tribunais brasileiros aplicam as máximas de experiências em suas diferentes funções. No entanto percebe-se que ainda não há um efetivo controle acerca do conteúdo dessas regras da experiência comum ou técnico-científica, ou seja, não se discute se são efetivamente dotadas de confiabilidade, de um grau adequado de aceitação e de consenso difuso e de suficiente probabilidade, permitindo fundar o convencimento judicial adequadamente. Muitas vezes, observa-se que os juízes acabam baseando-se em juízos pessoais de valor, sem subordinar a escolha acerca da regra a ser aplicada ao prévio contraditório entre as partes.

É recomendável, portanto, para adequação da decisão, que os juízes permitam o exercício do prévio contraditório pelas partes, valorem a contraposição dos elementos probatórios e fundamentem a sua escolha com base em critérios lógicos e racionais. Somente assim, os destinatários das decisões terão condições de compreender e controlar o *iter* lógico seguido pelos julgadores.

Por fim, percebe-se que também são escassas as decisões dos tribunais superiores que procuram analisar a correição da aplicação de uma máxima de experiência na atividade de integração de cláusulas gerais e conceitos jurídicos indeterminados. Dessa forma, as decisões proferidas pelos tribunais acabam não fornecendo a transcendência necessária, oriunda da certeza e estabilidade jurídicas, fazendo com que se fixe, em tese, o verdadeiro sentido da questão de direito posta em julgamento.

Conclusão

Afigura-se relevante, no desfecho deste trabalho, apresentar e realçar as principais conclusões formuladas:

1) O conceito clássico de máximas de experiência foi formulado por Stein e continua sendo atual: "são definições ou juízos hipotéticos de conteúdo geral, independentes dos fatos concretos julgados no processo, e que procedem da experiência, porém independentes dos casos particulares de cuja observação foram induzidos e que, por cima desses casos, pretendem ter validade para outros novos".

2) A doutrina aponta duas espécies de máximas de experiência: comum, ou técnica, esta também conhecida por científica. O primeiro grupo corresponde às máximas de experiência comum, que são generalizações empíricas por serem fundadas sobre aquilo que ordinariamente acontece (*id quod plerumque accidit*). Fazem parte do patrimônio cultural da sociedade, da cultura do homem médio, inerente à vida em sociedade, do qual o juiz é o representante e intérprete. Por sua vez, o segundo grupo corresponde àquelas regras da experiência que passam a fazer parte da cultura do homem médio. Ordinariamente, são regras de conhecimento mais restrito provenientes da ciência, arte ou profissão, mas que podem ingressar no patrimônio comum, em consonância com o avanço cultural.

3) A doutrina que se opõe simplesmente à autonomia das máximas de experiência e também à sua efetividade na valoração das provas é infundada e inaceitável, visto que contrasta com a concreta experiência do juiz, sendo incompatível com a natureza humana, na medida em que é impossível valorar fatos e normas fora da experiência. Entretanto, sob determinado aspecto, a crítica realizada é procedente, pois não é admissível que o juízo seja resumido a uma inferência de natureza dedutiva. Tampouco se pode admitir que as máximas de experiência atuam abstratamente como uma premissa maior independente do caso concreto. Da mesma forma, não se pode imaginar que a sua presença garante, por si só, a certeza de um juízo racionável, até porque a estrutura interna da regra de experiência decorre do método indutivo, com o qual o conceito de certeza é incompatível, podendo-se falar apenas de probabilidade estatística.

4) As máximas de experiência comum, quanto ao seu tratamento probatório, não geram maiores dificuldades, porquanto não dependem de prova por consubstanciarem regras gerais da vida, cuja formação não implica recurso a leis da ciência ou da técnica. Conseqüentemente, não há ônus de prova das máximas de experiência comum para que o juiz possa conhecê-las e aplicá-las na conformação do juízo fático.

5) Da mesma forma, as máximas de experiência técnica ou científica não requerem prova para que o juiz possa conhecê-las e aplicá-las. A prova somente será necessária quando se tratar de regra técnica ou científica que não seja do domínio da cultura média, quer pela sua complexidade, quer pela sua novidade, o que naturalmente desqualificará a condição própria de máxima.

6) As máximas de experiência podem funcionar para avaliar a credibilidade tanto da prova direta como da prova indireta, bem como para interpretar a prova colhida, a fim de que seja formado o convencimento judicial acerca da questão fática.

7) As máximas de experiência, na prova indireta, desempenham uma função instrumental específica, constituindo o meio ou o instrumento necessário para que o juiz possa chegar ao *factum probandum* (fato desconhecido), a partir de inferências sobre o dado probatório (fato conhecido).

8) As máximas de experiência, na prova *prima facie*, servem de fundamento à sua aplicação, representando aquilo que ordinariamente acontece. Assim, as máximas de experiência possuem, outrossim, função instrumental, tal como ocorre em relação à prova indireta. A diferença é que, nesta, o fundamento está no indício (elemento concreto), enquanto naquela, o fundamento é extraído da experiência da vida, à vista de um fato e do que comumente ocorre segundo a ordem natural das coisas.

9) As máximas de experiência podem também atuar na interpretação das normas jurídicas ao fornecerem material semântico e *standards* de individuação das acepções dos enunciados normativos, quer da linguagem comum, quer da linguagem jurídica, tornando inteligíveis essas expressões. Outrossim, desempenham papel fundamental na determinação do suporte fático de cláusulas gerais ou conceitos jurídicos indeterminados, cada vez que reclamem um preceito da experiência ordinária ou da experiência técnica à sua incidência, razão pela qual a correição da sua aplicação pode ser examinada pelos tribunais superiores, a fim de se obter a transcendência necessária, oriunda da certeza e estabilidade jurídicas, fazendo com que se fixe, em tese, o verdadeiro sentido da questão de direito posta em julgamento.

10) Recomenda-se, para correição da decisão, que o juiz permita o exercício do prévio contraditório pelas partes quanto às máximas de expe-

riência a aplicar, valore a contraposição dos elementos probatórios e fundamente a sua escolha com base em critérios lógicos e racionais. Somente assim os destinatários das decisões terão condições de compreender e controlar o *iter* lógico seguido pelo julgador, a fim de constatar se o conteúdo das máximas de experiências aplicadas está adequado ao caso concreto.

11) Recomenda-se, outrossim, a adequada escolha das máximas de experiência, entre as possíveis a aplicar ao caso concreto, levando em conta as circunstâncias que o caracterizam, devendo o juiz aplicar a regra que melhor se ajusta à espécie. Ademais, o juiz deve servir-se da regra de experiência que milita com suficiente probabilidade, permitindo fundar o seu convencimento adequadamente.

12) A motivação das máximas de experiência é fundamental. Uma vez definida a regra a aplicar, é essencial que o juiz aponte as noções utilizadas e o raciocínio desenvolvido sobre as mesmas. O juiz tem o dever de observar as máximas de experiência, tanto na verificação dos fatos da causa como na valorização jurídica da causa, dever esse que não se circunscreve ao seu uso, senão à aplicação correta das regras em questão, sob pena de caracterizar vício no raciocínio que será base da sua motivação.

13) A questão acerca da possibilidade, ou não, de revisão ou cassação pelos tribunais superiores da aplicação das máximas de experiência pelo juízo de segundo grau de jurisdição ainda não restou dirimida. Destaca-se que a solução preconizada pela doutrina majoritária – autorizar o reexame da regra da experiência somente quando atuar sobre as regras jurídicas – está longe de conferir a segurança jurídica necessária, havendo ainda uma grande incerteza na doutrina. Isso ocorre sobretudo diante dos avanços da metodologia e hermenêutica jurídicas, que apontam a superação da vetusta dicotomia "questão de fato" e "questão de direito".

14) Os tribunais brasileiros aplicam as máximas de experiências em suas diferentes funções. No entanto percebe-se que ainda não há um efetivo controle acerca do conteúdo dessas regras da experiência comum ou técnico-científica, ou seja, não se discute se são efetivamente dotadas de confiabilidade, de um grau adequado de aceitação e de consenso difuso e de suficiente probabilidade, permitindo fundar o convencimento judicial adequadamente.

Referências bibliográficas

ALEXY, Robert. *Teoria de los derechos fundamentales* (trad. Ernesto G. Valdez). Madrid: Centro de Estudios Constitucionales, 1993.

ALLORIO, Enrico. Osservazioni sul fatto notorio. *Riv. Diritto Processuale Civile,* v. 11, pt. 2. p. 3-17, 1934.

AMARAL SANTOS, Moacyr. *Comentários ao Código de Processo Civil.* 3. ed. Rio de Janeiro: Forense, 1982. v. 4.

——. *Prova judiciária no cível e comercial.* 5. ed. atual. São Paulo: Saraiva, 1983. v. 1.

——. ——. 4. ed. São Paulo: Max Limonad, 1970. v. 5.

AMODIO, Ennio. La rinascita del diritto delle prove penali; dalla teoria romantica della intime conviction al recupero della legalità probatoria. In: *Processo penale, diritto europeo e common law.* Milano: Giuffrè, 2003.

ANDRIOLI, Virgilio. *Commento al Codice di Procedura Civile*: Disposizioni generali. Napoli: Jovene, 1957. v. 1.

ASSIS, Araken de. *Cumulação de Ações.* 3. ed. São Paulo: RT, 1998.

ARISTÓTELES. *I. The categories on interpretation. Prior analytics.* 9. ed. Tradução de Harold P. Cooke e Hugh Tredennick. Cambriged: Harvard University Press, 2002.

BARBOSA MOREIRA, José Carlos. A Constituição e as provas ilicitamente adquiridas. *Rev. AJURIS,* Porto Alegre, v. 68, p. 13-27, nov. 1996.

——. Alguns problemas atuais da prova civil. *Rev. Processo,* n. 53, p. 122-133, 1989.

——. *Comentários ao Código de Processo Civil.* 2. ed. Rio de Janeiro: Forense, 1976. v. 5.

——. Notas sobre o problema da "efetividade" do processo. *Temas de direito processual*: terceira série. São Paulo: Saraiva, 1984, p. 27-42.

——. "Prueba y motivación de la sentencia". *Temas de direito processual*: oitava série. São Paulo: Saraiva, 2004.

——. Regras de experiência e conceitos juridicamente indeterminados. *Rev. Forense,* v. 261, p. 13-19, jan./mar. 1978.

——. Sobre a "participação" do juiz no processo civil. In: GRINOVER, Ada Pellegrini, DINAMARCO, Cândido Rangel, WATANABE, Kazuo (coord.). *Participação e processo.* São Paulo: Rev. Tribunais, 1988, p. 380-394.

BEDAQUE, José Carlos dos Santos. *Poderes instrutórios do juiz.* 2. ed. rev. e ampl. São Paulo: Rev. Tribunais, 1994.

BETTI, Emilio. Sulla prova degli atti interruttivi della perenzione e sul suo controllo in sede di cassazione. *Riv. Diritto Processuale Civile,* v. 1, p. 2, p. 255-267, 1924.

BOBBIO, Norberto. *O positivismo jurídico*: lições de filosofia do direito. São Paulo: Ícone, 1995.

BRAGA, Sidney da Silva. *Iniciativa probatória do juiz no processo civil.* São Paulo: Saraiva, 2004.

BUZAID, Alfredo. *Estudos de Direito.* São Paulo: Saraiva, 1972. v. 1.

——. "Máximas de experiência". *Ensaios e pareceres de direito processual civil* : (notas de adaptação ao direito vigente de Ada Pellegrini Grinover e Flávio Luiz Yarshell). São Paulo: Rev. Tribunais, 2002.

CALAMANDREI, Piero. Il giudice e lo storico. In : *Opere giuridiche*. Napoli: Morano, 1965, p. 393-414. v. 1.

——. *La Casación Civil*. Tradução de Santiago Sentís Melendo. Buenos Aires : Editorial Bibliográfica Argentina, 1945. v.1-2, t. 1- 2.

——. Massime di esperienza in cassazione. Rigetto del ricorso a favore del ricorrente. *Riv. Diritto Processuale Civile*, v. 2, p.126-134, 1927.

——. Per la definizione del fatto notorio. *Riv. Dir. Processuale Civile*, v. 2, pt. 1, p. 273-304, 1925.

——. Verdad y verosimilitud en el proceso. *Estudios sobre el proceso civil*. Tradução de Santiago Sentis Melendo. Buenoas Aires: Ediciones Jurídicas Europa América, 1986.

CALOGERO, Guido. *La logica del giudice e il suo controllo in cassazione*. Padova: CEDAM, 1937.

CANOTILHO, J. J. Gomes. *Direito constitucional*. 6. ed. rev. Coimbra: Almedina, 1995.

CAPPELLETTI, Mauro. *La testimonianza della parte nel sistema dell'oralità*: (contributo alla teoria della utilizzazione probatoria del sapere delle parti nel processo civile). Milano: Giuffrè, 1962. v. 1.

——. Ritorno al sistema della prova legale? *Riv. Italiana di Diritto e Procedura Penale*. v. 17, p.139-141, 1974.

CARNEIRO, Athos Gusmão. *Recurso especial, agravos e agravo interno*. Rio de Janeiro: Forense, 2001.

CARNELLI, Lorenzo. *O fato notório*. Rio de Janeiro: José Konfino, 1957.

CARNELUTTI, Francesco. *La prova civile*. Milano: Giuffrè, 1992.

——. Massime di esperienza e fatti notori. *Rev. Dir. Proc.*, v. 2, p. 639- 640, 1959.

——. *Sistema di diritto processuale civile*. Padova: CEDAM, v. 1, n. 279-329, p. 674-831, 1936.

CARPI, Federico. Le sentenze della corte di cassazione e la cosa giudicata. *Rev. Trimestraledi Diritto e Procedura Civile*. Milão, Itália, v. 41, n. 1, 1987.

CARRATA, Antonio. Funzione dimostrativa della prova: (verità del fatto nel processo e sistema probatorio). *Riv. Dir. Proc.*, Padova, v. 66, n. 1, p.73-103, genn./mar. 2001.

CASTANHEIRA NEVES, Antonio. *Digesta*: escritos acerca do direito, do pensamento jurídico, da sua metodologia e outros. Coimbra: Coimbra, 1995.

CAVALLONE, Bruno. Oralità e disciplina delle prove nella riforma del processo civile. *Riv. Diritto Processuale*, n. 4, p. 686-747, out./dez. 1984.

——. *Il giudice e la prova nel processo civile*. Padova: CEDAM, 1991.

CATALANO, Elena Maria. Prova indiziaria, probabilistic evidence e modelli matematici di valutazione. *Riv. Dir. Proc.*, n. 2, p. 514-536, apr./giugno 1996.

CHIOVENDA, Giuseppe. *Instituições de Direito Processual Civil*. Campinhas: Bookseller, 2000. v. 3

——. *Principii di diritto processuale civile*. 4. ed. Napoli : Jovene, 1928.

CLAVERO, Bartolomé. "Codificación y Constitución: paradigmas de un binomio". *Quaderni fiorentini per la storia del pensiero giuridico*, Florença, 1988.

COELHO, Walter. *Prova indiciária em matéria criminal*. Porto Alegre: Sergio Antonio Fabris Editor, 1996.

COMOGLIO, Luigi Paolo et al. Giurisdizione e processo nel quadro delle garanzie costituzionali. *Riv. Trim. Dir. e Proc. Civ.*, n. 4, p. 1.075, 1994.

COUTO E SILVA, Clóvis do. O direito civil brasileiro em perspectiva histórica e visão de futuro. *Rev. Ajuris*, v. 40, p.128-149, jul. 1987.

COUTURE, Eduardo J. *Fundamentos del derecho procesal civil*. 3. ed. (póstuma), Buenos Aires: Depalma, 1985.

CREDIDIO, Georgius Luís Argentini Príncipe. *A interpretação jurídica do fato e as regras da experiência*. Disponível em: <http://www.amatra6.com.br>. Acesso em: 28 out. 2003.

CRESCI SOBRINHO, Elício de. O juiz e as máximas da experiência. *Rev. Forense*, n. 296, p. 430-436, out./dez. 1986.

CRUZ E TUCCI, José Rogério. *A causa petendi no processo civil*. São Paulo: Rev. Tribunais, 1993.

DALL'AGNOL JÚNIOR, Antônio Janyr. O princípio dispositivo no pensamento de Mauro Cappelletti. *Rev. AJURIS*, Porto Alegre, v. 16, n. 46, p. 97-115, jul. 1989.

DENTI, Vittorio. L'evoluzione del diritto delle prove nei processi civili contemporanei. *Riv. Diritto Processuale*. Padova: CEDAM, v. 20, (Série II), p. 30-70, 1965.

———. Scientificità della prova e libera valutazione del giudice. *Riv. Dir. Proc.*, n. 27, p. 414-437, 1972.

DEVIS ECHANDÍA, Hernando. *Teoría general de la prueba judicial.* Bogotá : Temis, 2002. t. 1-2.

DIAS, Jean Carlos. A dimensão jurídica da prova e sua valoração no moderno estudo do processo civil. *Rev. Processo*, n. 107, p. 86-96, jul./set. 2002.

DINAMARCO, Cândido Rangel. *A instrumentalidade do processo.* São Paulo: RT, 1990.

———. *Instituições de direito processual civil.* 2. ed. São Paulo: Malheiros, 2002. v. 3.

DOSI, Ettore. *Sul principio del libero convincimento del giudice nel processo penale.* Milano: Giuffrè, 1957.

ENGISCH, Karl. *Introdução ao pensamento jurídico.* 2. ed. Lisboa: Fundação Calouste Gulbenkian, 1964. trad. de J. Baptista Machado.

ESTRAMPES, Manuel Maria. *La minima actividad probatoria en el proceso penal.* Barcelona: Bosch, 1997.

FAZZALARI, Elio. *Il giudizio civile di cassazione.* Milano: Giuffrè, 1960.

———. *Note in tema di diritto e processo.* Milano: Giuffrè, 1957.

FERRAZ JÚNIOR, Tercio Sampaio. *Função social da dogmática jurídica.* São Paulo: Editora Revista dos Tribunais, 1980.

———. *Introdução ao estudo de direito*: técnica, decisão, dominação. 3. ed. São Paulo: Atlas, 2001.

GADAMER, Hans-Georg. *Verdade e método.* 3. ed. Rio de Janeiro: Vozes, 1999.

GASCÓN ABELLÁN, Marina. Concepciones de la prueba. Observación a propósito de Algunas consideraciones sobre la relación entre prueba y verdad, de Michele Taruffo. *Discussiones*. n. 3. Bahía Blanca: Editorial de la Universidad Nacional del Sur, p. 43-55, set. 2003.

———. *Los hechos en el derecho*: bases argumentales de la prueba. Madrid: Marcial Pons Ediciones Jurídicas, 1999.

GIULIANI, Alessandro. *Il concetto di prova (contributo alla logica giuridica).* Milano: Giuffrè, 1971.

GOMES FILHO, Antônio Magalhães. *Direito à prova no processo penal.* São Paulo: Editora Revista dos Tribunais, 1997.

GRECO FILHO, Vicente. *Direito processual civil brasileiro.* 16. ed. atual. São Paulo: Saraiva, 2003. v. 2.

GUASCH FERNÁNDEZ, Sergi. *El hecho y el derecho em la casación civil.* Bosch: Barcelona, 1997.

HENKE, Horst-Eberhard. *La cuestion de hecho* : el concepto indeterminado en el derecho civil y su casacionabilidad. Buenos Aires: E.J.E.A., 1979. trad. de Tomas A. Benzhaf.

IRTI, Natalino. *L'età della decodificazione.* 3. ed. Milano: Giuffrè, 1989.

JUNOY, Joan Picó I. *El derecho a la prueba en el proceso civil.* Barcelona: J.M.Bosch, 1996.

KNIJNIK, Danilo. *A prova nos juízos cível, penal e tributário.* Rio de Janeiro: Forense, 2007.

———. A doutrina dos frutos da árvore venenosa e os discursos da Suprema Corte na decisão de 16-12-93. *Rev. AJURIS*, v. 66, p. 61-84, mar. 1996.

———. Os standards do convencimento judicial: paradigmas para o seu possível controle. *Rev. Forense*, Rio de Janeiro, v. 353, p. 15-52, jan./fev. 2001.

KUNERT, Karl H. Some observations on the origin and structure of evidence rules under the common law system and the civil law system of free proof in the germain code of criminal procedure. *Buffalo Law Review*, v. 16, p. 122-164, 1966/1967.

LACERDA, Galeno. *Comentários ao Código de Processo Civil.* 4. ed. Rio de Janeiro: Forense, 1992. v. 8, t. 1.

LARENZ, Karl. *Metodologia da ciência do direito.* 3. ed. Tradução de Jospe Lamego. Lisboa: Fundação Calouste Gulbenkian, 1997.

LEONE, Carlo. Contributo allo studio delle massime di esperienza e dei fatti notori. In: *Annali della Facoltà di Giurisprudenza dell'Univ. di Bari.* Bari: Editore Alfredo Cressati, 1954, p. 3-86.

LIEBMAN, Enrico Tulio. *Problemi del processo civile.* Napoli: Morano, 1962.

LOMBARDO, Luigi. Prova scientifica e osservanza del contraddittorio nel processo civile. *Riv. Diritto Processuale*, n. 4, p. 1.083-1.122, ott./dic., 2002.

LUPI, Raffaello. *Metodi induttivi e presunzioni nell'accertamento tributario.* Milano: Giuffrè, 1988.

MACCORMICK, Neil. *Legal reasoning and legal theory.* Oxford: Oxford University Press, 1978.

MANNARINO, Nicola. *Le massime d'esperienza nel giudizio penale e il loro controllo in Cassazione.* Padova: CEDAM, 1993.

MANCUSO, Rodolfo de Camarco. *Recurso extraordinário e recurso especial.* 7. ed. São Paulo: RT, 2001.

MARÍN, García José M. Processo inquisitorial – processo régio. Las garantías del procesado. In: ROMANO, Andrea (Org.). *Intolleranza religiosa e ragion di stato nell'Europa mediterranea:* inquisizione e Santo Ufficio. Milano: Giuffrè, 2002, p. 39-60.

MARINONI, Luiz Guilherme. *Comentários ao código de processo civil:* do processo de conhecimento, arts. 332 a 363. (Coord. Ovídio A. Baptista da Silva). São Paulo: Rev. Tribunais, 2000. v. 5. t.1.

———. Tutela cautelar, tutela antecipatória urgente e tutela antecipatória. *Rev. AJURIS,* n. 61, p. 63-74, jul. 1994.

MARTINS-COSTA, Judith. *A boa-fé no direito privado.* São Paulo: Rev. Tribunais, 1999.

———. Crise e modificação da idéia de contrato no direito brasileiro. *Rev. AJURIS,* n. 56, p. 56-86, nov. 1992.

MAZZARELLA, Giuseppe. Appunti sul fatto notorio. *Rev. Dir. Proc. Civ.,* v. 11, p. 2, p. 65-74, 1934.

MATTOS, Sérgio Wetzel de. *Da iniciativa probatória do juiz no processo civil.* Rio de Janeiro: Forense, 2001.

MENDES, João de Castro. *Do conceito de prova em processo civil.* Lisboa, Ática, 1961.

MENNA, Mariano. *Logica e fenomenologia della prova.* Napoli: Jovene, 1992.

MENKE, Fabiano. A interpretação das cláusulas gerais: a subsunção e a concreção dos conceitos. *Rev. Dir. Consumidor,* São Paulo, n. 50, p. 9-35, abr./jun. 2004.

MONTERO AROCA, J. *La prueba en el proceso civil.* 3. ed. Madrid: Civitas Ediciones, 2002.

MONTESANO, Luigi. Controlli esterni sull'amministrazione della giustizia e funzione garantistiche della motivazione. In: *La sentenza in Europa.* Nápoles: CEDAM, 1988.

———. *Diritto processuale civile.* Turim: G.Giappichelli, 1996. v. 1.

MORELLO, Augusto Mario. *Prueba. Tendencias modernas.* 2. ed. Buenos Aires: Abeledo- Perrot, 2001.

MÚRIAS, Pedro Ferreira. *Por uma distribuição fundamentada do ônus da prova.* Lisboa: Lisboa, 2000.

NERY JUNIOR, Nelson. *Princípios fundamentais:* teoria geral dos recursos. 5. ed. São Paulo: Rev. Tribunais, 2000.

NOBILI, Massimo. *Il principio del libero convincimento del giudice.* Milano: Giuffrè, 1974.

———. Nuove polemiche sulle cosidette "massime di esperienza". *Riv. Italiana de Dir. Procedura Penale,* p. 123-193, 1969.

OLIVEIRA, Carlos Alberto Alvaro de. *Do formalismo no processo civil.* São Paulo: Saraiva, 1997.

———. A garantia do contraditório. *Rev. AJURIS,* Porto Alegre, v. 74, p. 103-120, nov. 1998.

———. Jurisdição e Administração: notas de direito brasileiro e comparado. *Rev. Informação Legislativa,* Brasília, v. 119, n. 30, p. 217-232, jul./set. 1993.

———. "Problemas atuais da livre apreciação da prova". In: *Prova Cível.* (Org.) C. A. de Oliveira. Rio de Janeiro: Forense, 1999.

PÁDUA RIBEIRO, Antônio de. Do recurso especial para o Superior Tribunal de Justiça. *Rev. Informação Legislativa,* Brasília, n. 105, jan./mar. 1990.

PALAIA, Nelson. *O fato notório.* São Paulo: Saraiva, 1997.

PALAZZOLO, Giorgia Alessi. *Prova legale e pena. La crisi del sistema tra Evo Medio e Moderno.* Napoli: Jovene Editore, 1979.

PASTORE, Baldassare. *Giudizio, prova, ragion pratica:* un approccio ermeneutico. Milano: Giuffrè, 1996.

PATTI, Salvatore. Libero convincimento e valutazione delle prove. *Riv. Dir. Proc, Civ.,* v. 40, p. 481-519, 1985.

PAVANINI, Giovani. Massime di esperienza e fatti notori in corte di cassazione. *Rev. Dir. Proc. Civ.,* v. 3, n. 1, p. 247-268, 1937.

PERELMAN, Chaïm. *Lógica jurídica.* São Paulo: Martins Fontes, 2001.

PIRAS, Aldo. Le massime d'esperienza e la motivazione insuficiente. *JUS Riv. Scienze Giuridiche*, v. 6, n. 1, p. 79-121, mar. 1955.

PISANI, Andrea Proto. *Lezioni di diritto processuale civile*. 2. ed. Nápoles: Jovene, 1996.

PISTOLESE, Gennaro Roberto. *La prova civile per presunzioni e le cosiddette massime di esperienza*. Padova: CEDAM, 1935.

PONTES DE MIRANDA, Francisco Cavalcanti. *Comentários ao código de processo civil*. 2.ed. Rio de Janeiro: Forense, 1958. t. 2.

————. ————. Rio de Janeiro: Forense, 1974. t. 4.

————. *Tratado das Ações*. São Paulo: Rev. Tribunais, 1970. t. 1.

RICCI, Edoardo. Il principio dispositivo come problema di diritto vigente. *Riv. Dir. Proc.*, p. 380, 1974.

————. Su alcuni aspetti problematici del diritto alla prova. *Riv. Dir. Proc.*, v. 1, p. 159-162, 1984.

RICCI, Gian Franco. Le prove illecite nel processo civile. *Riv. Trimestrale di Dir. Proc. Civ.*, n. 1, p. 34-87, 1987.

————. Prove e argomenti di prova. *Riv. Trimestrale di Dir. Proc. Civ.*, p. 1.036-1.104, 1988.

ROCCO, Ugo. *Trattato di diritto processuale civile*: parte generale. Torino: Unione Tipográfico-Editrice Torinese. 1957. v. 2.

ROSONI, Isabella. *Quae singula non prosunt, collecta iuvant; la teoria della prova indiziaria nell'età medievale e moderna*. Milano: Giuffrè, 1995.

RUSSO, Vicenzo. *La prova indiziaria e il giusto processo*. Napoli: Jovene, 2001.

SANTOS, Ernane Fidelis dos. O ônus da prova no código do consumidor. *Rev. Dir. do Consumidor*, São Paulo, n. 47, p. 269-279, jul./set. 2003.

SENTÍS MELENDO, Santiago. El derecho en las "Noches Áticas" de Aulo Gelio. In: *"Teoría y práctica del proceso – Ensayos de derecho procesal"*. Buenos Aires: Ediciones Jurídicas Europa-América, 1959. v. 1.

————. *"La prueba"*. Buenos Aires: Ejea, 1978.

————. Naturaleza de la prueba : La prueba es libertad. *Rev. Tribunais*, v. 462, p. 11- 22, abr. 1974.

SILVA, De Plácido e. *Vocabulário jurídico*: edição universitária. Rio de Janeiro: Forense, 1987. v. 3.

SILVA, Ovídio Araújo Baptista da. *Curso de processo civil*: processo de conhecimento. 2. ed. Porto Alegre: Fabris, 1991.

————. *Processo e ideologia: o paradigma racionalista*. Rio de Janeiro: Forense, 2004.

SILVA MELERO, Valentín. *La prueba procesal*: teoría general. Madrid: Editorial Rev. Derecho Privado, 1963. t. 1.

STEIN, Friedrich. *El conocimiento privado del juez*. 2. ed. Tradução de Andrés de la Oliva Santos. Madrid: Editorial Centro de Estúdios Ramón Areces, 1990.

TARUFFO, Michele. Il diritto alla prova nel processo civile. *Riv. Diritto Processuale*, n. 1, p. 74-120, jan./mar. 1984.

————. La prova dei fatti giuridici. In: *Trattato di diritti civile e commerciale*. Milano: Giuffrè, 1992. t. 2. v. 3 .

————. Modelli di prova e di procedimento probatorio. *Riv. Dir. Proc.*, anno XLV, (seconda serie) n. 2, p. 421-448, apr./giugno 1990.

————. Note per una riforma del diritto delle prove. *Riv. Dir. Proc.*, n. 2-3, p. 237-292, apr./sett. 1986.

————. Observações sobre os modelos processuais de "civil law" e "common law", texto de conferência pronunciada nas IV Jornadas Brasileiras de Direito Processual Civil, trad. J. C. Barbosa Moreira. *Rev. Processo*, n. 110, p. 141-158, abr./jun. 2003.

————. *Senso comum, experiência e ciência no raciocínio do juiz*. Aula inaugural proferida na Faculdade de Direito da Universidade Federal do Paraná aos 5 de março de 2001, trad. de Cândido Rangel Dinamarco.

————. *Studi sulla rilevanza della prova*. Padova: CEDAM, 1970.

TEIXEIRA, Sálvio de Figueiredo. O recurso especial e o Superior Tribunal de Justiça. *Rev. Informação Legislativa*, Brasília, n. 107, p. 147-160, jul./set. 1990.

THEODORO JÚNIOR, Humberto. *Curso de direito processual civil*. Rio de Janeiro: Forense, 1994. v. 1.

TONINI, Paolo. *A prova no processo penal italiano*. Tradução de Alexandra Martins e Daniela Mróz. São Paulo: Rev. Tribunais, 2002.

TROCKER, Nicolò. *Processo civile e costituzione*: (problemi di diritto tedesco e italiano). Milano: Giuffrè, 1974.

UBERTIS, Giulio. *La logica del giudizio*: il ragionamento inferienziale, i fatti notori e la scienza privata, le massime d'esperienza, il sillogismo giudiziale. Disponível em: http://www.csm.it. Acesso em: 17 mar. 2003.

——. La ricerca della verità giudiziale. In: *La conoscenza del fatto nel processo penale*. Milano: Giuffrè, 1992.

VARELA, Casimiro A. *Valoración de la prueba*. Buenos Aires: Astrea, 1990.

VERDE, Giovanni. La prova nel processo civile (profili di teoria generale). *Riv. Dir. Proc.*, n. 1, p. 2-25, jan./mar. 1998.

VIEHWEG, Theodor. *Topica e giurisprudenza*. Milano: Giuffrè, 1962.

WALTER, Gerhard. *La libre apreciación de la prueba:* (investigación acerca del significado, las condiciones y límites del libre convencimiento judicial). Trad. Tomás Banzhaf. Bogotá: Temis, 1985.

WAMBIER, Teresa Arruda Alvim. Distinção entre questão de fato e questão de direito para fins de cabimento de recurso especial. *Rev. AJURIS*, Porto Alegre, n. 74, p. 253-278, nov. 1998.

WEBER, Max. *Metodologia das ciências sociais*. Tradução de Augustin Wernet. São Paulo: Cortez; Campinas: Ed. Universidade Estadual de Campinas, 1992. v. 2.

ZANETI JÚNIOR, Hermes. O problema da verdade no processo civil: modelos de prova e de procedimento probatório. *Rev. Processo,* São Paulo, v. 29, n. 116, p. 334-371, jul./ago. 2000.

Gráfica Metrópole
www.graficametropole.com.br
comercial@graficametropole.com.br
tel./fax + 55 (51) 3318.6355